DOUGLAS KENNEDY

Douglas Kennedy est né à New York en 1955, et vit entre Londres, Paris et Berlin. Auteur de trois récits de voyages remarqués, *Au pays de Dieu* (2004), *Au-delà des pyramides* (2010) et *Combien ?* (2012), il s'est imposé avec, entre autres, *L'homme qui voulait vivre sa vie* (1998, rééd. 2010) – adapté au cinéma par Éric Lartigau en 2010, avec Romain Duris, Marina Foïs, Niels Arestrup et Catherine Deneuve –, *La Poursuite du bonheur* (2001), *Les Charmes discrets de la vie conjugale* (2005), *La Femme du Ve* (2007), *Piège nuptial* (2008), *Quitter le monde* (2009), Cet instant-là (2011) et *Cinq jours* (2013). Tous ces ouvrages sont publiés chez Belfond et repris chez Pocket.

Retrouvez toute l'actualité de l'auteur sur :
www.douglas-kennedy.com

COMBIEN ?

DU MÊME AUTEUR
CHEZ POCKET

L'HOMME QUI VOULAIT VIVRE SA VIE
LES DÉSARROIS DE NED ALLEN
LA POURSUITE DU BONHEUR
RIEN NE VA PLUS
UNE RELATION DANGEREUSE
LES CHARMES DISCRETS DE LA VIE CONJUGALE
LA FEMME DU Ve
PIÈGE NUPTIAL
QUITTER LE MONDE
CET INSTANT-LÀ

RÉCITS

AU PAYS DE DIEU
AU-DELÀ DES PYRAMIDES
COMBIEN ?

DOUGLAS KENNEDY

COMBIEN ?

Traduit de l'américain
par Bernard Cohen

belfond

Titre original :
CHASING MAMMON :
Travels in Pursuit of Money

MIXTE
Papier issu de sources responsables
FSC® C003309
FSC www.fsc.org

Pocket, une marque d'Univers Poche, est un éditeur qui s'engage pour la préservation de son environnement et qui utilise du papier fabriqué à partir de bois provenant de forêts gérées de manière responsable.

un département de place des éditeurs.

ISBN : 978-2-266-23678-2

À la mémoire de mon grand-père Milton L. Braun
(1895-1983)

Préface

J'entame la rédaction de ce prologue dans un salon d'attente de l'aéroport de Tegel, à Berlin. C'est un salon VIP pour hommes d'affaires, de ceux auxquels me donne accès une carte d'abonnement que j'ai prise parce que mon existence suit le parcours géographique d'une balle de ping-pong et que j'en passe une bonne partie dans les avions… Au moment où j'écris ces lignes dans l'un de ces havres protégés de la cohue que hantent majoritairement des acteurs de la haute finance internationale, un type fait les cent pas et hurle en allemand dans son iPhone. Il ne doit pas avoir dépassé la trentaine, il est en jean et sweat-shirt mais sa montre est une Rolex et le cuir de sa sacoche d'ordinateur révèle une grande marque italienne. À le voir, on l'imaginerait très bien occupé à une thèse de doctorat sur Heidegger à Harvard dans quelque univers parallèle, mais son monologue se limite à une série d'exclamations péremptoires : « Absolument, nous garantissons une rentabilité d'au moins douze pour cent ! », « Attendez un an et je vous promets que les prix à Friedrichshain auront augmenté de vingt-six pour cent, compte tenu des résultats de l'année dernière ! », « Mais oui, vous pouvez parler à d'autres agents, sauf que vous n'aurez jamais un accès à eux aussi direct qu'avec moi ! »…

En suivant son baratin grâce à ma maîtrise correcte (et toujours en progression) de la langue allemande, je déduis que ce garçon travaille dans le secteur immobilier, et plus précisément sur le marché de Berlin, qui demeure – pour l'instant, du moins – l'une des rares capitales européennes encore abordables. Ici, le coût du logement est soixante pour cent moins élevé qu'à Paris, Londres ou même Bruxelles ; il est toujours possible d'acquérir un quarante mètres carrés dans un quartier correct pour environ cent mille euros, des écrivains ou des peintres débutants se logent décemment avec un loyer de moins de quatre cents euros mensuels, et nombre de mes amis berlinois – car j'y ai moi-même un appartement – parviennent à mener une existence assez confortable tout en se dédiant à des activités de création peu rémunératrices, parce que pour le moment Berlin reste une bonne affaire.

« Pour le moment. » Au cours des trente dernières années, soit l'époque initiée par les révolutions rcaganienne et thatchérienne, des métropoles hier encore bon marché se sont transformées en enclaves réservées à la population la plus aisée. L'espace urbain dans lequel j'ai grandi, Manhattan, accueillait jadis une vraie classe moyenne – mes parents en faisaient partie – et, jusqu'au milieu des années 1980, était encore le genre de quartier où une jeune enseignante, un journaliste de la radio publique, un acteur débutant, une romancière en herbe ou un peintre inconnu était en mesure de trouver de quoi se loger sans se ruiner, de mener une existence certes modeste mais de se sentir un élément à part entière de la vie trépidante de la cité. Adolescent à New York, j'ai eu le privilège d'avoir accès à beaucoup pour pas grand-chose, depuis les films de Godard, Rivette, Resnais, Bergman, Chabrol, Fellini et autres maîtres du septième art européen (à deux dollars la double séance à mon cinéma d'art et d'essai local !) jusqu'aux petites librairies au fonds passionnant ou aux disquaires spécialisés dont les vendeurs étaient capables de comparer cinq ou six interprétations différentes de l'intégrale des quatuors de Beethoven. Sans parler du fait qu'il était possible de se trouver un studio potable dans une zone pas trop mal famée pour moins de cent dollars par mois.

En ce temps-là, New York était également une ville dont le taux de criminalité atteignait un niveau plus qu'inquiétant, avec environ deux mille homicides par an, et où des quartiers entiers (Alphabet City, Hell's Kitchen, les deux Harlem…) étaient à éviter unc fois la nuit tombée. Et puis il y avait l'effervescence interlope de Times Square, les tapineuses et tapineurs des rues sordides autour de la Huitième Avenue, les vendeurs de came qui écumaient certaines allées de Central Park, les immondices qui s'accumulaient sur les trottoirs et la certitude, pour le jeune que j'étais, de grandir dans la ville la plus vibrante et excitante du monde occidental – ce qui était assurément le cas à l'époque.

Et c'est alors qu'un certain Rudolph Giuliani, un individu affligé de l'autoritarisme d'un supérieur jésuite et des obsessions hygiéniques d'un banquier suisse bloqué au stade anal, a été élu maire. Sous sa direction, New York a perdu sa dégaine débraillée et plutôt louche, l'immobilier a flambé, Manhattan a été dépouillé des derniers vestiges de sa petite bourgeoisie et de son demi-monde bohème. Les bouquinistes et les cinémas indépendants ont fermé un à un, tandis que les magasins Gap poussaient comme des champignons. Oui, les rues étaient sûres désormais, oui, la prospérité était de retour. Et ceux qui avaient déjà l'argent – les *golden boys* de Wall Street, les avocats de haut vol, les manipulateurs de fonds d'investissement – se sont mis à accumuler des fortunes comme on n'en avait plus vu depuis l'ère des chevaliers d'industrie, à l'aube du XXe siècle. Aujourd'hui encore, après plusieurs réajustements de la scène financière, la ploutocratie de Manhattan jouit d'une aisance matérielle inimaginable pour nous, simples mortels. Exemple : il y a quelques jours, une propriété des Hamptons – là où les super-riches New-Yorkais vont se dorer la pilule, l'été – s'est vendue cent millions de dollars. Rien que ça… Voilà, nous vivons une ère où il existe bel et bien des gens capables de dépenser cent millions uniquement pour avoir un toit sur la tête quelques semaines par an…

Cut, et retour au salon d'attente de l'aéroport de Tegel, et à ce jeune agent immobilier berlinois tellement fier de lui qu'il ne craint pas de beugler dans son téléphone. En l'écoutant, je ne peux m'empêcher de penser que Berlin est la nouvelle cible des spéculateurs, *la* ville européenne sous-évaluée désormais promise à un gigantesque boom financier. Il personnifie l'afflux de l'argent et ses conséquences : des bouleversements radicaux dans l'équilibre socio-économique de la cité et dans son état d'esprit général. Car l'argent n'est pas seulement moteur de changement : l'argent change *tout*.

*

* *

L'argent. Voici sans doute la substance la plus perfide, la plus complexe à laquelle nous ayons affaire au cours de notre vie. L'argent… Penchez-vous sur les statistiques concernant le nombre toujours grandissant de divorces et vous découvrirez que bien des mariages échouent à cause de problèmes liés au sexe, mais encore plus à cause de l'argent. C'est probablement la force la plus volatile au sein de la structure familiale, un puissant moyen de contrôle, une manière d'affirmer ou de refuser l'affection parentale, de fomenter la rivalité entre enfants, d'encourager la surenchère sentimentale. Balzac avait raison (notamment dans *Le Père Goriot*) en considérant l'argent comme l'un des principaux rouages de la pathologie humaine. Notre façon préférée de « régler nos comptes », au propre et au figuré.

Ceux qui prétendent que l'argent ne signifie pas grand-chose pour eux m'ont toujours semblé peu sincères. Car celui-ci s'immisce dans chaque aspect de nos existences. Même si vous essayez de vivre simplement, sans vous plaindre de revenus modestes ou inexistants, voire en renonçant à la possession de biens matériels, l'argent continuera à avoir un impact indéniable sur vous, à moins de rejoindre quelque ordre religieux coupé du monde ; et même si vous vous faites carmélite ou moine contemplatif, reste la nécessité de maintenir cette structure à un semblant d'équilibre financier.

L'argent définit votre statut, votre position dans la société, vos aspirations et vos ambitions, vos doutes et vos échecs, vos accès d'extravagance, votre avarice, votre générosité (ou votre absence totale d'altruisme), votre besoin de plaire et d'être gratifié, votre soif de prouver votre valeur ou de ne rien prouver du tout, vos rêves frustrés et vos réalisations, votre désir d'impressionner ou de passer inaperçu et, bien entendu, votre relation au sexe… car l'argent pénètre jusqu'à cette région pourtant des plus intimes.

Dites-moi quelle est votre relation à l'argent et je vous dirai, presque à coup sûr, qui vous êtes, quelles motivations psychologiques et sentimentales inspirent vos actes. Et si Freud avait raison de remarquer que, une fois adultes, nous continuons à revivre toutes nos frustrations enfantines, notre rapport à l'argent se constitue lui aussi à ce stade initial et initiatique de notre vie. De la même manière, notre identité nationale, nos origines socio-économiques et culturelles déterminent profondément notre vision de la dépense et de l'épargne quand vient le moment de nous faire une place dans le monde.

Je n'ai jamais oublié un incident survenu entre mon père et moi il y a plus de quinze ans, incident qui demeure l'un des moments les plus tristes de mon existence d'adulte et en dit très long sur la façon dont les expériences de l'enfance modèlent notre attitude vis-à-vis de l'argent. Tout a commencé un soir de septembre 1996 sur l'île de Manhattan. J'étais de retour dans ma ville natale afin de signer un contrat substantiel avec mon éditeur américain pour mon deuxième roman, *L'homme qui voulait vivre sa vie*. J'avais prévu à cette occasion de voir mon père, jadis un businessman très actif qui avait multiplié les voyages d'affaires en Amérique du Sud avant de prendre la direction commerciale d'une entreprise métallurgique – mais que son caractère difficile avait conduit, lors d'un différend avec son P-DG, à s'exclamer : « Je démissionne ! » sans penser aux conséquences. Il n'était pas du genre à tourner sept fois sa langue dans sa bouche, surtout lorsqu'il était dans une colère noire.

Depuis cet esclandre, qui remontait à 1983, il n'avait

plus occupé de poste fixe, se rabattant sur des missions ponctuelles de consultant. Le fait que j'aie soudain rencontré le succès en tant que romancier – après tout de même quatorze années d'efforts et de vaches maigres – le mettait mal à l'aise, je le sentais, d'autant que je n'avais jamais suivi ses exhortations à embrasser une carrière d'avocat ou d'homme d'affaires, que je ne lui avais jamais demandé une aide financière quelconque depuis que j'avais quitté l'université et que j'avais toujours eu des jobs d'été pour garantir mon argent de poche tout au long de mes études. C'est que je tenais farouchement à cette indépendance financière, soucieux d'éviter trop de dépenses à mes parents : issu d'une famille plutôt pauvre et très marquée par la grande dépression, mon père n'avait en effet jamais manqué une occasion de me rappeler comme il était coûteux d'élever des enfants – le genre de commentaires que, je dois dire, j'ai toujours tenu à épargner à ma propre progéniture.

Je débarquais donc à New York, sur le point de publier mon cinquième livre et de gagner pour la première fois une somme très respectable. Quand nous sommes allés dîner ensemble, il a failli me briser deux doigts alors que je tendais la main pour prendre l'addition, déclarant que c'était à *lui* de payer. Sortis du restaurant, nous sommes passés devant la vitrine d'un magasin Coach, une marque connue pour ses articles de luxe ; mon père a regardé une sacoche d'ordinateur portable en cuir brun, et a dit : « Il a belle allure, ce sac. »

L'étiquette indiquait cinq cent quatre-vingt-dix-neuf dollars. Je savais qu'il trimballait son ordinateur dans une housse en synthétique bon marché. Et il avait clairement exprimé que cette sacoche lui plaisait. Je suis retourné au magasin le lendemain matin, je l'ai achetée et j'ai demandé qu'elle lui soit livrée chez lui, dans l'Upper West Side. Elle lui est parvenue le matin où je suis revenu à Londres, où je vivais à l'époque ; l'après-midi, l'esprit encore brumeux à cause du décalage horaire, j'ai reçu un coup de téléphone transatlantique. C'était mon père.

— C'est quoi, ce sac ? a-t-il déclaré d'entrée.

— Tu as dit que tu aimais bien cette sacoche, alors je l'ai achetée.

— Je ne t'ai pas dit que j'en avais besoin, si ?

— C'est un *cadeau*, papa. Ça te plaît ?

Un silence, puis :

— Mouais. C'est un chouette sac. Merci, je suppose…

Des mois ont passé. À cette période, j'étais régulièrement en contact avec lui, presque chaque semaine, et le sujet de la sacoche n'a plus jamais été abordé. Mais quand je suis revenu à New York à la fin de cette année-là et que je suis allé dîner pour Thanksgiving chez mes parents, quelque chose de curieux s'est produit : à la fin de la soirée, au moment de repartir, j'ai aperçu le fameux sac en cuir posé près de la porte d'entrée.

— Ah, la sacoche ! ai-je remarqué tout en me demandant pourquoi elle se trouvait là. Elle te sert ?

— Reprends-la, a répondu mon père.

— Quoi ? ai-je murmuré, stupéfait.

— Je n'en ai pas besoin.

— Mais, papa…

— Ça ne me plaît pas.

— Mais c'est toi qui l'avais vue…

— Je ne t'ai pas demandé de me l'acheter. Et maintenant, reprends-la.

— C'était un cadeau, enfin !

— Emporte cette foutue sacoche !

J'ai obtempéré : je l'ai rapportée à Londres, où elle est restée au fond d'un placard les deux années suivantes, avant que je ne pense à en faire don à une œuvre de bienfaisance de mon quartier. Je n'aurais pas pu l'utiliser moi-même.

Ce qui m'intrigue dans cette histoire, après tout ce temps, c'est ce qu'elle révèle de lui, de moi et de l'étrange ballet auquel nous nous sommes inconsciemment livrés autour de ce seul thème : l'argent. D'un côté, mon père, resté cet enfant pauvre de Brooklyn, refusant tout ce qui pouvait ressembler à du luxe, persuadé qu'il ne le méritait pas, que cela allait à l'encontre de la frugalité forcée de son enfance, et qui ne pouvait donc pas accepter un présent relativement coûteux de son « intello de fils » – ainsi qu'il m'appelait souvent – qui venait de voir les vents de la fortune tourner en sa faveur ; de l'autre, moi, ce gamin s'efforçant constamment d'attirer l'attention d'un père distant et peu compréhensif, qui avait toujours rêvé d'être quelqu'un d'autre et qui soudain, avec les poches bien lestées pour la première fois de sa vie – et j'avais déjà quarante et un ans, alors –, avait pris une initiative qui avait blessé son bénéficiaire, j'en suis convaincu maintenant, comme si j'avais cherché à humilier mon père.

Alors, oui, l'argent a été un élément sous-jacent mais essentiel de cette triste historiette, dont les répercussions m'ont silencieusement accablé pendant un certain temps. L'impasse professionnelle dans laquelle s'était retrouvé mon père, qui avait entraîné l'effondrement de ses revenus, et ma toute nouvelle prospérité ont été les forces cachées à l'origine de ce petit drame.

L'argent était le vernis sous lequel toutes sortes de traumatismes émotionnels étaient tapis.

Et il en est toujours ainsi, d'après mon expérience. Interrogez n'importe qui ayant eu à surmonter un divorce difficile – je sais de quoi je parle – et il vous dira que si l'argent fait l'objet de négociations aussi féroces entre les deux parties, c'est parce qu'il constitue une sorte de compensation à l'épuisement de l'amour. De même, lorsque je lis dans les journaux qu'un petit génie de Wall Street qui empochait facilement quinze millions de dollars annuels se fait pincer pour un délit d'initié et se retrouve derrière les barreaux, mon cerveau de romancier commence à jouer avec l'idée que ce type n'a peut-être jamais cru, au fond de lui, qu'il méritait pareille richesse et que, quelque part, il voulait être démasqué… ou bien qu'il se prenait pour quelque « surhomme » nietzschéen, intouchable, indestructible. Quelle que soit l'interprétation psychologique, son besoin d'amasser encore plus – comme s'il n'avait pas déjà assez ! – par des moyens contraires à la loi révèle que le mobile du crime n'était pas l'argent… même s'il n'était bien question que de cela.

L'argent est un vernis, donc, un vernis qui dissimule tout ce qu'il y a de trouble et de sombre en nous, tout ce que nous refusons de voir.

*

* *

Combien ? est venu au monde à un point intéressant de ma vie. Ayant déjà écrit deux récits de voyage (*Au-delà des pyramides* et *Au pays de Dieu*), j'avais entrepris de réfléchir aux moyens de repousser les limites de ce genre littéraire particulier. Nous étions en 1990 et je me disais aussi que je devrais sérieusement envisager de me jeter à l'eau et de m'atteler à mon premier roman. À ce stade, pourtant, je souffrais encore de trac romanesque, après avoir essayé à trois reprises de me frotter à la fiction. Ces récits évoquaient des amours de jeunesse contrariées – sujet toujours déprimant – ou les nombreux travers de ma famille – autre thématique inépuisable.

Parallèlement, j'en étais venu à constater que j'étais resté un observateur distant plutôt qu'un participant actif des années de boom économique déclenché par le credo Reagan-Thatcher, de cette ère du triomphe des yuppies et de l'apologie de l'enrichissement à toute force. Ce faisant, j'étais parvenu au constat que le rapport à l'argent est un excellent révélateur de la psychologie collective d'un pays, de ses pathologies – car toute psyché nationale a son côté pathologique – et de ses valeurs fondatrices.

Combien ? est né de toutes ces interrogations, et notamment d'une question centrale : pourquoi, et de quelle manière, l'argent nous définit-il ? Lorsqu'on considère à quelle rapidité le monde de la haute finance s'est mué en cette hydre monstrueuse que nous subissons aujourd'hui, qu'il s'agisse de la folie d'un Bernard Madoff, de la débâcle bancaire qui a failli mettre à genoux l'économie américaine ou du gouffre sans cesse plus béant entre les très riches et le reste de l'humanité, ce que je décrivais dans ce livre me semble encore plus pertinent à l'heure actuelle. L'Histoire nous jugera, je le crains, comme les acteurs d'une époque où il s'agissait avant tout d'acheter, de consommer et de dévaluer l'intelligence – avez-vous remarqué comme, presque partout dans le monde, les enseignants et les professeurs d'université sont mal payés ? –, en oubliant que tout n'est pas à vendre.

*
* *

Au centre du livre que vous tenez entre les mains se trouve aussi cette notion récurrente : l'argent en tant que métaphore de tout ce qui nous dérange et nous déstabilise. Car l'argent révèle plus de nous-mêmes que nous ne le voudrions.

Lors de l'été 1991, une fois le manuscrit de *Combien ?* terminé et remis à mon éditeur, j'ai sauté dans un avion en partance pour Darwin, tout au nord du continent australien, et j'ai passé les deux mois suivants à descendre vers le sud à travers le cœur désertique de cet immense pays. À un certain point de cette extraordinaire dérive dans l'*outback*, je suis tombé sur un hameau perdu au milieu de nulle part, aux antipodes de la sophistication urbaine, à vrai dire assez sordide, et c'est là que les germes de mon premier roman ont poussé.

À mon retour à Londres plusieurs mois après, deux événements se sont enchaînés dans ma vie : j'ai commencé à écrire *Piège nuptial* et ma femme a été enceinte. Mon fils, Max, est né en août 1992, mon premier roman a été publié au printemps 1994, et mon existence a pris un tour entièrement nouveau puisque je m'étais transformé en père et en romancier. Début 1995, j'ai entrepris la rédaction d'une deuxième œuvre de fiction, *L'homme qui voulait vivre sa vie*, alors que j'étais en voyage au Vietnam. Ma fille, Amelia, a vu le jour en mai 1996, quinze jours après la remise de ce manuscrit à mes éditeurs. Étonnant, comme la trajectoire de toute une vie peut opérer un changement de direction radical en l'espace de quelques fulgurantes années…

Ainsi, *Combien ?* constitue à ce jour le dernier récit de voyage que j'aie publié. Pour autant, les thèmes qu'il explore – notre obstination à nous enfermer dans une vie que nous n'avons pas voulue, la quête d'une « raison d'être » qui nous aide à la supporter, la solitude qui est à la racine de la condition humaine, la façon dont nous partageons tous les mêmes doutes et les mêmes inquiétudes, quels que soient notre nationalité et notre niveau socio-économique – se sont développés dans tous les romans que j'ai écrits par la suite. De même, l'argent et ses diverses formes de tyrannie occupent une place notable dans mes œuvres de fiction.

Une dernière réflexion avant que vous ne tourniez la page et n'entrepreniez votre lecture : l'argent est *tout*. Vous allez peut-être rejeter ce constat, le taxant de typiquement américain, mais réfléchissez à la métaphore qu'il constitue. Pensez à l'influence polymorphe qu'il a eue sur votre vie, aux complications et aux angoisses qu'il a suscitées sur votre chemin, et demandez-vous : pour quelle raison l'argent nous dérange-t-il à ce point ? Pourquoi n'arrivons-nous jamais à être à l'aise avec lui ? Pourquoi demeure-t-il la principale force motrice pour la vaste majorité d'entre nous ?

Oui, Balzac avait raison : considérez n'importe quel couple marié, n'importe quelle famille, et la plupart des drames que vous découvrirez auront pour ressort l'appât du gain, la soif de s'enrichir. Nous pouvons jurer que nous détestons l'argent, que nous refusons qu'il nous gouverne, mais le fait est qu'il est *partout* dans notre vie. Et qu'il en sera ainsi jusqu'à ce que nous quittions ce monde.

L'argent nous définit. L'argent nous tente et nous effraie. L'argent trouble notre sommeil mais nous fait aussi bondir hors du lit chaque matin. L'argent crée la pagaille, « est » pagaille – mais qu'y a-t-il de plus passionnant que l'immense pagaille humaine ?

D. K., novembre 2011

« Le respect universel de l'argent est la grande raison d'espoir de notre civilisation, le principal élément de bon sens dans notre conscience collective. L'argent est la chose la plus importante qui soit au monde. Il est synonyme de santé, de force, de prestige, de générosité et de beauté aussi clairement que son absence signifie maladie, faiblesse, honte, méchanceté et laideur. »

George Bernard Shaw
Homme et surhomme

1

Au royaume de l'abondance

C'est Noël à New York et je suis dans un train qui se traîne vers le nord le long de l'Hudson, en route pour rendre visite à un ancien ami de faculté qui se fait huit cent cinquante mille dollars par an. Ben a trente-cinq ans comme moi, c'est un sous-produit de la classe moyenne américaine comme moi, il est marié comme moi, mais lui a des enfants, quatre pour être exact. Contrairement à moi, aussi, il a passé les quatorze dernières années de son existence à Wall Street et il gagne beaucoup d'argent. Vraiment beaucoup.

Je ne l'ai pas revu depuis 1976, et il y a une raison très simple à cela : à l'exception de rapides allers-retours à New York, je ne suis pas souvent retourné aux États-Unis, ces quatorze dernières années. Grâce à la poignée d'anciens camarades d'université qui habitent la même île brumeuse que moi, j'ai cependant été tenu informé de l'irrésistible ascension sur la place financière new-yorkaise qui a fait de lui l'un des traders les plus en vue à Wall Street aujourd'hui. On m'a dit qu'il s'y entend comme personne pour négocier les obligations, sans parler de sa capacité à rester fermement campé sur l'escalator professionnel qui ne cesse de monter. Je sais également qu'il a épousé une fille qui était avec nous sur les bancs de la fac, Sally, laquelle a travaillé un temps dans l'édition avant de s'engager sur la voie post-féministe des grossesses en série et de la vie de banlieue.

Aucune de ces données concernant la trajectoire de Ben ne m'a surpris, lorsqu'elles m'ont été communiquées. Le trait de caractère qui m'avait le plus marqué chez lui était son assurance, la certitude avec laquelle il envisageait son avenir. Non qu'il ait jamais exprimé l'ambition de se faire une place à Wall Street ; au contraire, fidèle à l'esprit du début des années 1970, il voulait que l'on garde pour soi son « plan de vie », même si je ne pense pas qu'il en ait eu un très défini. Il avait en revanche une certaine fermeté d'esprit, une caractéristique très appréciée dans la société américaine. Il était intelligent, raisonnable, cultivé sans jamais faire étalage de son savoir. Ambitieux, il savait que « jouer pour gagner » était un impératif incontournable de notre culture tout en étant assez malin pour comprendre que ses aspirations devaient toujours rester dissimulées sous le masque d'une bonhomie à toute épreuve. Il avait à peine dépassé les vingt ans qu'il manifestait déjà ce mélange de gravité patriarcale et de populisme facile que cultive tout sénateur américain, parce qu'il sait que cela inspire confiance à ses électeurs. Instinctivement, il avait aussi compris que, au sein d'une culture souvent taxée d'artificielle, une certaine authenticité patricienne était considérée comme une vertu. Mais il n'avait pas à faire beaucoup d'efforts pour parvenir à ce but : il était sans additifs et chez lui l'emballage correspondait rigoureusement au contenu.

Avec de tels atouts, son succès dans l'Amérique « qui entreprend et qui gagne » était pratiquement garanti. Quelqu'un qui a l'esprit d'équipe et un sens aigu de la diplomatie réussira toujours au sein d'une culture d'entreprise où le « brave type » est une espèce choyée et protégée. Ben en était un, incontestablement, et il avait aussi sans doute assez de finesse pour percevoir que, au-delà des grands mots sur le travail d'équipe et la « synergie », la vie professionnelle en Amérique est avant tout un jeu de pouvoir. Qu'il en vienne à le pratiquer dans un cabinet d'avocats, une société de courtage ou une banque d'affaires revenait finalement au même. Et c'est pourquoi je n'ai pas été étonné de l'entendre me confier, quand je l'ai appelé peu après mon arrivée à New York pour y passer Noël, que c'était entièrement par hasard qu'il avait atterri dans le business des actions-obligations :

— Comment j'ai abouti à Wall Street, tu me demandes ? Coup de bol total ! Comme pour plein de choses dans la vie. Comme le fait que tu me téléphones, après toutes ces années. Que me vaut le plaisir ?

— Je me suis dit qu'il était temps de te payer une bière. Et si tu me refiles quelques tuyaux en Bourse…

— Ça, ça te coûtera « deux » bières ! Qu'est-ce que tu fais, samedi après-midi ?

— Pas grand-chose.

— Monte nous voir, alors. On aura quelques amis à la maison. Variation sur le thème du pot de Noël, tu vois le genre ? Eh, tu vas même peut-être reconnaître une ou deux têtes…

Et c'est ainsi que je me suis retrouvé dans ce train de proximité qui, après avoir quitté les faubourgs de la grande ville, chemine maintenant vers la kyrielle de cités-dortoirs huppées s'égrenant le long du fleuve. La journée est grise et froide, le ciel a la teinte de cendres de cigarette et l'Hudson est une mosaïque de givre dont la seule vue me donne des frissons et me rappelle que je ne suis plus habitué à la rigueur des hivers nord-américains. Même le paysage me semble étranger, alors que je l'ai parcouru si souvent dans mon enfance. Le monde de Ben, celui du brasseur d'affaires moderne, celui des salaires à six chiffres, m'est à la fois familier et hostile : familier car par bien des aspects il est celui dans lequel j'ai grandi, hostile car il m'apparaît désormais comme un territoire que je n'ai jamais exploré pour de bon.

Quand la rame ralentit, je regarde la banlieue uniforme et cossue où Ben vit avec sa famille et je sens que c'est peut-être là le point de départ d'un voyage, mon périple à travers la *terra incognita* de l'Argent avec un grand A.

— Kennedy !

C'était la voix de Ben mais le visage appartenait à quelqu'un d'autre. Ou du moins il ne collait pas avec l'ancienne version de Ben que je m'étais attendu à retrouver. Mon imagination avait inventé un autre personnage, presque un portrait à la Hogarth, « Ben l'agent de change », une figure massive au crâne en train de se dégarnir et aux yeux pris dans un filet de fines rides, la marque laissée par le krach de 1987 et la nécessité de faire face aux impératifs d'une existence de super-riche.

Celui qui m'a accueilli à sa porte ne ressemblait aucunement à cette caricature mentale ; au contraire, il était la réplique exacte de l'étudiant dégingandé et décontracté que j'avais connu quatorze ans plus tôt. Sa poignée de main restait franche et musclée, sa voix claire et ferme, tandis que, suivant la tradition des écoles préparatoires de la côte Est, il m'appelait par mon nom de famille. Même sa tenue renvoyait à notre époque de jeunes diplômés de la Nouvelle-Angleterre, chemise de bûcheron sous un pull ras du cou, pantalon en toile kaki et Docksides. Son domicile reflétait également une éducation reçue des descendants des premiers colons d'Amérique : une bâtisse en briques rouges à deux étages avec un fronton à colonnes blanches et une décoration intérieure dans le style Maison-Blanche années 1880. Comme il sied à l'élite historique américaine, cette demeure laissait entendre que son propriétaire était quelqu'un de solidement établi dans la société mais désireux de ne pas faire étalage de signes extérieurs de richesse.

— Tu as l'air en forme, Kennedy.

— Toi encore plus, Ben.

— Et elle plus que tout le monde, a rétorqué mon ancien camarade en montrant une femme qui, avec sa robe à imprimé victorien et sa longue chevelure châtaine tressée dans le dos, s'intégrait parfaitement à ce décor fédéraliste.

Sally s'est retournée.

— Bienvenue au pays, l'expatrié, a-t-elle plaisanté en me tendant une joue pour un soupçon de baiser.

Ben avait raison : en dépit de l'épreuve physique que représentaient quatre accouchements en à peine cinq ans et malgré la pression psychologique à s'occuper constamment d'une bande de marmots de moins de six ans, elle paraissait la même qu'en 1976, une évocation romantique d'un temps révolu. Sa longue robe à motif floral et ses cheveux tressés me rappelaient irrésistiblement toute une génération de filles de ma jeunesse, celles qui allaient manifester à Washington, embrassaient avec passion les principes végétariens et écologiques, se disaient transformées par la lecture des poèmes de T.S. Eliot et entonnaient « You've Got a Friend » dans les soirées. Des filles que je n'aurais alors jamais imaginées élevant quatre enfants dans une banlieue cossue.

— Maman !

Une fillette dont l'habillement était une reproduction miniature de la tenue de Sally a couru sur le parquet ciré pour venir se cacher dans les jupes de sa mère, et pendant un instant c'était comme si la grande et la petite ne formaient qu'un seul être.

— Maman, Nicholas, il m'a tapée !

Sally m'a souri.

— Je te présente ma fille, Samantha. Dis bonjour à un vieil ami de maman, Sam.

La fillette s'est blottie encore plus farouchement contre sa mère.

— Nicholas m'a tapée, maman !

— Même pas vrai ! a crié le garçonnet de cinq ans qui venait d'apparaître aussi subitement.

Coupe au bol, chemise blanche et pantalon noir, cravate aux couleurs de son école : le fils de bonne famille en herbe.

— Si, c'est vrai !

— Elle m'a volé mon Musclor ! a protesté Nicholas.

— Même pas vrai ! a rétorqué sa sœur, maintenant indignée pour de bon.

— Si !

— Trouve-toi un verre, Doug, a suggéré Sally avant de s'interposer pour arbitrer la dispute.

— Un peu de punch flambé, Kennedy ? m'a proposé Ben en m'entraînant dans la pièce contiguë où deux extras versaient dans des verres en cristal des louches de cidre et de rhum chaud. Tu dois en avoir besoin, après avoir fait la connaissance de nos charmants bambins…

— Où sont les deux autres ? me suis-je enquis.

— Les jumeaux ? En haut, au lit. Consuela garde un œil sur eux.

— Consuela ?

Il m'a adressé un sourire d'une blancheur éblouissante.

— La fille au pair costaricaine.

— Eh bien, Wall Street te réussit, décidément…

— C'est ce dont j'essaie de me convaincre, oui.

Un type presque chauve en pantalon de flanelle grise et veste en tweed s'est écarté de la table des boissons pour venir à nous.

— Salut, Heinemann, a lancé Ben. Regarde qui vient de nous arriver de Londres. Tu te souviens de Bob Heinemann, Kennedy ?

— Absolument.

— Incroyable ! a fait l'intéressé en serrant la main prise dans une mitaine que je lui tendais. Tu n'as pratiquement pas changé.

— Toi non plus, ai-je dit assez peu honnêtement puisque son crâne dégarni et sa silhouette alourdie le rendaient plus vieux que son âge. Alors, qu'est-ce que tu deviens ?

— Je suis dans la même rue que Ben, a-t-il répondu, mentionnant « la » rue par excellence, Wall Street. Tiens, dis bonjour à Betty.

Discipliné, j'ai salué Betty, une sévère quadragénaire en tailleur gris très classique, foulard Gucci sur les épaules, ainsi que leur fille de trois ans, Lois. Au moment où je me penchais vers elle, quelqu'un m'a tapé sur l'épaule. C'était Ted Smollens. À la fac, Ted était une célébrité : c'était le seul et unique étudiant à porter des mocassins Gucci ; désormais, il portait

« la casquette Forex à Wall Street[1] », ainsi qu'il me l'a confié. À son tour, il m'a désigné d'un signe de tête une blonde au physique de sportive qui s'était accroupie pour essuyer la figure de deux petites filles vêtues de robes identiques.

— Ma femme, mes enfants, a-t-il annoncé laconiquement.

De l'autre côté de la pièce, Sally conversait avec Karen Fingerhut qui, après avoir dans son jeune temps défendu les théories économiques de Marx et participé à des collectes de soutien à la résistance chilienne, avait été brièvement rédactrice dans une agence de pub une fois ses études terminées, puis avait épousé un avocat d'affaires très en vue et prénommé Marv. Je l'ai entendue dire à Sally : « Il faut que tu me montres ta nouvelle machine à laver, d'accord ? »

Je me suis retrouvé à bavarder avec Debbie Shilts, « broker » dans une grosse agence d'investissements de « la » rue, qui m'a fait remarquer à quel point la difficulté d'être une femme célibataire à Manhattan était bien résumée par une formule succincte : « Ici, au-delà de trente ans, les hommes sont soit mariés, soit gays, soit psychopathes. » Après avoir vidé un autre verre de punch, je me suis joint au chœur improvisé qui entonnait « Oh Come, All Ye Faithful » et autres chants traditionnels de Noël.

Ensuite, j'ai passé un moment à refaire connaissance avec Howie Lowell, jadis volontaire humanitaire aux Philippines et aujourd'hui transformé en spécialiste des fusions-acquisitions à Wall Street. Nous avons

1. Forex, pour « Foreign Exchange », le marché des changes, le plus important à l'échelle planétaire en termes de volume monétaire négocié. *(Toutes les notes sont du traducteur.)*

été interrompus par sa femme, Fran, qui l'a entraîné pour qu'il l'aide à changer leur bébé, Jerry. De ce fait, je n'ai pas eu le temps de l'interroger sur le crucifix qu'il portait à la boutonnière ; il ne m'a pas échappé que Fran en arborait un, elle aussi.

Tous les enfants présents – plus d'une vingtaine, facilement – ont été réunis afin d'accueillir l'acteur déguisé en père Noël que Ben avait embauché. Pendant qu'il s'acquittait de ses « père-noëleries », les gamins ont ouvert avec hâte les petits paquets-cadeaux qu'il tirait de son grand sac rouge et distribuait à la ronde sous le regard indulgent des adultes. Sally s'est glissée près de moi et m'a tendu un verre de punch bien rempli.

— Super fête, ai-je déclaré en me demandant si je n'avais pas déjà la langue un peu pâteuse.

Elle a observé la scène devant nous, ses amis, leurs enfants, son mari, sa progéniture, son foyer, sa vie. Dans ses yeux, j'ai vu luire à la fois de l'émotion et une sorte de stupéfaction. Passant son bras autour de mes épaules, elle a murmuré :

— Est-ce que ce n'est pas étrange, tout ça, Doug ? Très étrange ?

Sally ne se trompait pas. Qu'il était étrange de regarder un tableau vivant dont nous tous, les adultes, étions les personnages ; nous – elle non plus, d'après ce que je percevais – n'avions jamais envisagé que nous appartiendrions un jour à cette image de vie domestique exemplaire, de soumission aux conventions. Et ce spectacle était encore plus étrange pour moi, qui me sentais éloigné de cet univers aussi bien professionnellement que financièrement parlant. J'étais alors journaliste free-lance, avec la précarité que cela supposait, passant d'une commande à une autre comme un funambule payé au cacheton, me demandant sans cesse si je parviendrais à boucler la fin de mois, convaincu que mon destin serait de terminer vendeur de crayons devant le magasin Harrods quand le flot capricieux des piges finirait par se tarir. Je n'avais pas de portefeuille d'investissements, j'ignorais tout du troublant concept de « revenu disponible » et mon seul patrimoine était un petit appartement du sud de Londres écrasé par un monumental crédit. Or, d'après ce que je comprenais, mes anciens camarades d'université engrangeaient un minimum de deux cent mille dollars annuels et ne cessaient de grimper sur l'échelle des dividendes. D'accord, ces importantes rétributions étaient le prix à payer pour vivre dans le monde de la haute finance, un univers qui sécrétait ses propres angoisses, ses réveils en nage à quatre heures du matin. En gagnant deux cent mille dollars par an, il fallait maintenir un niveau de vie correspondant, mais en les entendant parler de leurs jeux en Bourse, de leurs paquets d'actions, de leurs primes liées aux bénéfices, de leurs filles au pair d'Amérique centrale et même de leurs nouvelles buanderies, j'avais du mal à ne pas me sentir tel un immigré clandestin dans la République des nouveaux riches.

J'aurais évidemment pu tourner en dérision la prospérité de mes amis, fouiller dans le lexique vindicatif des diplômés sous-payés pour trouver divers qualificatifs peu favorables à leur succès : profiteurs, bandits du baby-boom, et bien sûr l'incontournable « vendus au système ». Conformistes. Banlieusards de luxe. Pourtant, mon impression immédiate était qu'ils semblaient… adultes. Ils avaient rejoint la sphère des responsabilités et ils l'assumaient avec cohérence et bon sens. Ce qui m'amenait à certaines questions : est-ce que « faire de l'argent » pour de bon, en Amérique, marque la fin de l'innocence ? Est-ce le facteur déterminant du passage au statut d'adulte ? N'était-il pas pertinent de décrire ce processus de maturation de la classe moyenne américaine en paraphrasant l'Épître aux Corinthiens : « Lorsque j'étais enfant, je parlais comme un enfant, je pensais comme un enfant, je raisonnais comme un enfant, mais lorsque je suis devenu homme et que j'ai commencé à gagner des paquets j'ai fait disparaître ce qui était de l'enfant » ?

La citation biblique détournée a flotté un instant dans mon esprit embrumé par le punch, là, au milieu du salon de Ben et de Sally, puis la voix de Bob Heinemann m'a tiré de ma rêverie. Une voix posée, efficace, qui accompagna son geste tout aussi posé et efficace lorsqu'il glissa sa carte de visite dans la pochette de ma veste :

— Si ça te dit de descendre à Wall Street un de ces jours, je t'invite à déjeuner.

J'ai répondu du tac au tac :

— Lundi, ça irait ?

Les bureaux de la firme A. J. Heinemann & Co étaient situés dans un gratte-ciel datant d'avant la dépression, à deux pas de la Bourse de New York. Entrer dans ce bâtiment, c'était plonger dans l'optimisme arrogant des années 1920, au temps où un immeuble d'affaires était conçu comme une forteresse de béton qui se voulait à la fois fonctionnelle et intimidante. Le hall d'entrée en rajoutait dans l'opulence, véritable monument à la gloire de l'argent : sols en marbre, arches gothiques, murs de pierre ornés de fresques et grilles dorées donnant accès à des ascenseurs tapissés de miroirs biseautés Art déco. Ce n'était pas une maison de commerce mais l'un de ces grandioses cinémas d'antan, auquel il ne manquait que le grand orgue Wurlitzer.

Dès que l'on gagnait les étages, toutefois, l'ambiance de bureau la plus lugubre y régnait : couloirs interminables peints dans les tons moroses chers aux administrations, kilomètres de linoléum usé et multitude de néons aveuglants, enfilades de portes en verre dépoli sur lesquelles des noms étaient inscrits en lettres dorées. Le genre de portes qui semblent dissimuler quelque détective privé spécialisé dans les affaires d'infidélité conjugale. Sauf qu'à Wall Street il n'y avait que des comptables assermentés, des consultants financiers et de petites compagnies d'investissements comme A. J. Heinemann & Co.

Pas de réceptionniste ni de secrétaire, mais directement un pool constitué par un trio de dames quinquagénaires et un quintette d'employés mâles en costume passe-partout, tous assis à des tables éparpillées dans une grande salle. Au fond, il y avait deux box vitrés attribués l'un au fondateur, A. J. (Al) Heinemann, l'autre à son fils Bob. Les meubles datant des années 1960, les calendriers pour unique décoration murale, les vieux classeurs en bois, voire une calculatrice nous transportaient dans le passé ; seuls quelques ordinateurs rappelaient que nous étions proches de la fin du siècle. Ce décor peu glamour laissait entendre qu'Al Heinemann était quelqu'un qui n'avait pas l'intention de jeter de la poudre aux yeux et pour qui le business était du genre sérieux. Il me restait à voir si le fils avait repris à son compte cette philosophie de travail.

Dès que je suis entré, Bob Heinemann a quitté sa

chaise et a traversé le bureau avec la main tendue, déjà prêt à serrer la mienne. Il m'a salué sur le ton posé, presque circonspect, qu'il avait eu pour m'inviter à déjeuner. Ma première impression du week-end, celle qu'il faisait nettement plus que son âge, était encore renforcée par sa tenue : costume gris, chemise blanche Brooks Brothers et cravate bleu marine sous un cardigan gris très vieux jeu. Non, il n'était pas du style à porter des complets Armani et des bretelles en soie Liberty. Il s'habillait comme un agent de change de l'après-guerre. Comme son père, en fait.

— C'est le camarade de faculté dont tu m'as parlé ?

La voix d'Heinemann père s'est élevée derrière la paroi de verre. Immédiatement, son fils m'a fait passer chez lui.

— Mon père.

Al Heinemann m'a donné une poignée de main de chiropracteur. Tous deux présentaient le même sommet du crâne dégarni, le même début de double menton, les mêmes goûts vestimentaires. Seule leur élocution différait : alors que celle de Bob était réfléchie jusqu'à sembler hésitante, Al parlait comme une mitraillette.

— Alors vous avez fait vos études avec Bobby, c'est ça ?

— C'est ça.

— Et maintenant vous vivez à Londres, c'est ça ?

— C'est ça.

— Et Bob vous emmène déjeuner au club ?

— C'est ça, a confirmé son fils.

— Alors, bon déjeuner, a lancé Al en attrapant son manteau Burberry pendu à la patère. J'ai rendez-vous avec un client. Jack Roth. Je lui transmets tes meilleurs souvenirs, à lui et à Estelle.

— C'est ça, a acquiescé Bob.

— À quelle heure tu seras de retour ?

— Deux heures.

— Bien.

Il a quitté le box en coup de vent et Bob m'a fait signe de prendre place dans l'un des deux fauteuils en skaï placés devant le bureau paternel. En face de nous, deux grandes fenêtres offraient une vue panoramique sur le New Jersey. Nous avons échangé des banalités durant quelques minutes, cherchant chacun de nous une façon de démarrer une véritable conversation. La difficulté venait de ce que nous n'avions guère été proches à l'université, à dire vrai, animés par une antipathie aussi mutuelle que tacite. J'avais toujours eu l'intuition que Bob me prenait pour une grande gueule – ce que j'étais certainement, à l'époque – tandis que je l'avais classé comme un bonnet de nuit coincé alors qu'il n'avait que dix-neuf ans. Pendant que nous nous creusions la tête pour trouver un terrain d'entente, j'ai eu la sensation que nous pensions l'un et l'autre que cette invitation à déjeuner avait été une erreur commise sur une regrettable impulsion. Parce que nous n'avions vraiment rien à nous dire. Puisquc nous étions condamnés à passer ensemble l'heure suivante, toutefois, j'ai tenté de dissiper le malaise en l'interrogeant sur ce qu'il avait fait après avoir obtenu son diplôme.

— Je suis parti au Mexique, a répondu Bob.

— Au Mexique ? C'est pas commun, ça…

— Sans doute, a-t-il dit avec un petit rire nasal. Surtout que j'étais gardien de troupeau dans un ranch.

— Comment tu t'es dégoté ça ? ai-je demandé, franchement surpris.

Il a jeté un coup d'œil par la fenêtre.

— Le ranch appartenait à un client de mon père.

— Et ç'a été un bon moment, là-bas ?

— Très, oui… – Il a de nouveau détourné le regard. – C'était autour de janvier 1977. Après, j'ai envisagé d'entrer dans le Peace Corps, ou de faire quelque chose, je ne sais pas… dans un autre domaine que la finance. Mais tu vois, quand il s'agit d'une affaire familiale, un fils ne peut pas se dérober. Surtout un fils unique, comme c'est mon cas. Alors, sans doute que je savais depuis le début que j'étais, euh… destiné à me retrouver ici. Je veux dire, je savais depuis le début que cette place m'attendait.

Rentré du Mexique, il avait donc rejoint la firme paternelle et appris les bases du métier pendant trois ans, puis son père l'avait envoyé six mois à Francfort – « il avait des intérêts là-bas », a noté sobrement Bob –, où il avait travaillé dans une compagnie dirigée… par un ami d'Heinemann Senior. Ayant décidé que la formation de son fils était complète après cette expérience européenne, Al l'avait rappelé à Wall Street et lui avait annoncé qu'il pouvait désormais se considérer comme l'héritier en titre d'A. J. Heinemann & Co.

— C'est une petite boîte, très traditionnelle, a expliqué Bob. En investissements boursiers. Le portefeuille que nous gérons tourne autour des quatre-vingts millions de dollars. C'est une affaire qui roule, même si je nous trouve un peu faibles sur le plan du marketing, ce qui nous freine dans la recherche de nouveaux clients. Ceux que nous avons sont fidèles, c'est sûr, mais comme le dit mon père il faut les traiter avec prudence, surtout quand ils deviennent un peu nerveux si les marchés se montrent instables.

Je lui ai demandé s'il lui arrivait d'éprouver cette même nervosité, la crainte d'avoir choisi une valeur boursière qui risque de s'effondrer.

— Dans ce travail, tout le monde s'inquiète des

variations du marché, c'est inévitable. Une position que j'ai prise ne m'a jamais fait perdre le sommeil, toutefois. Pourquoi ? Disons que je suis très… prudent. Pour mon père et moi, la prudence est le maître mot. Vois-tu, nous préférons rester petits et gagner gros que devenir gros et ne rien gagner. Mon père et moi, nous sommes persuadés que… comment dire, tout ce job tourne autour de la réduction des risques. Comme ce que tu peux perdre est plus important que ce que tu peux gagner, il faut avancer avec discernement. Dis-cer-ne-ment…

Son regard a de nouveau erré à travers les baies panoramiques de son père avant de revenir sur moi.

— On y va ?

En bas, nous nous sommes engagés dans une série de rues étroites, encaissées entre deux falaises de gratte-ciel. Le vent glacial qui s'y engouffrait obligeait à avancer dans ces crevasses de béton comme à travers un col de montagne. Nous sommes enfin parvenus à une vénérable bâtisse du XIXe siècle qui paraissait incongrue au milieu de tous ces à-pics de verre et d'acier. C'était l'India Club, le plus ancien club où le gratin de la communauté financière new-yorkaise vient étancher sa soif et calmer sa faim. À l'intérieur, ambiance très bostonienne, très « old Yankee » : une profusion de panneaux muraux en acajou, de portraits de sévères banquiers du siècle dernier lourdement encadrés, de maquettes massives de navires d'un temps révolu. La salle à manger au très haut plafond voûté était empreinte d'une solennité guindée. Un serveur en livrée nous a tendu des menus et s'est enquis de ce que nous désirions boire – un whisky pour moi et un Perrier pour Bob, qui a cependant demandé un paquet de Marlboro.

— Tu fumes toujours ? ai-je noté, secrètement soulagé de constater qu'il avait au moins une mauvaise habitude.

— Seulement en dehors du bureau, a-t-il précisé. Mon père n'aime pas ça.

Nous avons examiné la carte. Poisson frit, steaks, côtes de porc, rôti, la cuisine lourdingue propre aux clubs de gentlemen. Autour de nous, ce n'était que trois-pièces à rayures, lunettes à monture en écaille et chaussures de ville étincelantes : Wall Street en train de se restaurer.

— Tes parents habitent toujours New York ? m'a demandé Bob.

— Oui, ils se sont accrochés à leur Upper West Side. Et toi ? Tu ne vivais pas dans les rues 70-Est, pendant un moment ?

— Jusqu'à ce que Lois arrive, nous avions un appartement à l'angle de la 74e Rue et de Lexington, Betty et moi. Mais avec un enfant, impossible de continuer à vivre à Manhattan : on est partis dans le Connecticut.

— Où ça ?

— Riverside, ça s'appelle.

— Attends, mais tu ne viens pas de là ?

Il a penché à nouveau la tête sur son menu.

— Si.

Une fois nos verres servis, nous avons commandé et j'ai demandé à Bob comment il avait rencontré sa femme.

— Il y a quatre ans, à une réception de Noël. Une fête pour nous autres juifs qui ne fêtons pas Noël.

Elle était alors commerciale indépendante, à la tête d'une petite structure qui importait des articles en cuir de luxe manufacturés en France et en Allemagne.

— Ce n'était pas grand-chose mais j'étais content qu'elle ait une petite affaire qui l'occupe. Le problème, c'est que le machin a capoté quand le dollar a perdu du terrain, en 87. Betty vendait des produits haut de gamme qui rapportaient peu, vu la quantité qu'elle diffusait. Le volume des échanges, c'est la clé, tu comprends ?

Une question de volume avait donc mis fin à sa carrière commerciale et, du même coup, l'avait poussée dans son nouveau rôle de femme au foyer.

— Elle est tombée enceinte environ un mois après avoir fermé la boîte, m'a raconté Bob. Et le numéro deux est en route… – J'ai levé mon verre de scotch en le félicitant. – Merci. Un deuxième bébé, évidemment, ça va augmenter les dépenses annuelles. Et l'année passée m'a coûté pas mal, déjà, avec le déménagement, la rénovation de la maison, tout ça… mais j'ai tout de même réussi à mettre un bon paquet de côté. Je ne sais pas quel est ton avis là-dessus mais moi… moi, je crois beaucoup à l'épargne. Surtout en ce moment, avec les fluctuations du marché. C'est essentiel. Et puis, nous devons tous faire face à cette réalité : notre génération ne parviendra jamais au niveau de vie que nos parents ont atteint. Même en prenant en compte la différence entre leurs salaires et les nôtres, ils l'ont eu bien plus facile que nous, au niveau du prix de l'immobilier et du coût des études. Ce que je veux dire, c'est que nos perspectives sont différentes et c'est pourquoi je dois… j'essaie d'économiser beaucoup, afin de pouvoir me rapprocher autant que possible du confort de vie de mes parents.

— Et tu y arrives ?

— À peu près, oui, mais seulement parce que je suis scrupuleusement le conseil que mon père m'a donné un jour : « Vis toujours comme si c'était ta pire année en affaires. »

Nos assiettes arrivées, la conversation est passée à des gens que nous avions connus pendant nos études.

— Tu n'imagines pas le nombre d'anciens de la fac qui sont partis vivre en banlieue, m'a dit Bob. D'accord, ils se sont surtout établis dans le comté de Westchester, comme Ben, sans doute parce que c'est un peu moins cher que le Connecticut. Cela dit, du point de vue des transports, c'est beaucoup plus facile. Ben, par exemple, il a un horaire idéal : une demi-heure en train le long du fleuve, et ensuite dix minutes à pied de Grand Central Station à son bureau. Remarque, je ne me plains pas, même en habitant le Connecticut. J'ai le choix entre le 6 h 50 et le 7 h 20 pour Grand Central, et comme je suis à huit minutes de marche seulement de la gare de Riverside, je peux dormir presque tous les jours jusqu'à six heures du matin. Maintenant, le point positif de ces deux trains, c'est qu'il y a toujours des places assises, ce qui n'est pas le cas de ceux qui passent après sept heures et demie. En plus, cinquante minutes de trajet, c'est exactement le temps qu'il me faut pour lire le *New York Times*. Et ensuite, j'ai une ligne de métro directe jusqu'à Wall Street. Franchement, non, je n'ai pas à me plaindre, sur ce plan-là.

— Ni sur beaucoup d'autres, apparemment…

Il a médité ma remarque un moment, les yeux fixés sur l'assiette de dinde rôtie et de purée de pommes de terre qu'il avait devant lui.

— Pas beaucoup, non, a-t-il concédé. Je n'ai pas à m'inquiéter d'être licencié ou d'être en compétition avec qui que ce soit au bureau. Et comme je l'ai dit, j'ai un niveau de vie correct, donc j'estime que mon travail satisfait un critère très important pour moi…

— Lequel ?

— Se rendre l'existence aussi simple que possible.

Un court silence s'est établi, pendant lequel il s'est remis à examiner la volaille, la purée et la flaque de sauce dans laquelle elles flottaient, puis il a levé la tête et, me regardant dans les yeux :

— Je ne vois vraiment pas pourquoi tu me poses toutes ces questions sur mon compte. Ce que je fais, ce n'est pas... intéressant. C'est une vie tout ce qu'il y a d'ordinaire.

Une vie tout ce qu'il y a d'ordinaire. Longtemps après avoir dit au revoir à Bob devant l'India Club et l'avoir regardé reprendre le chemin de son bureau, la formule s'est attardée dans ma tête. Pourquoi m'interpellait-elle à ce point ? Parce que plus j'y réfléchissais, plus je me rendais compte que j'ignorais ce qu'une « vie tout ce qu'il y a d'ordinaire » était censée représenter. Bob Heinemann estimait que son existence était des plus banales : l'aller-retour quotidien de sa banlieue à la grande ville, une place protégée dans la compagnie dirigée par son père, la patiente constitution d'un bas de laine plus que confortable au nom d'une sacro-sainte prudence...

Au départ, j'avais réagi de manière convenue à cette description d'une routine bien réglée : Bob Heinemann, m'étais-je dit, était un homme qui s'était shooté à la liqueur balsamique des thanatopracteurs. Pourtant, s'il y avait bien quelque chose de momifié dans son existence, celle-ci ne me paraissait pas vraiment « ordinaire ». Au contraire, il n'y avait rien de très commun dans le sort de quelqu'un qui palpait deux cent cinquante mille dollars par an – selon l'estimation des revenus de son ami et confrère que Ben m'avait donnée « grosso modo » –, ni rien d'anodin à habiter une zone fort prisée du Connecticut et à être le futur P-DG d'une société financière ayant pignon sur rue à Wall Street. En réalité, la vie de Bob aurait pu être taxée de peu commune, voire de privilégiée. D'accord, elle pouvait aussi être considérée comme terriblement conformiste et d'aucuns auraient pensé qu'il avait choisi la facilité en jouant le fils obéissant qui suivait l'éthique et les choix professionnels de papa, mais n'y avait-il justement pas quelque chose d'intéressant dans ce besoin de se soumettre à un ordre établi, de « se rendre l'existence aussi simple que possible » et de relativiser ses ambitions financières très patentes en insistant sur le caractère « ordinaire » de sa vie ?

Plus je repensais à mon déjeuner avec Bob Heinemann, plus je percevais la perplexité qui se dégageait de ses réponses concernant son sort. Un malaise, oui, mais qui ne venait pas du regret de ne pas avoir pris d'autres chemins ou de se plier aux exigences paternelles. Non, j'avais l'impression que c'était lié à la peur de manquer : loin de se sentir piégé par la banalité de sa vie telle qu'il la décrivait, il craignait de se voir un jour privé de son train-train, d'être soumis à la nature capricieuse de la destinée humaine. Et dans cette lutte pour conserver une existence simple et prévisible, l'argent était devenu son principal bouclier.

Ironie de la situation, derrière la façade de la stabilité financière se percevait une énorme insécurité. Il était convaincu qu'il n'arriverait jamais à atteindre le niveau de vie qu'avaient eu ses parents, qu'il ne connaîtrait jamais la paix intérieure de ceux qui se savent pour toujours à l'abri du besoin. À ce titre, il m'évoquait *Le Hollandais volant* version Wall Street, condamné à parcourir sans cesse le corridor inéluctable qui reliait le Connecticut au sud de Manhattan, recherchant vainement la sérénité, le contentement, l'apaisement. D'ailleurs, je doutais qu'il soit jamais satisfait, même si ses revenus finissaient un jour par dépasser ceux de son père, car il y aurait toujours une barrière à surmonter, un échelon à grimper dans le but de calmer sa peur constante de ne pas être « assez » riche.

Mais n'est-ce pas notre cas à tous, en fin de compte ? Ne sommes-nous pas tous poussés par la nécessité d'avoir toujours plus, de gagner plus, d'accumuler plus ? Ce soir-là, alors que j'inspectais sans but une étagère de mes vieux livres scolaires dans la chambre d'invités de mes parents, je suis tombé sur un exemplaire du livre d'Alexis de Tocqueville, *De la démocratie en Amérique*. Un siècle et demi plus tard, cet ouvrage reste certainement l'analyse la plus incisive du caractère américain jamais écrite. Au début d'une partie éloquemment intitulée « Pourquoi les Américains se montrent si inquiets au milieu du bien-être », j'ai repéré un passage dont la pertinence et l'absolue modernité m'ont émerveillé :

> « J'ai vu en Amérique les hommes les plus libres et les plus éclairés, placés dans la condition la plus heureuse qui soit au monde ; il m'a semblé qu'une sorte de nuage couvrait habituellement leurs traits ; ils m'ont paru graves et presque tristes jusque dans leurs plaisirs.
>
> » [...] C'est une chose étrange de voir avec quelle sorte d'ardeur fébrile les Américains poursuivent le bien-être, et comme ils se montrent tourmentés sans cesse par une crainte vague de n'avoir pas choisi la route la plus courte qui peut y conduire.

» L'habitant des États-Unis s'attache aux biens de ce monde comme s'il était assuré de ne point mourir, et il met tant de précipitation à saisir ceux qui passent à sa portée qu'on dirait qu'il craint à chaque instant de cesser de vivre avant d'en avoir joui. Il les saisit tous, mais sans les étreindre, et il les laisse bientôt échapper de ses mains pour courir après des jouissances nouvelles.

» Un homme, aux États-Unis, bâtit avec soin une demeure pour y passer ses vieux jours, et il la vend pendant qu'on en pose le faîte ; il plante un jardin, et il le loue comme il allait en goûter les fruits ; il défriche un champ, et il laisse à d'autres le soin d'en récolter les moissons. Il embrasse une profession, et la quitte. Il se fixe dans un lieu d'où il part peu après pour aller porter ailleurs ses changeants désirs. Ses affaires privées lui donnent-elles quelque relâche, il se plonge aussitôt dans le tourbillon de la politique. Et quand, vers le terme d'une année remplie de travaux, il lui reste encore quelques loisirs, il promène çà et là dans les vastes limites des États-Unis sa curiosité inquiète. Il fera ainsi cinq cents lieues en quelques jours, pour se mieux distraire de son bonheur.

» [...] On s'étonne d'abord en contemplant cette agitation singulière que font paraître tant d'hommes heureux, au sein même de leur abondance. Ce spectacle est pourtant aussi vieux que le monde ; ce qui est nouveau, c'est de voir tout un peuple qui le donne. »

« Inquiets au milieu du bien-être » : il avait tout compris, M. de Tocqueville ! Il avait beau explorer l'Amérique de 1835, alors seulement en pleine adolescence maladroite, il avait mis le doigt sur un malaise encore présent aujourd'hui au cœur de la civilisation du Nouveau Monde. On inculque à chaque Américain l'idée que son pays est d'une immense richesse, qu'il regorge d'occasions pour celui qui est déterminé à œuvrer en vue de ce qu'il poursuit, même s'il devra pour cela surmonter certains désavantages socio-économiques. Il n'est pas étonnant que le vocabulaire américain soit truffé d'expressions telles qu'« on est ce qu'on veut être », « jouer pour gagner » ou « fonce et rafle la mise », que la chanson populaire américaine ait depuis toujours vanté le triomphe de la volonté personnelle dans des tubes comme « My Way » ou « I Gotta be Me » : ces airs et ces formules ne reflètent pas seulement toute une philosophie de l'ambition mais définissent aussi une attitude fondée sur la conviction que l'être humain est perfectible et que tout individu peut atteindre ses objectifs terrestres par l'effort et l'honnête labeur.

Cela étant, les personnes – et la société tout entière, dans ce cas – qui embrassent cette vision en viennent toujours à se confronter à un dilemme essentiel : une fois que j'ai obtenu ce pour quoi je me suis battu, que me reste-t-il ? Vais-je me laisser tomber dans un fauteuil et soupirer d'aise, ou commencer sur-le-champ à former de nouveaux objectifs, de nouveaux besoins ? Là encore, Tocqueville a subtilement relevé la relation entre cet engrenage de l'ambition personnelle et la poursuite insatiable de la sécurité matérielle :

> « Le goût des jouissances matérielles doit être considéré comme la source première de cette inquiétude secrète qui se révèle dans les actions

des Américains, et de cette inconstance dont ils donnent journellement l'exemple.

» Celui qui a renfermé son cœur dans la seule recherche des biens de ce monde est toujours pressé, car il n'a qu'un temps limité pour les trouver, s'en emparer et en jouir. Le souvenir de la brièveté de la vie l'aiguillonne sans cesse. Indépendamment des biens qu'il possède, il en imagine à chaque instant mille autres que la mort l'empêchera de goûter s'il ne se hâte. Cette pensée le remplit de troubles, de craintes et de regrets, et maintient son âme dans une sorte de trépidation incessante qui le porte à changer à tout moment de desseins et de lieu. »

Si je n'avais pas su que ces lignes avaient été écrites par un philosophe français de la première moitié du XIXe siècle, j'aurais pu les attribuer à un observateur contemporain considérant d'un œil dépassionné les mœurs américaines des années 1980, car c'est au cours de cette décennie que, plus encore que la revendication d'un consumérisme ostentatoire, la notion d'autogratification par l'argent est devenue un comportement acceptable, voire recommandé. Sa version médiatisée tendait généralement à présenter cette histoire d'amour nationale avec la cupidité comme un phénomène entièrement nouveau, le premier « âge d'or » (au sens littéral du terme) de l'histoire américaine. En réalité les eighties reaganiennes ont été une adaptation en technicolor des années 1920. Pourquoi cela ? Ces deux époques ont vu le même féroce épanouissement du « laisser-faire » économique poussé à son extrême, dans la lignée de l'opinion exprimée par le Président ayant précédé la Grande Dépression, Calvin Coolidge, qui avait affirmé sans fard que « l'affaire de l'Amérique, c'est de faire des affaires ». Elles ont proclamé une foi aveugle dans le marché libre, se gaussant dans les deux cas de l'idée d'État-providence qui avait prévalu avant elles. Et, puisque la tentative pour « dorloter » les éléments les plus vulnérables de la société devenant l'objet de condamnations sarcastiques, ce sont les thèses du « darwinisme social » – le principe que seuls les plus forts économiquement parlant pouvaient survivre – qui ont forgé l'éthique de ces deux décennies. Pas étonnant que les véritables vedettes des années 1920 et 1980 aient été les gros bonnets de la haute finance, donc, ni que l'importance du paraître et la poursuite de l'image parfaite soient devenues l'obsession des jeunes faiseurs d'argent.

Dire que l'Amérique – et le reste du monde industrialisé – a découvert la vénalité au cours des années 1980, c'est passer à côté du vrai legs de cette décennie : avec elle, la poursuite de « l'argent pour l'argent » est devenue une motivation respectable. Plus personne n'a eu à s'excuser de transformer la quête de la richesse et de la puissance matérielle en une sorte de croisade personnelle et égocentrique ; travailler dans le secteur de la finance cessant d'être considéré comme une activité aussi routinière que peu créative, des milliers de jeunes hommes et femmes se sont rués dans l'arène de la spéculation afin d'y mettre à l'épreuve leurs nerfs et leur énergie. Ainsi que d'innombrables magazines nous le répétaient, l'argent était désormais le nouveau grand frisson, la forme d'accomplissement sexuel dernier cri, d'autant plus attirant que les gens découvraient alors qu'une seule expérience d'amour physique sans lendemain pouvait être mortelle.

À cette période, la vie sur les places boursières de

la planète était décrite comme un combat sans merci livré par des gladiateurs des temps modernes. La tenue de rigueur, pour cette nouvelle caste guerrière, était le costume – ou le tailleur – sombre, parfois égayé par des symboles de prospérité aussi voyants que des bretelles en soie, une Rolex ou un foulard de marque. Dans ces colisées de la modernité, les armes principales étaient le téléphone et l'ordinateur, accompagnés de cordes vocales d'une résistance à toute épreuve puisqu'il était visiblement indispensable de hurler plus fort que ses adversaires aux moments paroxystiques de la lutte. Pour ma part, chaque fois que je tombais à la télévision sur des scènes de corbeille boursière en plein hourvari, je me demandais ce que ces gens pouvaient être en train de vociférer, quel but mystérieux ils poursuivaient, et quel était le ressort de leur agitation.

L'appât du gain, peut-être ? Réponse facile, évidente. On nous certifiait alors que c'était une motivation des plus positives, qu'elle aiguisait nos instincts prédateurs et nous amenait à repousser les frontières conventionnelles pour atteindre de nouveaux territoires. Selon la logique qu'avait favorisée le boom économique des années 1980, la cupidité était une « pensée positive », une force conduisant à l'innovation et au changement. Sans compter qu'elle nous rapportait tout un tas de… choses.

Des choses. Des biens. Quel genre de biens ? Des hôtels design, des habits chic, des voitures de luxe ? Était-ce là tout ce que l'agitation frénétique de la corbeille poursuivait ? Peut-être. Pourtant, je n'ai pas oublié ce que m'a raconté un jour un ami travaillant à la City après avoir vidé près de la moitié d'une bouteille de single malt :

— J'ai passé des années à rêver d'une Jaguar de fonction, alors que ce que m'accordaient mes chefs était une Golf GTI. Je me fichais que ce soit une des meilleures décapotables du marché et qu'elle coûte un paquet de fric, déjà : je voulais une Jag. Pourquoi ? Pour moi, c'était le signe extérieur de ma reconnaissance dans la boîte, la preuve que je faisais partie des vrais décideurs, que je n'étais plus un « petit joueur ». Résultat, pendant un an, j'ai abattu des journées de travail de quatorze heures pour doubler mon rendement et mes marges de profit. Tout ça avec la Jag en tête. Finalement, j'y suis arrivé et ils m'ont même laissé choisir le modèle que je voulais, une XJS décapotable qui coûtait quatre fois plus que la Golf. Mais le plus sciant, tu sais quoi ? Le premier jour où je me suis retrouvé au volant, je me suis dit : « Bon, j'ai la Jag, et maintenant ? »

Je n'aurais pas pu inventer une meilleure parabole pour illustrer l'esprit de la décennie 1980, et cependant cette confession d'un trader londonien ne m'a pas paru être une revendication décomplexée de sa vénalité. Au contraire, elle était curieusement triste à mes oreilles, presque poignante, tout comme les efforts de Bob Heinemann en vue de parvenir au même niveau de vie que ses parents. Certes, je savais que ce n'étaient là que deux exemples isolés, mais ils venaient me rappeler que le besoin d'accumuler de l'argent ne correspond pas toujours exactement à de la cupidité effrénée, et qu'il aurait été grossièrement simplificateur de présenter les grandes places financières du monde comme des champs de bataille dominés par la rapacité.

Au final, la soif d'argent est profondément liée au besoin d'affirmation personnelle. L'argent est un référent fondamental dans la manière dont nous définissons notre vie à nos yeux et à ceux des autres, et il est de ce fait une source permanente de tension, puisqu'il se trouve pratiquement derrière chacun de nos choix et de nos actes. Nous consacrons le plus clair de notre existence à essayer d'en gagner dans l'espoir qu'il donnera une certaine valeur à notre passage sur terre, une certaine résonance. C'est pour cela que l'argent est si souvent déifié, mais comme chez toute divinité contestable sa force magique présente un revers paradoxal, déconcertant : quelle que soit la quantité d'argent que nous possédons, elle ne nous comble jamais entièrement.

Se pourrait-il que nous aspirions à toujours plus d'argent parce que nous avons sans cesse besoin de nous persuader que nous avons une « raison » d'exister sur cette planète ? Et si tel est le cas, ne constitue-t-il pas un substrat proprement tragique à la destinée humaine en nous persuadant que nous n'en aurons jamais « assez », que nous serons sempiternellement « inquiets au milieu du bien-être » ?

Si les années 1980 ont été une danse aux pieds du veau d'or, ne croyons pas un seul instant que la décennie suivante, avec ses préoccupations écologiques et son aspiration à la justice sociale, l'ait brusquement rejetée comme une sarabande outrancière. Ainsi que Tocqueville l'avait lui-même relevé, l'effet déstabilisant de l'argent sur l'espèce humaine est aussi vieux que le monde. Nous avons pu tourner la page d'une période de vénalité tapageuse mais la fonction de l'argent en tant qu'instrument servant à valider notre existence n'a pas disparu pour autant. Elle a toujours été là.

Ce que l'agressivité économique des années 1980 nous a laissé, c'est une nouvelle approche de l'argent considéré dorénavant comme une ressource globale, une ressource qui se déplace autour de la terre à la vitesse de la lumière. Ainsi, une mauvaise nouvelle tombée sur le fil économique de Reuters dans un cabinet d'investissements de Tokyo va se propager durant la journée en suivant la course du soleil, provoquant des répliques sismiques au fur et à mesure que les traders allument leur ordinateur à Singapour, au Bahreïn, à Francfort, Londres, New York, Chicago, Los Angeles ou Sydney. Reliés par un cordon ombilical de microprocesseurs et de communications satellitaires, les marchés financiers mondiaux sont désormais dépendants les uns des autres, s'apportant mutuellement leur équilibre tels les participants à une thérapie de groupe frénétique.

Que les marchés soient interconnectés électroniquement ne signifie pourtant pas que les acteurs dans chacun de ces hippodromes financiers partagent une conception de l'argent unifiée. Alors qu'ils interviennent sur la même portion de capital, ils diffèrent largement quant à la façon de l'investir ou de l'utiliser, car leur approche culturelle de l'argent est toujours spécifique, aussi diverse qu'il y a de cultures nationales dans le monde. C'est justement pourquoi, en entreprenant mon voyage, il m'a paru que passer quelque temps dans plusieurs centres financiers de la planète, majeurs ou non, me permettrait non seulement de découvrir des attitudes vis-à-vis de l'argent aussi disparates que les pays visités mais également d'avoir une vue directe sur chacune des formations sociales considérées. Où, en effet, mieux observer la poursuite de la richesse spécifique à chaque société que sur le marché financier, un espace qui traite l'argent de la manière la plus pure, la plus abstraite qui soit : comme des chiffres défilant sur un écran, comme une matière première en tant que telle.

Mon intention était de m'intéresser à ce qui pousse les gens à travailler sur ces marchés, et de voir ce que cela peut nous apprendre sur le caractère d'une culture nationale particulière. Comme je ne parlais pas la *lingua franca* de la haute finance, je savais que j'allais être un voyageur forcément naïf à travers ces sphères. J'avais conscience qu'essayer de visiter toutes les grandes places financières de la planète n'aurait pu que m'embrouiller les idées. Je ne m'étais pas fixé d'itinéraire au départ, d'ailleurs : comme dans toutes mes précédentes explorations, j'allais laisser le hasard, et les rencontres que je ferais « sur la route », me guider vers la destination suivante.

N'était-ce pas le hasard qui m'avait conduit à la réception de Noël chez Ben, puis à ce déjeuner avec Bob Heinemann ? Et ensuite à retrouver ce vieux livre de Tocqueville, avant de m'apercevoir ce même soir qu'une demi-douzaine de cartes de visite avaient été glissées dans la poche de ma veste sans que j'y aie pris garde, toutes appartenant à d'anciens camarades d'université que j'avais à nouveau croisés chez Sally et Ben.

En les étalant sur mon lit comme si je m'apprêtais à commencer une réussite, je me suis aperçu que mes anciennes connaissances travaillaient toutes à Wall Street. À mes yeux, ces petits cartons étaient autant de visas d'entrée dans le monde que je voulais arpenter. Dès le lendemain matin, j'ai pris le téléphone pour tenter ma chance et voir si ces financiers âgés d'à peine trente-cinq ans y accueilleraient un revenant de leur passé estudiantin.

2

Trois récits d'apprentissage

C'était l'un de ces restaurants dont la carte fait penser à un manuel d'esthétique et où les plats semblent arriver sous des noms d'emprunt. Une simple salade verte devenait de la « laitue hydroponique relevée de *crème fraîche* (en français dans le texte) et d'aneth ». La lotte s'est présentée incognito sous un « glaçage de genièvre et noix de muscade et accompagnement de *mange-tout* (en français également) organiques ». Même le sorbet au citron s'était transformé en *citron frappé* relevé à la vodka Stolichnaya. Dîner ici revenait à endosser le rôle d'un officiel des services d'immigration à un poste-frontière difficile qui finit par croire que chaque identité est suspecte, que tout se présente à lui sous un déguisement trompeur.

Toby m'a déclaré que c'était son restaurant préféré à Manhattan, qu'il raffolait de la « *nouvelle cuisine* américaine », qu'il appréciait le décor minimaliste – murs de briques nues, mobilier en acier, lampes à suspension au-dessus des tables –, ainsi que le personnel tout de noir vêtu et pratiquant couramment le jargon des initiés de la haute gastronomie. Notre serveur, Calvin, l'a par exemple persuadé de commander une bouteille de chardonnay californien à trente dollars en raison de ses « notes boisées ». Toby a confirmé qu'il aimait les vins possédant « un petit goût de chêne », mais avec une certaine hésitation, comme s'il cherchait l'approbation de Calvin sur ses connaissances œnologiques. On aurait cru qu'il voulait de cette manière nier le fait qu'il était Tobias, un Malaisien-Américain de la troisième génération né à Indianapolis, dans l'Indiana, où ce qui se rapprochait le plus de la « nouvelle cuisine » était une salade avec un Burger King et où les « notes boisées » auraient sans doute suggéré un feu de camp de boy-scouts.

Tobias Wong : j'ai toujours été fasciné par le télescopage saugrenu de ce prénom et de ce nom, magnifique exemple des croisements ethniques échevelés qui sont à la base de l'identité américaine. Toby personnifiait d'ailleurs très bien ce brassage des cultures puisqu'il alliait aux traits asiatiques hérités de ses parents la tonalité de voix monocorde évoquant les plates étendues du Midwest. Il venait de là, après tout…

Tobias Wong : encore quelqu'un que j'avais à peine croisé sur le campus, quatorze ans plus tôt. Je me souvenais d'un garçon effacé, mais dont la discrétion paraissait cacher une personnalité aux subtiles inflexions. Il avait alors l'apparence de l'étudiant modèle : chemises Oxford, jeans soigneusement repassés, une grosse parka bleue pour le protéger des rudes hivers de la Nouvelle-Angleterre, une tenue qui n'avait pratiquement pas changé quand je l'ai revu – jusqu'au pli impeccable sur son Wrangler – et qui ne cadrait guère avec l'image de gourmet sophistiqué qu'il voulait projeter. Ce parti pris de décontraction juvénile paraissait tellement opposé au choix de ce restaurant que je me suis dit que, comme autrefois, Toby tentait d'avoir un pied dans plusieurs mondes à la fois et que la contradiction était son milieu naturel.

— C'était drôle de tomber sur toi à la fête de Ben, m'a-t-il dit une fois que Calvin est parti chercher notre bouteille de chardonnay vieilli en fût de chêne. Franchement, tu étais la dernière personne que je m'attendais à voir là-bas.

— Ça faisait longtemps que je n'étais pas revenu au pays.

— Londres, c'est bien ?

— Oui, très. Et toi, comment ça se passe à New York ?

— C'est une longue histoire, a répondu Toby sur un ton qui signifiait : « N'abordons pas ce sujet tout de suite. »

Percevant sa réticence, j'ai aiguillé la conversation sur un terrain plus neutre, et pendant trois quarts d'heure au cours desquels Calvin a fait succéder l'entrée, le plat et le dessert à la cadence du « mangeons, buvons et retournons vite au turbin » qu'observent même les restaurants new-yorkais les plus courus, nous avons joué au jeu qu'aiment pratiquer deux anciennes connaissances qui n'ont pas envie de parler de leur situation présente – qu'est devenu Untel, est-ce que tu as eu des nouvelles d'Unetelle, etc. C'est aussi un moyen d'évaluer ses propres succès et échecs à l'aune des réussites et des déboires de ceux que l'on a connus à l'âge insouciant qui précède l'entrée dans le monde du travail.

Il s'est avéré que nous étions tous deux très doués à ce petit jeu, d'autant que Toby et moi nous comprenions tacitement l'une de ses règles fondamentales : ne jamais oublier à quel point les ambitions et les rêves formés au temps de l'université sont émoussés ou transformés par les réalités de l'existence. Que nous en profitions pour régler un ou deux vieux comptes au passage, et ce en affectant un ton de commisération vis-à-vis de certains de nos anciens camarades, ajoutait une pincée de sel à l'entreprise.

Lorsque Toby a noté qu'un futur biochimiste très prometteur de notre promotion, Jake Kleinmann, avait tourné le dos à la recherche scientifique pure et dure sitôt ses études terminées pour s'installer en tant que dermatologue à Cleveland, luttant activement contre l'acné juvénile, je me suis rappelé que Toby se destinait à la biochimie, lui aussi, mais alors que Jake avait l'étoffe d'un Alexander Fleming en matière de bactériologie, lui avait échoué aux examens dès la première année, se rabattant alors sur les sciences économiques. Un choix qui l'avait conduit à Wall Street une fois son diplôme en poche. Cette dernière conséquence expliquait en partie pourquoi nous dînions ensemble ce soir-là.

— Tu as quelque chose de prévu, après ? s'est-il enquis après avoir demandé l'addition.

— Rien, non.

— Dans ce cas, viens chez moi. Stephanie et ma fille sont parties chez mes beaux-parents pour le week-end. Ça sera mieux qu'ici, pour bavarder.

Le terme familier qu'il avait employé pour ce dernier mot, « schmooze », était aussi typiquement new-yorkais que ce restaurant dont l'élégance branchée l'intimidait très visiblement. J'en ai conclu que Toby était décidément un étranger dans une ville aux codes très particuliers.

Après avoir remis une somme exorbitante à Calvin, nous avons quitté la salle.

— J'ai aimé la bouffe mais pas du tout la douloureuse,

m'a glissé Toby à mi-voix alors que nous remettions nos gros manteaux.

— Pourquoi venir ici, alors ?

— Parce que… c'est New York, non ?

Au-dehors, le froid mordant nous aurait presque convaincus que Manhattan était jumelé avec Irkoutsk. Bien que Toby n'ait habité qu'à quelques pâtés de maisons du restaurant, aller de la Troisième Avenue à York ressemblait à une expédition en pleine toundra, sur ces trottoirs verglacés et sous cette bise glaciale. Quand nous sommes enfin parvenus à son domicile bien chauffé, je ne sentais plus mes pieds et j'ai caressé l'espoir qu'un whisky me serait offert afin d'aider au processus de décongélation. Toby, comme s'il lisait dans mes pensées, m'a déclaré que les seuls liquides antigel dont il disposait étaient de la tisane ou du décaféiné. Je me suis résigné à accepter une tasse de café émasculé.

Nous étions dans un appartement typique de l'Upper East Side : deux petites chambres à coucher, un living avec un coin-cuisine, parquet au sol, murs blancs et plafonds bas. Nous nous sommes assis sur deux canapés courts tapissés du même tissu passe-partout, avec deux tables basses identiques, en bois verni sombre et couvertes de photos de famille où l'on voyait Toby, Sophie, sa fille âgée de deux ans, et Stephanie, sa femme, cadre de la banque Chase Manhattan, le genre d'Américaine ultra-respectable dont l'idée de la tenue classique était un pull en cachemire, une jupe écossaise arrivant sous les genoux et fermée par de grosses épingles de sûreté, et un collier de perles. Le mobilier n'était pas du tout « urbain chic » version new-yorkaise, comme s'il avait été choisi avec la perspective d'un déménagement futur en banlieue.

Je n'ai donc pas été surpris lorsque Toby m'a appris qu'ils envisageaient de « s'installer dans le comté de Westchester » dès le début de l'année à venir.

— Tu comprends, la ville, ç'a été... pas mal excitant, je dirais, mais bon... j'ai fait le tour du truc, je crois. Et avec la petite, eh bien, c'est le moment de... passer à quelque chose de plus, comment dire, tranquille. En plus, comme je travaille maintenant dans le développement de programmes informatiques, je...

— Informatiques ? l'ai-je coupé. Mais je croyais que tu étais toujours à Wall Street...

— Je l'étais. Jusque... il y a un mois.

— Qu'est-ce qui s'est passé ?

Il a eu un sourire gêné, hésitant.

— Je me suis fait virer.

— Merde !

— Oh, ce n'est pas si terrible que ça, tu sais, parce que, bon... je suis plutôt habitué, maintenant. Vu que c'est la troisième fois en dix-huit mois que je suis éjecté. – Le silence qui a suivi était aussi embarrassé que le sourire qui continuait à flotter sur ses lèvres, puis il a repris : – On peut dire que cette dernière période a été... intéressante, oui... Le plus drôle, quand je me demande pourquoi tout ça m'est arrivé, c'est que j'essaie de trouver une... cohérence dans ces ratages professionnels à répétition. Et tu sais à quoi je reviens toujours ? À la première année de biochimie que j'ai foirée, c'est-à-dire à la ruine de mes ambitions scientifiques.

— Rater une UV de biochimie ne signifiait quand même pas ça, ai-je objecté.

— Ouais, mais le semestre suivant je me suis aussi planté en maths théoriques, et avec deux F dans mon dossier il était exclu que je sois accepté en deuxième cycle scientifique, et encore plus que j'aille jusqu'au doctorat en chimie, et encore plus que je trouve un travail dans cette branche. Découvrir à dix-huit ans qu'on ne sera pas ce qu'on a toujours pensé devenir, c'est plutôt un choc. Je veux dire, mon père est chimiste, mon grand-père aussi, donc je m'étais mis en tête que c'était… mon destin, à moi aussi.

Admettre qu'il avait échoué l'avait plongé dans une déprime de plusieurs mois. « J'ai raté », dans le contexte culturel américain, est un aveu terrible, souvent pire encore que d'annoncer que l'on est atteint d'une maladie incurable. En deuxième année, pourtant, Toby avait résolu de tourner le dos à son échec et de se réinventer un avenir. Il avait considéré une nouvelle « option de carrière » : journaliste sportif. Comme il avait toujours été fan de football américain, il s'était mis à écrire des comptes rendus de matchs locaux dans le journal du campus et s'était convaincu que passer sa vie à commenter le rituel automnal de ces gladiateurs se télescopant à vive allure était une perspective séduisante.

Du moins jusqu'à ce qu'il prenne conscience de ce que le journalisme sportif rapportait. Parti couvrir une rencontre universitaire à Boston, il avait lié conversation avec le reporter du *Boston Globe* assis près de lui dans la tribune. Lorsque Toby lui avait confié ses intentions, le vieux routier avait lâché un rire désabusé avant de lui dire : « Ouais, écoute, petit, c'est vraiment une vie formidable, à deux ou trois conditions près. À condition d'être d'accord pour conduire une voiture vieille de dix ans quand tu en auras quarante, à habiter une banlieue pourrie, à être fauché en permanence, et à hésiter avant d'aller dîner dans un restau minable, parce que tu te feras combien, d'après toi ? Douze mille par an, maxi. Je te l'ai dit, c'est une carrière géniale. Il faut simplement faire vœu de pauvreté avant de t'y engager. »

Douze mille dollars à quarante ans ? Toby avait des amis qui, à peine sortis de l'université, gagnaient autant en stage de formation dans une banque. Le journalisme sportif avait brusquement perdu tout son attrait et Toby a décidé de se montrer « réaliste » : il s'est inscrit dans une faculté de sciences économiques : « Dès le premier cours, j'ai compris que c'était pour moi. Il y avait une logique, là-dedans, une structure rationnelle ; en même temps, ce n'était pas purement théorique. J'ai développé une approche idéaliste de la chose, en me disant que je pourrais peut-être employer ce savoir pour aider les gens. Oui… ça paraît très naïf, mais c'est comme ça que je voyais le truc, à l'époque. Et c'est pour cette raison que j'ai passé ma deuxième année à Kuala Lumpur : je voulais me spécialiser dans l'économie des pays en voie de développement. Et comme c'est quand même la terre de mes ancêtres, je me suis dit : “Pourquoi ne pas mettre ce que j'apprends au service de mes semblables ?” Quand je suis rentré aux States en mai, cette année-là, j'ai décroché un boulot d'été au département Asie de la First National Bank de Boston et cela a été géant, tellement géant que j'ai pensé continuer en économie asiatique jusqu'au doctorat avant de repartir en Malaisie. »

Mais ce jour n'est jamais arrivé, car dès qu'il a obtenu son master il a choisi à nouveau la « voie réaliste » et a rejoint le programme de formation de cadres d'une importante banque. Certes, ce n'était pas « aider les gens », et il n'y avait pas la touche exotique des projections économiques en Extrême-Orient, mais Toby s'est senti rassuré par la rigueur du « système organisationnel d'une hiérarchie multinationale », pour reprendre le jargon qu'il aimait employer. Selon lui, un environnement exigeant, fortement « structurant », lui permettrait de dominer les tendances les plus capricieuses de sa personnalité, d'établir une sorte de « cordon sanitaire » autour de sa propension à se laisser guider par ses impulsions, un aspect de son caractère qu'il ferait désormais tout pour dissimuler à autrui.

Toby a poursuivi son récit :

— Le programme que j'ai suivi était fantastique, au début. Absolument fantastique. J'étais à la section des prêts commerciaux, exactement là où j'avais envie d'être. Vendre des prêts bancaires pour développer de gros projets, ça me passionnait. J'aimais l'idée d'être un genre de représentant de commerce de haute volée, quelqu'un qui devait convaincre des entreprises ou des États de nous emprunter de l'argent. Et je m'en tirais bien, très bien, ou en tout cas… je le croyais. Environ quatre mois après, l'un des vice-présidents de la banque m'a pris à part pour me dire : « Notre attention a été attirée par votre grande capacité à résoudre les problèmes, Toby. Et par votre talent d'analyste, également. D'un autre côté, il semble que vous avez encore pas mal à apprendre en matière de cohésion d'entreprise, de logique de fonctionnement de la banque elle-même. Vous êtes trop indépendant, trop spontané, je dirais, pour travailler dans le secteur des prêts commerciaux, où le contact avec les clients potentiels est primordial. Pour cette raison, nous avons décidé de vous transférer au service des opérations pendant un moment. »

Toby m'a confié que la nouvelle l'avait « cassé » :

— Alors que je pensais au contraire que j'étais très bon pour le travail d'équipe ! Tous les stagiaires qui avaient commencé aux prêts commerciaux y sont restés, sauf moi. Et les « Opés » avaient la réputation d'être un service qui ne menait nulle part… Plus barbant, tu meurs ! T'occuper du contrôle des envois de relevés bancaires, ou régler les problèmes des distributeurs de billets qui tombent trop souvent en panne… Voilà, j'étais jeune et bourré d'idées mais je me suis retrouvé dans un placard, entouré de gens en bout de course. Et qui voulaient farouchement me convaincre que je n'avais qu'à la fermer. Alors j'ai contacté le responsable du personnel du service des passifs et je lui ai demandé s'il pourrait me faire venir chez eux.

Ce qui a été une erreur : Toby venait de contourner les stricts rapports hiérarchiques, les « procédures normales », ce qui constituait presque une hérésie aux yeux de la direction de la banque, surtout après avoir été tancé sur sa méconnaissance de la « logique de fonctionnement ». Le vice-président en charge du service des opérations l'a convoqué dans son bureau.

« Est-il vrai que vous avez demandé une mutation dans un autre département, Toby ?

— Je déteste le travail qu'on me fait faire, ici.

— C'est possible, mais vous n'avez pas suivi la procédure d'usage pour nous informer que vous le "détestiez", comme vous dites. On n'agit pas de la sorte, dans cet établissement. »

Après cet incident, Toby a acquis la réputation de « type perso », ce qui dans le jargon du bureau équivalait à être taxé de « rouge » du temps de McCarthy. Il a pris son job encore plus en grippe, se persuadant que le service abhorré était un camp de redressement dans lequel on voulait le maintenir indéfiniment. Et ce n'était pas un prisonnier modèle : s'il lui arrivait de travailler un jour douze heures d'affilée, et c'était fréquent, il se présentait à son poste une heure plus tard le lendemain, en contradiction flagrante avec la « procédure d'usage ». La fois où un supérieur l'a sommé de ne plus venir au travail en baskets – mauvais pour l'image de la banque, estimait-on –, il a rétorqué qu'il ne recevrait d'ordres de personne. Surtout en étant payé à peine dix-sept mille dollars annuels. En fin de compte, il a été suggéré à Toby qu'il devait sans doute préférer « un environnement professionnel moins structuré », ce qui revenait à dire : « Voilà la porte. »

Toujours à Wall Street, mais quelques encablures plus loin, Toby a appris à vendre et acheter des obligations pour une grosse banque d'investissements, une multinationale.

— Courtier, quoi. Me reconvertir là-dedans a été ma grosse erreur. C'est un repaire de crétins qui se croient très importants rien qu'en beuglant dans un téléphone à longueur de journée. Je vais être tout à fait franc : je n'étais pas fait pour ce boulot, je n'avais pas cette mentalité de gagner à tout prix. J'ai presque été soulagé quand ils ont dit, sans doute pour alléger le tableau, que mon poste était supprimé en raison d'une de ces méga-restructurations qui arrivent de temps en temps dans ce milieu. J'avais conscience de la réalité, évidemment : je n'avais pas su me faire une place dans la corbeille, et tant pis !

Il n'avait pas eu plus de succès à son escale suivante, un organisme financier où il avait été affecté au service des nouveaux portefeuilles. Au début de son sixième mois, alors qu'il avait pu ramener un seul petit investisseur, on l'avait informé que l'on n'avait plus besoin de lui.

— Le jour où ils m'ont remercié, j'ai appelé Stephanie et je lui ai dit : « Chérie, on va devoir jouer serré, maintenant. » Je savais que ma carrière à Wall Street était terminée. Et ç'a été « vraiment » le soulagement, cette fois, parce que j'avais enfin compris que je n'avais jamais réellement voulu y travailler.

Avec son prêt à rembourser pour leur appartement – et aux prix de New York… –, Toby ne pouvait pas rester les bras croisés. Profitant des connaissances en informatique qu'il avait acquises au cours de ces quelques années, il était entré dans une société qui installait des programmes spécifiques pour diverses compagnies financières de la ville.

— Je parie que tu dois trouver ça plutôt ennuyeux comme job, a-t-il ajouté, et tu n'as pas tort. Seulement, ça paye assez bien, donc je ne peux pas me plaindre. En plus, je suis sûr que c'est provisoire. J'ai consulté une voyante, récemment, et elle m'a dit que j'étais très bien équipé pour reconstruire la définition de mes énergies, que je traversais juste une période d'énergie transitoire. Donc, ce sur quoi je travaille vraiment, en ce moment, c'est un projet personnel que j'ai appelé « rénovation interne ». Me reconstruire intérieurement pour démarrer une nouvelle vie. Et le premier pas positif que j'ai fait, c'est déménager le mois prochain. L'énergie ne me convient pas du tout ici, et Stephanie, qui s'est beaucoup inquiétée de mon instabilité professionnelle, pense qu'un environnement plus calme va aider. Nous allons louer une maison à New Rochelle. C'est à une quarantaine de minutes au nord de Manhattan. Stephanie fera l'aller-retour en train et moi, ma boîte me laisse travailler dans le coin, où les vibrations agressives sont moins stressantes qu'en ville. En plus, dès que nous serons installés à New Rochelle, je reprends les études.

— De quoi ?

— Chamanisme appliqué.

Tobias Wong, chimiste frustré, journaliste sportif inaccompli, économiste du tiers-monde déçu, trader insatisfait, et maintenant… guérisseur chamanique ? Aux yeux de beaucoup de gens, son CV aurait fait l'effet du parcours exemplaire d'un raté ; pour moi, il reflétait simplement qu'il était l'un de ceux qui étaient tombés dans ce piège américain très commun qui consiste à choisir une profession pour la paie plutôt qu'en suivant ses motivations personnelles. En l'écoutant, j'avais à plusieurs reprises repensé aux multiples mises en garde que j'avais reçues quand, encore étudiant, j'avais exprimé le désir de suivre des filières aussi ridiculement risquées que le théâtre ou l'écriture. « Fais du droit, ça te servira toujours », me répétait mon père, même s'il était à l'évidence accablé par la mesquinerie de la vie de bureau à laquelle il s'était résigné envers et contre ses aspirations de jeunesse. Son raisonnement : un diplôme de droit ouvrait des tas de portes ; mon père avançait que le temps d'avoir terminé la fac de droit et de décrocher un emploi correct, je me serais habitué à la vie du New-Yorkais gagnant dans les cent mille dollars annuels, et que je serais prêt à avaler toutes les couleuvres d'une existence d'esclave salarié pour ne pas avoir à y renoncer. Par ailleurs, la perspective de devenir avocat m'était aussi étrangère que celle d'entrer chez les moines bénédictins, et pourtant je reconnais avoir sérieusement étudié cette éventualité. Pourquoi ? Parce que malgré toutes nos proclamations individualistes, nous, jeunes universitaires issus des classes moyennes, nous avions été élevés et programmés pour nous reconnaître dans l'idéal capitaliste et ne nous destiner qu'à des carrières aussi conventionnelles que bien rémunérées.

Avec son caractère indépendant, toujours à la recherche d'autre chose, Toby n'aurait pu se mouler dans le conformisme d'entreprise, et la peur de l'inconnu matériel – celle d'avoir à vivre sur un maigre salaire au cas où il réaliserait son rêve de journalisme sportif, notamment – l'avait directement conduit dans une impasse qu'il s'était lui-même créée, et c'était seulement en abordant la fin de la trentaine qu'il avait essayé de trouver un moyen d'en sortir. Il n'empêche que, tandis que nous sirotions son faux café et qu'il me confiait son intention de se reconvertir en guérisseur mystique, je me suis senti curieusement optimiste quant à son avenir : après tout, combien de courtiers en obligations ratés ont-ils eu la chance de devenir le futur chaman de New Rochelle ?

Debbie Shilts n'allait nulle part sans un petit sac à dos pendu à l'épaule et un foulard rouge qui dépassait d'une poche de son jean. Elle disait des trucs comme « Salut, les mecs ! » ou « sensass ». Quand je l'avais connue en 1972, elle m'avait paru être l'archétype de ce que ma mère appelait une « brave fille » – sans aucune ironie –, un genre que j'évitais soigneusement à l'époque. Me sentant attiré par des violoncellistes diaphanes ou des névrosées cherchant à imiter Sylvia Plath, j'ai aussitôt classé Debbie comme la « nana sympa » mais totalement prévisible.

J'ai renoncé à ce jugement à l'emporte-pièce dès que j'ai appris que, sitôt ses études terminées, elle était partie au fin fond du Cameroun avec le Peace Corps : les « braves filles » du New Jersey n'étaient habituellement pas disposées à consacrer deux ans de leur vie à enseigner l'anglais dans quelque hameau éloigné de Douala. La nouvelle m'avait intrigué, mais comme nous n'avions pas gardé contact il m'avait fallu attendre quatorze ans et la fête de Ben pour lui demander ce qui l'avait poussée à disparaître en Afrique une fois l'université terminée. Et elle de répondre : « Si tu veux connaître l'histoire, passe me voir à Wall Street, un de ces quatre. »

C'est ce que j'ai fait une semaine plus tard en la rejoignant à son bureau, au quatorzième étage d'un immeuble proche de la Bourse, l'un de ces cubes de verre et de béton sans caractère qui se sont multipliés comme des poux sur l'horizon de Manhattan au cours des années 1960. Elle occupait l'une des trente-deux minuscules boîtes à chaussures qui se succédaient le long d'un couloir étroit, avec des plaques nominatives amovibles sur les portes, et sa petite fenêtre donnait sur un puits de ventilation. Comme chez tous ses collègues, le mobilier était constitué de la même table en bois et acier, du même fauteuil pivotant couvert de tissu noir, du même classeur en métal gris et du même ordinateur Apple. Dans la section investissements d'un important organisme de financement, Debbie, pour ne pas faillir à l'ambiance de stricte efficacité, était en tailleur bleu marine et chemisier en lin blanc au col discrètement rehaussé d'un foulard en soie bleu : la « brave fille » en uniforme de businesswoman.

— Le Cameroun doit te paraître très loin d'ici, ai-je déclaré en prenant place sur l'unique chaise en face du bureau.

— C'était tout de même il y a douze ans, a-t-elle répondu. Et oui, c'était une autre époque, au point que je vois presque ça comme de l'histoire ancienne. Quand je repense à ces deux années en Afrique, sais-tu ce qui me revient toujours en premier ? La lumière.

Tellement pure, tellement dure… Le soleil africain : tout paraissait d'une netteté incroyable, en dessous.

— Pas comme à New York ?

— De quelle lumière tu parles ? a-t-elle plaisanté en faisant un geste vers la fenêtre presque aveugle. Bon, avant de partir au Cameroun, j'avais une notion de l'Afrique complètement idiote, calquée sur les films de Tarzan, mais une fois que je me suis retrouvée dans ce petit village en plein cœur de la brousse, j'ai vraiment eu l'impression… d'être en Alabama, il y a très, très longtemps. Tu vois ce que je veux dire, les cabanes de coupeurs de canne, etc. ? J'habitais une hutte sans eau ni électricité, comme si je passais deux ans en camp d'été, quelque part très loin de notre civilisation. Souvent, je me réveillais le matin en pensant : « Mais qu'est-ce que je fais ici ? »

— Et que faisais-tu là-bas, au juste ?

Elle m'a expliqué que son passage du côté de Douala n'avait été dû qu'au hasard. Un mois ou deux avant les examens finaux, elle avait fouillé dans le coin de la bibliothèque de l'université consacré aux brochures d'« options de carrière » et là, sous une pile de papiers vantant un avenir dans les statistiques d'assurances, elle avait découvert un formulaire d'adhésion au Peace Corps. On était en 1976, en pleine récession, le marché du travail s'était contracté et Debbie se demandait ce qu'elle allait devenir avec sa licence d'anglais. Plus encore, elle n'avait encore jamais quitté son pays natal. Le dépliant du Peace Corps lui avait inspiré des images de bon Samaritain en tenue de brousse chic, sous le soleil des tropiques.

— J'ai rempli le questionnaire, j'ai posté le papier et je suis allée à l'entretien qu'on m'a proposé. Un mois plus tard, ils m'ont téléphoné pour savoir si je pouvais partir au Cameroun d'ici trois semaines. Je n'avais rien à perdre et c'est là-bas que j'ai passé les deux années suivantes.

Après cette décision assez spontanée, Debbie n'avait toutefois pas continué à explorer le monde, préférant rentrer tout de suite aux USA et s'inscrire à un cours de formation pédagogique de l'université de New York. Elle s'est bientôt retrouvée prof d'anglais dans un institut public d'un coin du Bronx sérieusement défavorisé.

— En y repensant maintenant, ces cinq années ont été de la folie pure… et un moment merveilleux. Imagine, je prenais le métro tous les matins pour débarquer dans un quartier qui craignait vraiment et essayer d'initier à la littérature américaine des jeunes qui étaient presque tous hispanophones. Quant au salaire, c'était vingt-trois mille annuels, à peine de quoi survivre à New York, mais bon, j'habitais dans une pension minable en haut de Broadway – deux cent cinquante dollars par mois –, je ne claquais rien en fringues ou en sorties, et comme mes seules fréquentations étaient d'autres profs je ne me sentais pas frustrée de ne pas avoir la « vraie vie new-yorkaise ». Deux mois avant de quitter ma place, j'étais encore persuadée que je serais enseignante toute ma vie.

Qu'est-ce qui avait motivé cette brusque sortie du système éducatif du Bronx ? Debbie venait d'atteindre la trentaine lorsque le directeur l'avait informée que son poste de professeur auxiliaire ne serait malheureusement pas renouvelé en raison de coupes budgétaires, elle avait donc à peu près un an pour se trouver un autre emploi.

— Je suis quelqu'un d'organisé, de prévoyant, alors dès qu'on m'a informée que mon travail à l'institut était fini pour moi, je me suis tout de suite mise à la recherche de quelque chose. J'avais passé le cap des trente ans, il fallait que je décide si je voulais continuer à vivre dans une pension d'énième catégorie. C'était l'année 1985, le boom financier avait déjà commencé, et puis le hasard a encore joué : je suis allée à une réunion d'anciens élèves de mon lycée dans le New Jersey et je suis tombée sur l'une de mes plus vieilles copines, qui est maintenant une avocate d'affaires très réputée à Washington. Tu sais ce qu'elle m'a dit ? « Eh bien, je suis heureuse de voir que l'une d'entre nous continue de porter des salopettes et les cheveux jusqu'aux fesses... » Un gars a aussi fait une réflexion dans le même genre : « Tu as toujours ton sac à dos, Debbie ? » Ils me percevaient comme une survivance des années hippies, une sorte d'anachronisme ambulant. Ça m'a certainement marquée, parce que je suis sûre que c'est à partir de ce moment que je me suis rendu compte que l'argent n'était pas qu'un détail, dans la vie. En plus, je n'avais pas de petit ami, à l'époque. Mon existence de prof du Bronx ne me permettait pas de rencontrer des types sérieux. J'ai commencé à penser que rien n'arriverait sur ce plan si je continuais à crécher dans une pension pourrie et à m'habiller comme si j'étais en route pour Woodstock.

En conséquence, la « prévoyance » de Debbie s'était focalisée sur un avenir plus lucratif. Elle s'était essayée à l'analyse de données pendant un temps, mais c'était un travail qui lui faisait l'effet d'être sous anesthésie toute la journée. Une amie lui avait parlé du monde merveilleux de la spéculation en Bourse : conseiller des clients privés dans leurs investissements pour une boîte ayant pignon sur rue, les aider à faire fructifier leur argent. Elle avait rejoint un programme de formation accélérée et avait conclu au bout de quelques semaines que son destin était là.

L'autonomie que ce style de job garantissait l'avait tout de suite séduite. On lui demandait de se débrouiller toute seule ou presque, d'aller chercher de nouveaux candidats au jeu boursier et de les piloter. Le salaire de base était très modeste, certes, mais c'était avec les commissions que l'on gagnait véritablement sa vie.

— L'organisme financier pour lequel je travaille a une politique très simple vis-à-vis des gens tels que moi : tant que je ramène de la thune à la compagnie, que je ne lui fais pas perdre un dollar et que je m'assure de ne rien tenter d'assez louche pour attirer sur elle l'attention de la Security and Exchanges Commission[1], j'ai une paix royale. Le bon côté, c'est que j'ai toute une structure d'entreprise derrière moi sans avoir à entrer dans le dédale des luttes de pouvoir au sein d'une boîte ; le moins bon, c'est que mes revenus dépendent entièrement de ce que j'arrive à brasser. Au début, j'ai eu un mal fou à dénicher des clients. La première année, j'ai difficilement gagné dix-neuf mille net, quatre mille de moins que mon salaire de prof ; la deuxième, j'ai atteint les vingt-trois mille, celle d'après trente-cinq et là j'ai crevé le plafond : depuis, je me fais dans les soixante-dix mille annuels. Ce n'est pas du tout énorme, tu sais. Ici, dans ce département, on est soixante courtiers, tous en compétition pour rafler la galette, et au niveau des revenus j'arrive numéro vingt-six. Performance moyenne, voilà. En plus, je me suis beaucoup endettée, pendant les trois premières années ici.

1. L'équivalent américain de l'Autorité des marchés financiers française.

Comment Debbie s'était-elle retrouvée dans le rouge ? Très facilement : dès qu'elle avait commencé à travailler dans la finance, elle avait décidé qu'elle devait vivre comme un « trader » efficace même si elle ne l'était pas encore. Elle avait donc abandonné la vie de bohème pour louer un studio dans un secteur recherché de la Seconde Avenue, avec un loyer mensuel de mille deux cent cinquante dollars, et une caution de deux mille cinq cents. Le meubler sans extravagance lui avait coûté deux mille deux cents dollars, et puis il y avait eu l'investissement indispensable – mille deux cents dollars – en tenues de travail conformes aux critères de Wall Street, trois tailleurs, des chemisiers, quatre nouvelles paires de chaussures, le tout en provenance de Lord & Taylor ou Bergdorf Goodman parce que, expliquait-elle, « pour avoir l'air respectable, il faut acheter respectable ». Après un premier crédit à la consommation de cinq mille dollars, elle avait dû en contracter d'autres au cours des deux années suivantes, d'un total de quinze mille, afin de faire face aux déjeuners au restaurant et aux autres dépenses « de statut » qui étaient le prix à payer si elle voulait renvoyer l'image du succès.

Même avec des revenus aussi respectables que soixante-dix mille dollars par an, Debbie s'apercevait qu'elle arrivait à peine à s'en sortir, notamment à cause de l'augmentation automatique de son loyer et des intérêts très lourds prélevés sur ses emprunts. Ces sommes absorbant le peu d'argent qu'elle aurait pu mettre de côté. En plus, il y avait les frais incontournables, tels que les cinq mille dollars pour les deux mois d'été de location alternée dans les Hamptons, ou les deux mille qu'elle venait de débourser afin de s'inscrire à un club de tennis de Manhattan.

— J'ai horreur de l'admettre, m'a-t-elle glissé, mais les vacances dans les Hamptons et le tennis, c'est uniquement pour avoir l'occasion de rencontrer des mecs. Tu sais, chaque fois que je commençais à déprimer à cause du boulot et autres, je me reprochais d'avoir capitulé devant toute l'idéologie des années 1980 : l'obsession du succès, l'idée que travailler dans la finance me rendrait plus intéressante en tant que personne… Mais maintenant, je vois bien que je voulais me rendre plus séduisante aux yeux des hommes. J'ai été seule très longtemps, tu comprends : pas de petit ami stable au temps du Peace Corps, ni quand j'enseignais, seulement des rencontres sans lendemain, en général avec des types sans intérêt. Comme je te l'ai dit à la fête chez Ben, la pénurie d'hommes libres et valables dans cette ville est un état chronique. Je crois que j'ai bêtement cru que le seul fait d'arriver à Wall Street allait me faire rencontrer à tous les coups un trader célibataire et plein aux as.

Aucun beau mec en costume croisé n'était cependant apparu dans les couloirs de sa boîte, sur les dunes blondes des Hamptons ou dans un jeu de double mixte à son club de tennis. À la place, c'était Ronald qui était entré dans sa vie. Elle l'avait rencontré dans ce haut lieu de drague pour les âmes solitaires et cultivées de New York : le musée d'Art moderne ; jadis, faire connaissance devant le *Guernica* de Picasso avec quelque roman de Knut Hamsun sous le bras était un « must », mais depuis le rapatriement du tableau au Prado, à Madrid, l'action se déroulait désormais devant le *Number One* de Jackson Pollock, une toile immense et tourmentée qui permettait à deux inconnus d'engager la conversation avec une réflexion du genre : « Vous ne trouvez pas que toute la *Weltanschauung* de Pollock est enracinée dans l'ordre mondial apocalyptique issu de l'après-Hiroshima ? »

Quand Debbie a croisé Ronald devant le Pollock, toutefois, elle n'a proféré aucune de ces remarques intellos mais, prenant l'initiative, lui a posé une question sur le recueil de nouvelles de Raymond Carver qui dépassait de la poche de sa veste en velours, ce qui les a conduits à aller bavarder à la cafétéria du musée, puis à dîner le week-end suivant, et à passer la nuit ensemble. Trois mois après cette rencontre placée sous le signe de l'art contemporain, la relation se développait encore ; or trois mois, dans l'histoire sentimentale de Debbie, c'était beaucoup. Était-elle amoureuse ? Elle a hésité avant de répondre :

— Ronald est l'homme le plus attentionné, le plus gentil que j'aie connu.

En d'autres termes, il ne correspondait pas exactement à son idéal romantique, et ce pour deux raisons fondamentales : primo, il avait cinquante-deux ans et secundo, il était enseignant. Professeur de dessin dans une école quaker de Brooklyn, pour être précis. Ce gaucho attardé et vieillissant, complètement déconnecté de l'esprit de l'époque, habitait un petit appartement dans une zone déshéritée de Flatbush et gagnait difficilement dix-huit mille dollars par an. Sa conception d'un dîner en ville était un sandwich pain de seigle-pastrami au deli cachère le plus proche de chez lui, et mettre une cravate était pour lui un événement aussi pénible que rare. Debbie, qui avait rejeté la digne frugalité de la condition enseignante en faveur du chic glamour dans lequel le monde de la finance était censé baigner, se retrouvait embringuée avec un type qui continuait à penser que les bouteilles de chianti vides faisaient d'excellents pieds de lampe.

— Dans ma profession, a-t-elle continué, les femmes seules ont souvent tendance à être vraiment dures et sur la défensive. Une posture due à Wall Street. C'est pour ça que je suis reconnaissante à Ronald de m'apporter la stabilité affective qui m'est nécessaire. J'aurais juste préféré qu'il soit plus jeune et qu'il gagne plus d'argent… Un réel pépin, ce problème du fric. Bon, je sais que j'ai l'air super ringarde de dire ça, mais je rêve encore de connaître quelqu'un qui gagne « au moins » autant que moi. J'ai été élevée dans l'idée qu'un jour mon confort et ma sécurité matérielle seraient garantis par un homme. Il faut préciser que je suis sortie du lycée au moment où le féminisme était en plein essor et où on nous répétait que nous, les filles, nous ne devions pas compter sur les hommes pour quoi que ce soit. Après ça, il y a eu la grande esbroufe des années 1980, cette conviction que « se réaliser » signifiait uniquement se faire plein d'argent, l'épanouissement affectif passant donc aussi, en partie, par quelqu'un qui en ramassait autant.

Elle a soupiré avant d'ajouter :

— Et maintenant… maintenant, je ne suis plus sûre de qui je voudrais être ni de ce que j'attends de l'existence. Sûrement parce que chaque fois que je choisis un nouveau programme de vie tout se remet à changer autour de moi ! Vu comment les choses évoluent, je suis persuadée que d'ici cinq ans, disons, on considérera l'enseignement comme un métier plus que recommandable, prestigieux même… J'en viens à penser que j'ai été sans arrêt à contretemps, dans ma carrière.

Je lui ai demandé ce qui la rendrait vraiment heureuse à cet instant, si jamais cela existait.

— Eh bien, effacer cette dette de vingt mille dollars, ce serait assurément le pied. Emprunter pour me financer une nouvelle vie a été ma pire erreur. Parce que je suis prisonnière de cette existence tant que je n'aurai pas tout remboursé. Tu sais ce qui m'énerve le plus ? Que je me sois endettée uniquement par conformisme : pour mettre mon sac à dos et ma salopette au placard et ressembler à n'importe quelle abrutie en tailleur. Sans doute que je voulais être comme le reste de ma génération, question revenus et style de vie, mais pour l'instant ça me coûte plus que ça me rapporte ! Exactement quatre cents dollars par mois pour les cinq ans à venir…

Le lendemain de Noël, Ted Smollens était à son bureau. Pour une journée de travail de huit heures, ce qui n'était rien du tout, à ses yeux. Seize, dix-sept heures d'affilée, « ça », c'était du vrai boulot ! Un rendement de surhomme, c'est-à-dire précisément ce que l'on attend de quelqu'un bossant aux « FUSAC », ce bataillon d'élite sur le champ de bataille de la finance.

FUSAC : fusions-acquisitions. La troupe de choc au sein de tout organisme financier qui se respecte. Les Bérets verts de la haute finance, envoyés à l'assaut d'une compagnie convoitée pour s'en emparer par tous les moyens, dans la limite de la légalité bien sûr. Des spécialistes qui jouent gros, et sans prendre de gants. Si « atteindre l'objectif » signifie laisser l'adversaire sur le carreau, pas de problème. Faire couler un peu de sang pendant une offre publique d'achat, pour un gars des FUSAC, c'est la cerise sur le gâteau.

À seulement trente-cinq ans, Ted Smollens était l'un des meilleurs de sa branche à Wall Street. Pour la peine, il raflait la coquette somme de sept cent cinquante mille dollars chaque année. Dans un bar le jour suivant Noël, donc, et alors que nous enchaînions gaillardement les verres de Chivas, il m'a confié le secret de son succès : dès le début de ces quatorze années écoulées depuis la fin de ses études et son entrée dans la vie active, il avait fait sienne une consigne professionnelle à la fois simple et redoutablement efficace : pas de quartier.

— Dans ce jeu, m'a-t-il expliqué, tu es éjecté si tu ne veux pas gagner pour de bon, si tu ne sais pas maintenir l'avantage sur tous les autres.

« Maintenir l'avantage ». Dans sa bouche, la formule prenait une dimension presque philosophique. Ce n'était pas seulement une stratégie de travail, c'était son credo, sa raison d'être, son impératif moral. Et cela passait par un super-salaire mais aussi par la plus belle maison dans le meilleur coin du Connecticut avec sa femme, Beth, et leurs deux filles. À quoi il fallait ajouter des hobbies aussi coûteux qu'une série de motos de collection ou filer à travers la Passe de Long Island à bord de l'un de ses nombreux hors-bord.

Si cette fascination pour les moteurs et pour la vitesse révélait une facette de macho romantique, Ted était avant tout la version extrême d'un personnage classique de la culture américaine, celui du gars qui « entreprend » pour s'imposer et qui prospère dans un univers ultra-compétitif. Quand nous sommes sortis du bar, je n'ai pu m'empêcher de penser qu'il était incontestablement devenu « Mister Big », à la fois physiquement – un début de double menton, une taille aussi large que ses épaules – et dans sa tenue, notamment grâce au manteau bleu marine en pur cachemire qu'il avait revêtu et qui, ayant certainement coûté dans les mille dollars, était tout un symbole de réussite et d'autorité.

À l'université, Ted s'était toujours efforcé de donner l'image du « brave type » amical et sans façon, mais il n'y était jamais vraiment parvenu, peut-être parce qu'il était le seul du campus à se balader en mocassins Gucci – oui, c'était lui –, ou parce que, très bon joueur de tennis, il abandonnait toute jovialité dès qu'il s'agissait de remporter la partie. J'avais eu ainsi le plaisir discutable de lui faire face sur un court et de recevoir la raclée de ma vie, 6-0, 6-2, et ce qui m'avait frappé dans cette rencontre, c'était sa détermination absolue à la gagner. Peu importait qu'il ne se soit agi que d'une partie amicale, ou que j'aie pu une seule minute démentir son écrasante supériorité technique : il « devait » m'écraser. Une fois son but rapidement atteint, il m'avait donné gentiment quelques conseils, puis proposé que nous partagions un pack de six Budweiser.

Il n'était donc nullement étonnant qu'il ait trouvé dans les « fusions-acquisitions » un débouché idéal à son tempérament combatif. Alors que nous avions commandé la première tournée de whisky, je lui ai demandé s'il était toujours aussi redoutable sur les courts et, en guise de réponse, il a saisi dans ses mains les bourrelets au-dessus de sa ceinture avant de commenter :

— Pas facile de manier la raquette avec un tour de taille pareil, non ? De toute façon, les bateaux rapides sont aussi marrants, et beaucoup moins crevants.

Il a fait une longue description – et aussi détaillée que s'il avait été diplômé du MIT – du hors-bord de soixante mille dollars qu'il avait récemment mis au mouillage près de chez lui, à moteur turbo, de sa transmission Getrag, avant de tout m'apprendre sur les vingt choppers hors de prix qu'il chouchoutait dans son garage et sur son intention de faire un aller-retour à Londres afin de négocier l'achat d'une Vincent Black Lightning année 1952. Sans marquer de pause, il est passé à la lucrative opération de rachat qu'il était en train de parachever, concernant un groupe de production d'aliments pour animaux domestiques qui avait plusieurs usines dans l'Alabama et le Mississippi. Ensuite, quelques minutes ont été consacrées à ses chances de voir ses revenus supplanter la barre du million l'année suivante, puis j'ai eu droit au récit, quasiment heure par heure, de sa rencontre avec son épouse actuelle, une hôtesse de l'air qui lui avait servi un assortiment d'en-cas polynésiens alors qu'il se rendait à Honolulu en première classe.

Tous ces triomphes étaient relatés d'un ton dégagé semblable à celui qu'il affectionnait au temps où nous étions étudiants et dont je me souviens encore aujourd'hui. Il voulait de toute évidence me convaincre que le succès lui souriait en toutes choses. Comme je venais de me décider à reconnaître enfin ses mérites en observant servilement que tout lui réussissait, sa réaction a été plus qu'une surprise.

— Moi ? Ma vie est complètement pourrie… – Un long silence, ponctué d'une encore plus longue rasade de Chivas, qu'il a finalement rompu : – Nous avons appris que mes deux filles ont la leucémie.

Des jumelles, âgées de quatre ans. Six mois auparavant, elles avaient toutes deux présenté de petits ganglions aux aisselles. Ted et Beth avaient pensé à une maladie contagieuse peu courante, puisqu'elles manifestaient les mêmes symptômes, mais quand elles avaient commencé à perdre du poids et à devenir anémiques ils s'étaient alarmés pour de bon et leur pédiatre avait recommandé des examens à l'hôpital.

Les résultats avaient été un coup terrible : elles étaient l'une et l'autre atteintes d'une forme de leucémie très rare, fatale dans les dix ans à venir. Aucune explication rationnelle n'avait été trouvée, puisque personne dans la famille du père ou de la mère n'avait eu d'antécédents de cancer lymphatique. Les huit ou dix spécialistes qu'ils avaient consultés jusqu'alors avaient conclu qu'on était là devant un pur accident génétique qui s'était produit simultanément chez les deux fillettes.

Sa femme avait failli perdre la raison en apprenant la vérité ; lui, au contraire, avait réagi d'une façon extrêmement méthodique, conforme à son comportement au travail : il avait résolu de s'informer sur tout ce qui concernait la maladie, de lire chaque article scientifique à son sujet, d'interroger la dizaine de spécialistes dans le pays. En l'écoutant évoquer la prolifération des leucocytes avec tant de précision, j'ai mesuré l'étendue du savoir qu'il avait accumulé par désespoir. Les jumelles avaient été auscultées par l'élite de la médecine mondiale à New York, Zurich, Hambourg. Pour dire les choses brutalement, Ted s'était confronté au mal qui frappait ses filles de la même manière que jadis à un adversaire au tennis : avec la volonté farouche de le battre par tous les moyens dont il disposait.

Bien qu'il soit resté maître de lui en me décrivant le drame dans lequel sa famille avait été plongée, j'ai senti qu'en plus de l'angoisse, inexprimée mais bien présente, Ted était profondément troublé par le caractère arbitraire du désastre. Ce n'était pas ainsi que « les choses auraient dû se passer ». N'avait-il pas déployé tous les efforts possibles pour mettre en place et perfectionner son univers à la fois professionnel et personnel ? Là encore, il y avait la notion très américaine selon laquelle, pour réussir, il faut avoir un « plan de vie », une série d'objectifs clairement identifiés dont la réalisation conduira à l'épanouissement de l'individu. Que sa minutieuse préparation ait été bouleversée par quelques chromosomes défaillants m'a remémoré une remarque de V. S. Pritchett à propos de la mentalité américaine : selon lui, le principal legs de notre passé puritain est « la conviction que l'on peut construire sa vie et l'ordonner consciemment, étape par étape. La tâche est gigantesque, souvent accablante, mais c'est le prix à payer pour le perfectionnement de l'être humain. Ici, le concept de tragédie n'existe pas ; il y a seulement que "quelque chose a cloché" ».

Quelque chose s'était mis à gravement clocher dans la vie de Ted, oui, et sa crise personnelle était d'autant plus poignante qu'il en venait à reconnaître qu'il n'était pas en mesure de « régler le problème ». Il se sentait démuni parce que, comme tous les Américains de son milieu, il avait appris que la recherche de l'excellence était une belle et bonne occupation, et que celle-ci consistait à être principalement capable de colmater de ses propres mains la fuite qui pouvait se produire sur le bateau de son existence. Mais tandis qu'il pouvait fort bien corriger *in extremis* une erreur apparue dans un contrat de fusion-acquisition, ou réparer les causes d'une tension conjugale si elle venait à se produire, il était sans recours devant le cruel caprice génétique qui menaçait le devenir de ses enfants.

Cette sensation d'impuissance n'avait pas seulement amplifié son chagrin et sa révolte : elle l'avait également amené à se poser de nouvelles et dérangeantes questions sur l'argent, parce que c'est une force déterminante dans la recherche du dépassement de soi tel qu'il se conçoit en Amérique, le carburant qui nous propulse dans la quête du lopin d'Arcadie que nous aspirons à posséder un jour. Même si les années 1980 ont justement été caractérisées comme une période de poursuite obsessionnelle de la réussite matérielle, nous avons tendance à oublier qu'argent et accomplissement de soi sont de tout temps allés de pair dans la conscience collective américaine. Par conséquent, lorsqu'un imprévu vient semer la désolation dans ce que nous sommes fiers d'appeler notre « stratégie personnelle », nous sommes souvent en proie à une sérieuse remise en question d'une morale sociale qui soutient que la prospérité et le bonheur sont un seul et même objectif.

« Ça n'était pas censé se passer comme ça. » Plus j'écoutais Ted, plus je mesurais à quel point la maladie de ses enfants avait convaincu ce gagneur infatigable que sa vie était un échec. Lui qui avait étroitement lié la poursuite de l'argent à celle d'une vie de famille idéale avait vu son rêve ruiné par le hasard aveugle de la maladie. C'était comme se retrouver devant un puritain moderne qui s'était éreinté à bâtir sa propre « cité sur la colline », cette aspiration à la fois mystique et très concrète du protestantisme, pour la voir ravagée par la peste. S'il avait été un colon du Massachusetts en 1638, Ted aurait imploré le pardon de Dieu dont la colère froide s'abattait sur Boston, juré de se repentir des péchés qui avaient attiré la malédiction divine sur son foyer, mais, comme nous étions à Manhattan à la fin du XXe siècle, il ne pouvait qu'écluser plus de whisky et proclamer qu'il devait travailler encore plus dur, gagner encore plus d'argent. Parce que des ressources accrues pourraient payer les meilleurs traitements à ses filles, pourraient acheter leur guérison. Ce qu'il voulait croire, désespérément.

À l'instar de nombre de ses compatriotes, Ted continuait à se persuader que l'argent était capable de « régler les problèmes », et il redoutait en silence que cette présomption ne se révèle erronée.

Quand il a dû prendre congé en hâte, voulant attraper le train de 19 h 03 à Grand Central, je me suis attardé un moment au bar pour terminer mon verre. Sur une banquette, non loin de moi, deux types conversaient bruyamment en vidant vodka sur vodka.

— Il est plus dur en affaires qu'un enfoiré d'Arabe ! s'est exclamé l'un d'eux.

— Qu'est-ce que tu veux… qu'est-ce que tu veux dire par là ?

— Je dis c'que j'dis ! En affaires, c'est un vrai Arabe !

— Et c'est comment, un Arabe, en affaires ?

— Il négocie jusqu'à ce qu'il te coince complet.

— Quoi, ils savent faire ça, les Arabes ?

— Eh, trouduc, ce sont eux qui ont « inventé » le commerce ! Tu veux voir d'où vient notre art, va faire un tour dans un pays arabe…

Le conseil n'était pas tombé dans l'oreille d'un sourd. Quelques jours plus tard, je l'ai mis en pratique.

3

Le souk

Le gars d'une trentaine d'années qui attendait devant mon hôtel de l'avenue Hassan II avait une incisive en or et des lunettes d'aviateur qui attrapaient les moindres reflets du vif soleil d'Afrique du Nord. Un blouson en cuir était posé sur les épaules de sa djellaba. S'approchant de moi, il m'a pratiquement balancé son poing dans la figure afin de me montrer sa marchandise : trois montres de marque au poignet, un trio d'imitations de Cartier version Casablanca.

— Tu achètes, a proféré M. Cartier, et ce n'était pas une question, c'était un ordre.

— Non merci, ai-je répondu en essayant de le contourner.

— Je te fais un bon prix, a-t-il déclaré après m'avoir barré le passage.

— Comme quoi, par exemple ?

— Mille dirhams pour une.

— Ça fait presque cent livres sterling, donc, non merci.

— Eh, tu vas dans une boutique ici, à Casa, et tu paies quinze mille dirhams une Cartier neuve ! Mille cinq cents dans ta monnaie. C'est un prix magnifique que je te fais !

— C'est une fausse Cartier, aussi.

— Ben, c'est pour ça que le prix est tellement magnifique !

Je n'ai pu retenir un sourire devant une filouterie à ce point candide.

— Je suis prêt à mettre cent dirhams, pas plus.

— C'est idiot, ce prix ! a-t-il rétorqué en souriant à son tour. Huit cents.

— À une prochaine fois, ai-je lancé en reprenant mon chemin, mais M. Cartier m'a poursuivi, pris par la fièvre du commerce.

— Sept cent cinquante !

— Jamais.

J'ai hâté le pas.

— Tu peux pas t'en aller ! a-t-il crié. On a commencé un marché !

Il avait raison, évidemment : en contrant son offre par une autre, j'avais *de facto* établi une fourchette de prix dans laquelle nous aurions dû finir par atteindre un consensus qui scellerait la vente d'une Cartier de Casablanca. En bref, j'avais créé un marché avec lui. Seulement, je n'avais pas le temps de négocier dans ce cadre puisque ma montre – une Swatch tout à fait authentique, elle – m'indiquait que j'avais déjà dix minutes de retard sur l'ouverture d'un autre marché, d'une tout autre ampleur celui-là.

— On fera peut-être affaire plus tard, ai-je déclaré au vendeur à la sauvette avant de piquer carrément un sprint sur l'avenue Mohammed V.

Cinq minutes plus tard, et hors d'haleine, je grimpais les marches d'un imposant immeuble de style mauresque même si un peu défraîchi. Avec ses fenêtres à vitraux, ses arches sculptées et les guirlandes électriques qui couraient sur sa façade, on aurait dit un fugitif architectural de la Casbah qui aurait échoué en plein milieu de la ville moderne, au cœur du quartier des affaires néocolonial. Après m'être rué entre ses portes en bois ouvragé, je me suis rendu compte que la corbeille de la Bourse de Casablanca était entièrement à moi : bien qu'on ait été mercredi, la grande salle était vide, silencieuse, abandonnée dans une léthargie de jour férié. M'adossant contre un mur, je pouvais entendre les battements de mon cœur qui tentait de retrouver son rythme tandis que je maudissais le réceptionniste de l'hôtel qui m'avait assuré que la place boursière serait prise d'une fébrile activité à partir de huit heures et demie tapantes.

Il n'empêche qu'il y avait quelque chose de génialement bizarre à se retrouver seul dans une place boursière, d'autant que cette vaste salle au plafond voûté dégageait un parfum des années 1940 avec ses deux longues rangées de petits box en acajou aux portes vitrées munies de plaques nominatives en cuivre, son tableau noir aussi grand qu'un écran de cinéma suspendu au milieu de l'espace et bordé d'une passerelle en fer sur laquelle quelque malheureux préposé devait vraisemblablement courir pour tracer à la craie des colonnes de chiffres au plus fort de la séance. Les murs étaient peints dans un triste blanc hôpital et des traces de fuite d'eau étaient visibles sur la voûte, où plusieurs panneaux d'insonorisation menaçaient de se détacher à tout moment. Le linoléum antique présentait des signes de fatigue avancée, et j'ai remarqué par l'une des portes restées ouvertes une machine à calculer antédiluvienne, des livres de comptes couverts de poussière… La Bourse de Casablanca n'était décidément pas high-tech, elle n'était même pas « tech » du tout.

— Bonjour !

Ma solitude avait pris fin. Un grand type, maigre comme un clou, à la figure chevaline et aux cheveux noirs gominés – un Stan Laurel nord-africain, ai-je pensé aussitôt –, venait vers moi d'un pas décidé. Il s'est présenté : M. Kettani, directeur adjoint de la Bourse marocaine. Après notre poignée de main, il a effleuré son cœur en s'inclinant légèrement en avant, un geste de salutation habituel dans tout le monde arabe, puis m'a demandé la raison de ma présence en ce lieu.

— J'espérais assister à une séance de cotation, ai-je expliqué, mais j'ai l'impression que je suis en avance…

— Oui, a-t-il confirmé avec un sourire. De deux heures et demie. Nous commençons à onze heures.

— Jusqu'à ?

— Onze heures et demie, a-t-il répondu tout à fait sereinement.

— Vous… La séance dure trente minutes ?

— Ah, nous ne sommes pas à Wall Street, mon ami ! a-t-il commenté avec bonhomie. Et c'est amplement suffisant pour que les courtiers réalisent leurs opérations de la journée.

— Et après… onze heures et demie ?

— La place ferme et les gens vont déjeuner. Jusqu'à trois heures, habituellement.

— Plutôt souple, comme programme…

— Par rapport à Londres, New York ou Paris, nous sommes assez tranquilles, oui, mais par rapport à ce qui se passe à Marrakech ou Fès, l'activité est trépidante.

M. Kettani m'a précisé que cette activité d'une

demi-heure quotidienne était la norme depuis que la « Bourse des valeurs » avait ouvert ses portes en 1929. Dès le début, elle avait été placée sous le contrôle du ministère des Finances, qui n'autorisait que vingt banques ou organismes privés à négocier l'or, les devises étrangères, les bons du Trésor et les actions des rares compagnies semi-privatisées qui pouvaient entrer en Bourse. Tout cela allait changer, néanmoins, à cause de la « privatisation », un terme des années 1980 qui suscitait autant de craintes que de rêves.

— Le ministère a décidé de nous « thatchériser », a annoncé M. Kettani. Le grand boom à Casa ! Le gouvernement va vendre ses participations dans toutes les sociétés nationalisées mixtes, puis dérégulariser entièrement le marché. Il y aura davantage de compagnies cotées en Bourse, le volume d'échange augmentera considérablement et nous avons aussi reçu la permission de moderniser nos installations. La décoration sera tout à fait marocaine mais nous informatiserons également la place de fond en comble. Regardez bien autour de vous, parce que d'ici un an tout aura changé, nous serons tech-no-lo-giques !

J'ai obtempéré, tentant d'imaginer ce décor mauresque soudain dépoussiéré et peuplé de terminaux IBM. Mon regard est tombé sur celui qui avait donné l'ordre de privatiser la Bourse, Sa Majesté Hassan II, dont le portrait dans un cadre doré planait au-dessus de la corbeille. Il était sanglé dans un trois-pièces qu'un banquier de la City n'aurait pas boudé, et son sourire figé avait une assurance résolue qui proclamait : « L'État, c'est moi ! » Il n'a pas échappé à M. Kettani que j'observais l'image du souverain car il a poursuivi :

— Sa Majesté s'intéresse beaucoup à nos activités.

Le roi est convaincu qu'un pays moderne a besoin d'un marché financier moderne. Logique, n'est-ce pas ?

— Très logique.

— Donc, vous reviendrez à onze heures pour la séance ? Cela fait bien cinq ans que nous n'avons pas eu de visiteur venu de Londres…

Casablanca, la « maison blanche » : tout y était couleur de craie, la lumière, les briques, les parpaings, le béton, et c'était une ville qui suait par tous les pores, littéralement, chacun de ses immeubles de bureaux flambant neufs présentant des taches humides sur la façade, des traces de transpiration suspecte qui trahissaient une construction à la va-vite. Ils dégageaient la même impression d'inconfort qu'un homme d'affaires étranger suant à grosses gouttes sous le soleil d'Afrique du Nord, rendu encore plus incongru dans ce décor par les marques sombres aux aisselles de son veston en tergal.

Casablanca, la capitale financière du Maghreb : une cité de costumes-cravates. C'est l'omniprésence de cette tenue qui a retenu mon attention quand j'ai quitté la Bourse pour ma première véritable exploration de la ville. Des cohortes d'hommes en deux-pièces à rayures ou prince-de-galles, tous porteurs d'attaché-case, une cigarette collée aux lèvres, mais aussi des femmes en tailleur strict, un signe que ce pays musulman ne paraissait pas prêt à s'enfoncer dans l'impasse fondamentaliste. Même si le style vestimentaire datait de dix ou vingt ans par rapport à la mode occidentale, cette population des deux sexes venait rappeler éloquemment que Casablanca était avant tout la « ville des affaires » au Maroc. Alors que Rabat était le siège de la diplomatie et de la politique nationales, Marrakech et Fès les hauts lieux d'histoire et de mysticisme, « Casa » s'absorbait dans la course au dirham grâce aux gadgets de l'activité financière de la fin du XIXe siècle. C'était ici que le Maroc se dépouillait de ses ornements byzantins et se mettait à pianoter sur le clavier d'un Vodafone.

J'ai flâné le long de l'avenue Mohammed V qui, comme le reste du quartier, était un curieux mélange de béton contemporain et de vestiges décatis de l'ère coloniale française. Tout ici paraissait un peu défraîchi, en attente d'un coup de peinture et d'une rénovation des trottoirs défoncés, mais je n'ai pas trouvé sans charme cet aspect négligé, cette impression d'être dans un bastion de la finance qui oubliait souvent de rentrer la chemise dans le pantalon et ne tenait pas à être rasé de près.

Un dédale de galeries marchandes datant des années 1930 a finalement débouché sur le boulevard Prince Moulay Abdallah, une artère piétonnière bordée de boutiques spécialisées dans les copies d'articles de luxe – faux portefeuilles Cartier ou ersatz de valises Vuitton –, les costumes Van Giels et les dagues incrustées de pierreries : Bond Street version maghrébine, souk pour le beau monde. Le plus frappant, peut-être, était l'abondance de magasins de matériel informatique avec des enseignes comme « Multilog » ou « Le Laptop », des vitrines remplies de boîtes de disquettes et d'imprimantes massives, des vendeurs qui faisaient la démonstration des ressources infinies de l'Epson LX800 à des clients ébahis. Un peu plus loin, une boutique pompeusement nommée « Chicago Electronics » s'était spécialisée dans la vente de tensiomètres. Passant la tête à l'intérieur, j'ai demandé au patron s'il écoulait beaucoup de cette marchandise plutôt pointue. Sa réponse :

— Deux ou trois par semaine. Casablanca est remplie d'hommes d'affaires, alors dans une ville comme ça il y a plein de stress, vous comprenez ? Donc, plein de stress, plein de gens qui surveillent sérieusement leur tension artérielle.

Il a enchaîné en m'informant que si je désirais le tout dernier modèle, muni d'une sortie informatique pour imprimer l'électrocardiogramme, il était disposé à me consentir une réduction de vingt-cinq pour cent, à condition de payer en devises étrangères.

Alors, c'était ça, Casablanca ? Une métropole stressante et stressée dont les principaux acteurs vivaient dans la hantise de l'infarctus ? La casbah cosmopolite de jadis ? De fait, tous les kiosques à journaux devant lesquels je suis passé exposaient en bonne place d'anciens numéros d'une publication française consacrée à la santé et à la remise en forme, *Collection Allô Docteur*, avec des titres tels que « Comment vaincre le tabac en cinq jours », « Maigrir en quatre semaines »... Ici, dans cette ville immortalisée par un film éponyme et magique, les gens « bien » se préoccupaient de leur addiction au tabac et de leur tour de taille ? Je comprenais pourquoi tant de globe-trotters étrangers méprisaient la Casablanca moderne : le port interlope et furieusement romantique était tombé aux mains des technocrates. Désormais, les costumes-cravates tenaient le haut du pavé, et ils étaient tous guettés par l'hypertension.

Comme j'allais vite le découvrir, pourtant, les apparences étaient trompeuses, à Casablanca. Après vous avoir montré un aspect d'elle-même et vous avoir convaincu que vous en compreniez la spécificité, la ville vous renvoyait soudain une image qui venait contredire vos conclusions antérieures. En ce sens, c'était un espace paradoxal, défiant tout jugement trop hâtif.

Prenez par exemple le Fiori, un café au bout de l'imposant boulevard qui accueille le siège des principales banques et compagnies d'assurances. À première vue, l'établissement pouvait être classé « européen branché » avec sa clientèle de cadres en costard Agnès B et de jeunes Marocaines vêtues de robes ultra-moulantes qui m'ont fait me demander si j'étais bien en Afrique du Nord, dans un pays musulman. Entré pour tuer le temps avant l'ouverture réelle de la séance boursière, je me suis retrouvé assis à côté d'un jeune banquier d'affaires, Youssef. À l'aise dans trois langues, ayant fait ses études en Suisse et en France, cultivé et raffiné, il représentait de prime abord le « go-between » idéal entre le monde arabe et l'Occident. Disposé à bavarder, il m'a aussitôt confié que son fils de dix-huit mois l'avait gardé debout la moitié de la nuit et qu'il s'offrait un petit déjeuner tardif pour reconstituer ses forces avant de rejoindre son poste à la banque, qui appartenait à sa famille depuis trois générations. Après avoir précisé qu'il était originaire de Fès, il m'a offert un cours accéléré en sociologie marocaine.

— Il existe trois classes au Maroc, chacune définie par sa base régionale. Nous avons les Fasi, le groupe auquel j'appartiens, comme je vous l'ai dit ; ce sont les plus francophiles de tous et ceux qui ont émigré à Casa l'ont fait pour le business. Ils essaient toujours d'élever leurs enfants à la française, de les envoyer dans des écoles françaises. Ensuite, nous avons les Berbères du Sud, en général de très bons petits commerçants : toutes les épiceries du coin de la rue au

Maroc sont tenues par eux. Ce sont des gens très droits, très honnêtes, mais un peu… lents. Et enfin, il y a la campagne, la masse des paysans qui vivent dans un autre siècle. Vous voyez, c'est une définition plus régionale qu'autre chose.

Youssef appartenait à une immense famille fasi. Son grand-père avait quatre épouses et vingt-cinq enfants. Bien qu'il ait été éduqué à Berne et à Fontainebleau, il était revenu au Maroc à chaque congé scolaire et universitaire, une règle édictée par son père qui avait compris que s'il laissait le garçon trop longtemps exposé aux tentations corruptrices de la vie européenne, ce dernier aurait ensuite du mal à s'intégrer à l'affaire familiale au moment d'entrer dans la vie active. En réalité, le jeune homme avait toujours su, même en obtenant son baccalauréat en Suisse et sa maîtrise d'économie en France, que son destin était de devenir banquier à Casablanca.

— Rejoindre notre banque était une obligation filiale. Comment aurais-je pu m'opposer à la volonté de mon père ?

Le devoir familial était un concept qui avait dominé sa courte vie. Il s'était senti obligé de se spécialiser en économie lorsqu'il étudiait à l'étranger, de lier directement sa carrière à l'établissement paternel, d'épouser une jeune Fasi de la même extraction sociale car il lui paraissait inconcevable de faire autrement – « J'ai des cousins qui se sont mariés à des filles berbères mais aucun d'eux n'est content de son sort », a-t-il noté sombrement –, et même de donner à son premier enfant le prénom de son père, qu'un cancer avait emporté récemment.

Obligations par-ci, obligations par-là… Cela expliquait peut-être le mauvais état de son estomac, perpétuellement contracté par le poids des responsabilités. Au détour d'une phrase, il a déclaré :

— Cela fait trois ans que j'ai tout le temps mal. La douleur est apparue une nuit de mars 1988, je m'en souviens très précisément, et elle n'est jamais partie depuis. Des fois, j'ai l'impression d'avoir un robinet dans le ventre qui laisse tomber une goutte d'acide toutes les dix minutes. Après trois années, je me suis habitué mais je dois dire que ça ne facilite pas le sommeil…

Comme je voulais savoir s'il avait consulté un médecin, il s'est récrié :

— Bien sûr, et même plusieurs ! En fait, je suis allé voir tous les gastroentérologues du pays ! J'ai avalé des litres de produit de contraste, j'ai été radiographié et échographié, j'ai même eu de la chirurgie exploratrice et ils n'ont rien trouvé. C'est la tension, disent-ils. Ils n'ont identifié aucune explication physiologique. J'ai essayé des tas de pansements gastriques, les régimes lactés, les infusions, les exercices de relaxation… Rien n'a marché, alors maintenant je tente quelque chose de nouveau : la prière. Inch'Allah, mon estomac finira par se calmer !

Bien que Youssef ait souligné que ses troubles avaient débuté à peu près au moment où son père avait appris qu'il était atteint d'un cancer du poumon incurable, il ne m'a pas paru absurde de supposer que cette dyspepsie chronique ait également eu pour origine la rigidité de son sens du devoir, de sa détermination à remplir le rôle qui lui avait été socialement assigné. Pourtant, il avait eu plus qu'un aperçu du monde au-delà d'une société marocaine fortement hiérarchisée et corsetée, ces contrées du Nord où il n'aurait pas été considéré comme un traître s'il avait choisi une autre banque que celle de sa famille, ni forcé de choisir sa femme dans le cercle des connaissances de ses parents. Pensait-il à cet univers moins contraignant lorsque ses insomnies le gardaient éveillé à quatre heures du matin et qu'il attendait qu'un nouvel exocet de bile vienne percuter sa paroi stomacale ? Ou bien s'était-il au contraire résigné à cette vie préprogrammée ? En l'écoutant, j'étais frappé par la fragilité de l'équilibre qu'il maintenait entre deux réalités : à l'instar de la ville où il était venu vivre et travailler, il avait l'accoutrement d'un brasseur d'affaires moderne, s'exprimait dans la *lingua franca* des financiers internationaux quand il évoquait la restructuration de la dette du tiers-monde, l'effondrement du marché des obligations à risque ou les points forts d'un Apple, se coulait aisément dans cette désarmante familiarité des Américains à raconter leur vie à un inconnu. Mais derrière ce vernis cosmopolite se cachait un traditionalisme inflexible, la conviction que les principes de vie qui lui avaient été inculqués étaient les seuls valables, d'autant qu'il appartenait à la classe socialc privilégiée du pays.

Remarquant l'alliance à mon doigt, il a constaté :

— Vous êtes marié.

— Depuis six ans, oui.

— Combien d'enfants ?

— Zéro.

— Oh, je… pardon, a-t-il bredouillé, soudain très embarrassé.

— Pardon de quoi ?

— Ça doit être difficile pour vous, d'avoir ces… – Il a hésité, cherchant le terme le plus poli. – Ces problèmes médicaux.

— Quels problèmes ? Ma femme et moi, nous n'avons

pas d'enfants parce que nous n'en voulons pas. Pas pour l'instant, du moins.

— Mais… qu'est-ce qu'elle fait, toute la journée ?

— Elle a son travail. Sa propre compagnie.

— Et vous… vous permettez ça ?

— Il n'y a pas à « permettre » ou pas. Elle est libre de faire ce qu'elle veut.

— Et ça ne vous fait rien ?

— Pourquoi ? C'est « sa » vie.

— Incroyable, a-t-il murmuré.

Pendant notre échange, les deux jeunes femmes qui occupaient la table voisine se sont levées et ont quitté le café. Avisant cette place désormais libre, deux hommes en costume-cravate se sont approchés pour la prendre. Youssef leur a adressé quelques mots en arabe qui ont eu pour effet immédiat de les faire chercher une autre table.

— Qu'est-ce que vous leur avez dit ? lui ai-je demandé, étonné.

— Je leur ai dit que des femmes occupaient ces chaises avant eux, ils sont donc allés s'asseoir ailleurs, naturellement.

— Mais… pour quelle raison ?

— Ce serait très mal qu'un homme s'assoie sur un siège où une femme a été. Ce serait un manque de respect pour son épouse, et un risque de céder à la tentation.

Cela a été mon tour de choisir mes mots avec prudence :

— Vous en êtes réellement convaincu ?

Youssef m'a lancé un regard interloqué.

— Bien sûr que j'y crois ! C'est la vérité.

Les apparences étaient décidément trompeuses, à Casablanca.

J'étais de retour à la Bourse peu avant onze heures. La corbeille était encore vide mais les courtiers ont commencé à apparaître au bout de quelques minutes. Le premier à faire son entrée était un digne gentleman français à veston croisé, avec la rosette de la Légion d'honneur au revers de la veste, un patriarche rondouillard que l'on imaginait bien inspecter d'un pas lourd ses vignes en Provence.

— Voici le père de la Bourse, m'a chuchoté M. Kettani dans la langue de Voltaire avant d'aller le saluer.

Il est venu me serrer la main et j'ai appris par la suite que, né à Casablanca de parents originaires de Marseille, il s'occupait de finances marocaines depuis 1947. Les deux traders d'une trentaine d'années qui sont entrés peu après – visage émacié et dégaine d'experts-comptables de n'importe quel pays – lui ont présenté leurs respects, puis m'ont adressé un signe de tête. Ils furent ensuite suivis d'un monsieur très élégant qui avait un mince porte-documents en cuir sous le bras, et de deux femmes, l'une assez vieille fille, l'autre très vieille fille : vêtements sombres et lourds, bas opaques, la première un peu plus jeune que la seconde et mâchant sans arrêt son chewing-gum. Elles ont fait le tour de la petite assistance pour saluer gravement leurs collègues masculins.

Ce cérémonial précédant l'ouverture officielle de la séance était pris très au sérieux, à la Bourse de Casablanca. Négoce, oui, mais entre personnes civilisées : la corbeille était moins une arène livrée à la compétition qu'un club de spécialistes qui n'avaient aucune intention de se battre entre eux. L'atmosphère électrisée, l'énergie du désespoir personnelle et collective qui imprégnaient les autres places boursières ne se retrouvaient pas du tout ici ; j'avais devant moi un petit congrès d'initiés qui se réunissaient avec courtoisie et savaient sans avoir à le dire que vendre et acheter quelques actions n'était pas une affaire de vie ou de mort, simplement une occupation qui vous prenait une demi-heure par jour.

Une vingtaine de courtiers étaient désormais présents. Ils ont plaisamment bavardé entre eux pendant un bon quart d'heure. En français, la langue de la finance au Maroc. Alors qu'il était question du prix de l'or à l'ouverture de Paris ce matin-là, des résultats désastreux de la séance de Tokyo (les pires depuis 1987) et du cours du franc pendant la dernière semaine, j'ai pu me rendre compte que les spécialistes de Casablanca étaient très au fait des variations du baromètre financier dans les principales places de la planète. Ils connaissaient aussi parfaitement leurs palmarès respectifs au golf. En réalité, les récentes performances des uns et des autres sur le terrain de Mohammedia, le meilleur de la région, semblaient les passionner autrement plus que la cote actuelle de la Cosumar, la fabrique de sucre nationale. C'était d'ailleurs explicable : la petite trentaine de valeurs négociées ici était strictement contrôlée par l'État, au point que d'après M. Kettani les prix ne subissaient jamais une variation quotidienne supérieure à trois pour cent, même s'il a observé qu'une chute de trois pour cent pendant trente jours consécutifs « pourrait susciter une certaine inquiétude ». Bref, la Bourse de Casablanca était une sphère où le risque financier n'existait pas, où les traders proposaient à leurs clients des investissements qui rapportaient des dividendes minimaux mais sans surprise. Personne ne descendait dans la corbeille afin de faire étalage de ses muscles financiers ou de montrer qu'Untel en avait une plus grosse que les autres : ce théâtre d'ambitions modestes était régi par le consensus tacite de maintenir un équilibre rassurant.

Le signal que les choses sérieuses allaient enfin commencer a été donné quand M. Kettani a entrepris de distribuer à la ronde la liste ronéotée des cotes d'ouverture. Avec une quinzaine de minutes de retard sur l'horaire annoncé, une cloche qui aurait eu sa place dans une salle de boxe a retenti. La séance ! Pourtant, les courtiers ont continué à tailler le bout de gras par petits groupes, et c'est seulement lorsqu'un employé de la Bourse a grimpé sur la passerelle devant le grand tableau noir pour annoncer les valeurs inscrites dessus qu'ils ont daigné entrer derrière la barrière en bois qui entourait le centre de la salle. Leurs bavardages décontractés n'ont pas cessé pour autant, hormis quand l'un ou l'autre lançait de temps en temps un « Je vends ! » ou un « J'achète ! » à l'appel d'un titre qui éveillait son intérêt. Nombre des compagnies nommées par l'animateur de la séance n'ont suscité aucune réaction ; à une ou deux reprises, un simulacre de bataille vocale s'est installé pendant un bref échange de « Je vends ! J'achète ! » sans que l'aménité générale soit troublée. L'ambiance sonore qui régnait dans la corbeille m'a fait penser au bourdonnement de conversations détendues dans un bar spacieux et réservé aux habitués, très rarement troublé par quelqu'un hélant le barman pour un autre verre.

Au bout d'une demi-heure, le dernier titre a été annoncé, la cloche a résonné et M. Kettani, aidé de ses assistants, a distribué des formulaires que les courtiers ont rapidement remplis, le récapitulatif de leurs opérations de la journée. Un ultime déploiement de politesse et de considérations mutuelles, une tournée générale de poignées de main et de salutations à la mode musulmane, et brusquement la place s'est vidée, les traders abandonnant la pénombre caverneuse sous les hautes voûtes pour sortir dans la lumière crue de Casablanca.

La séance était terminée, la Bourse rendue à son silence méditatif jusqu'au lendemain matin.

Une fois dehors, je suis parti à la recherche du souk. Pour y parvenir, j'ai dû remonter toute l'avenue Mohammed V, descendre des escaliers et emprunter un passage souterrain récemment percé sous l'artère embouteillée. Il y avait un côté merveilleusement absurde à quitter une galerie commerciale en béton pour enfiler un couloir moderne afin d'éviter une circulation démente, puis à revenir à la surface pour se retrouver au milieu du chaos traditionnel d'un marché nord-africain, d'un dédale de ruelles en terre battue encombrées de marchands à la criée et de charrettes de fruits tirées par des mulets flegmatiques. Des femmes tout en noir réalisaient de remarquables démonstrations d'équilibristes en avançant avec un empilage impressionnant d'emplettes sur la tête ; les échoppes dégorgeaient leur bric-à-brac jusqu'aux caniveaux, dont les effluves mêlés à ceux des végétaux pourrissants rendaient l'air sirupeux, collant à mes vêtements, mon visage, mes cheveux.

Ce qui rendait ce spectacle particulièrement surprenant, c'est que les vingt-cinq étages de béton et de verre de l'hôtel Grand Hyatt le surplombaient. En gardant le regard au niveau du sol, on voyait des chèvres trottant en tous sens, des étalages de poignées de porte, des enfants pataugeant pieds nus dans des flaques d'eau stagnante, mais la première chose que l'on découvrait en levant les yeux était une gigantesque antenne parabolique marquée du sigle de CNN. Ce choc entre la modernité et la tradition, le technologique et l'ancestral, est caractéristique de tout le monde arabe ; à Casablanca, toutefois, s'y ajoutait le paradoxe qu'une zone commerçante ultra-moderne soit reliée par un passage souterrain à un souk venu d'un lointain passé. Ces deux univers présentaient une constante : de même que les magasins modernes vendaient des imitations d'articles Cartier ou Vuitton, tout un quartier du vieux marché regorgeait de fausses Reebok, de jeans Wrangler made in Taiwan et de walkmans Sony qui n'avaient rien de Sony. Casablanca : une ville en trompe-l'œil imitant et reproduisant les tics du consumérisme occidental pour écouler la marchandise à prix cassé, une citadelle de la contrefaçon accessible au plus offrant.

En m'enfonçant dans le souk, je suis parvenu à un petit rectangle d'espace libre rendu oppressant par la puanteur montée de l'égout à ciel ouvert qui serpentait là. À l'odeur des excréments humains se mêlaient des parfums plus agréables de safran, de gingembre, de muscade, de curcuma et de cannelle. C'était le marché aux épices, un assemblage de tables en bois brut couvertes de montagnes de poudres aux couleurs vives, du rouge sombre au jaune canari en passant par le brun-roux. Les marchands supervisant ce kaléidoscope en relief étaient tous des septuagénaires aux traits aussi burinés que des bas-reliefs et aux bouches édentées, chacun équipé d'une balance à poids antique et d'un larynx puissant qui leur permettait de hurler leurs prix par-dessus le brouhaha du bazar. Dès qu'un client potentiel s'approchait, le vendeur d'épices s'inclinait en posant la main droite sur son cœur et se préparait à une négociation serrée.

— Cinq grammes de cannelle, c'est dix dirhams.

— Disons six.

— Je ne peux pas moins que sept cinquante.

— D'accord, j'achète.

À l'étal suivant, son confrère déposait une poignée de gingembre moulu sur le plateau en cuivre de sa balance à l'intention d'une femme entièrement couverte d'un voile noir.

— Quatorze dirhams. – Elle faisait non de la tête. – Douze, alors. – Nouveau refus aussi silencieux que véhément. – Onze, dernière offre. Tu achètes ?

Cette fois, elle a hoché du bonnet. La transaction était conclue. Ici, dans cette installation sommaire, se définissait à chaque instant un « prix du marché », au sens figuré. C'était le langage de la Bourse des valeurs appliqué à l'achat de poudres servant à relever les mets, et c'était le système financier moderne qui avait repris à son compte les codes du souk : les salutations courtoises du début, le marchandage ouvert, la rapidité de la transaction qui permettait au vendeur comme à l'acheteur d'estimer qu'il avait fait une bonne affaire. Finalement, qu'est-ce qu'une place boursière, sinon un souk dont les marchandises sont virtuelles et où des intermédiaires se chargent de marchandage pour les deux parties ?

Et à Casablanca, le souk était partout.

Le lendemain, je suis retourné à la Bourse pour une nouvelle demi-heure de transaction forcenée. Comparée à la précédente, la séance a été trépidante : quand la cloche de la fermeture a sonné, huit opérations avaient été réalisées, et seul le cours de cinq des titres proposés était resté inchangé. Une fois encore, un temps important a été consacré aux échanges de saluts et de courtoisie, la main sur le cœur, et à nouveau les courtiers ont poursuivi leurs amènes conversations tandis que le préposé beuglait l'intitulé des actions en lice.

Debout à côté de moi, un quadragénaire aux allures de bibliothécaire avec ses grosses lunettes, sa moustache tombante et son veston pied-de-poule défraîchi s'est présenté : Mahmoud Al Atrache, représentant d'une banque locale d'investissements. Il s'est montré le plus actif de la séance, faisant l'acquisition de trois paquets d'actions et s'engageant dans une surenchère aussi animée que brève avec l'une des deux femmes présentes. Pendant un court moment, leur duel autour de la cotation des parts de la Brasserie du Maroc, le principal producteur de bière du pays, a amené l'employé juché sur sa passerelle devant le tableau noir à s'escrimer sur son bout de craie et son éponge. Au bout de cette partie de ping-pong pendant laquelle le cours de l'action a dramatiquement varié entre 220 et 225, la dame a lancé à Mahmoud un regard qui voulait dire : « Arrêtons ce cinéma, l'heure du déjeuner approche », et le vaillant trader, haussant les épaules d'une façon très fair-play, a aussitôt mis fin à son crescendo de : « J'achète ! »

Plus tard, alors que nous descendions l'avenue ensemble, j'ai demandé à Mahmoud pourquoi il avait concédé si vite la victoire à son adversaire.

— C'est simple, vraiment. Je suis arrivé ce matin avec les instructions d'un de mes clients pour pousser la Brasserie à la hausse, entre trois à cinq points. Quand je suis arrivé à 222, je n'ai demandé pas mieux que d'arrêter, puisque j'étais parvenu à mon but.

Allez savoir pourquoi, je n'arrivais pas à imaginer un trader de Wall Street se montrer aussi conciliant envers l'« opposition ». Le contexte, encore une fois : trente minutes quotidiennes de « compétition » sur un marché encadré inclinaient à la bienveillance, surtout si l'on appartenait à une culture qui mettait la philosophie du « maalech » au pinacle.

« Maalech », en arabe, signifie « c'est pas grave », « tant pis », « peu importe »… C'est un mot qui résume toute une façon de penser, la conviction que les aléas de l'existence doivent toujours être remis en perspective et ne sont pas dignes de provoquer de la frustration. Moi qui ai traîné mes guêtres dans pas mal de pays arabes, j'en suis venu à penser que la source principale d'incompréhension entre l'Occident et les sociétés musulmanes réside dans l'impossibilité d'appréhender le sens du « maalech » pour quiconque n'est pas immergé dans la culture islamique. En Occident, nous passons notre temps à jauger notre vie en termes de succès et d'échecs, nous attendons des « résultats », tandis que dans le monde islamique le passage sur terre n'est qu'une étape sur la route menant au paradis éternel : à quoi bon se soucier excessivement de ses vicissitudes, alors ?

Conclusion : en essayant de faire passer la cote de l'action Brasserie du Maroc de 220 à 225, pourquoi risquer une perforation du duodénum si l'on ne parvient qu'à 222 ? Ce n'est qu'une opération commerciale comme tant d'autres, et puisque le but recherché a été grosso modo atteint… « maalech » ! Et même si le résultat n'avait pas été à la hauteur de ses attentes, « maalech » encore ! Peu importe. Tant mieux ou tant pis. Une mauvaise matinée à la Bourse de Casablanca n'est qu'un grain de sable dans l'œil d'Allah.

Bien que Mahmoud Al Atrache m'ait paru être un tenant convaincu de la philosophie du « maalech » en matière de marché financier, cette apparence recouvrait une personnalité beaucoup plus complexe, comme si souvent à Casablanca. Après qu'il m'a proposé de venir voir où il travaillait, nous avons sauté dans un taxi pour gagner le bloc en béton blanc tout suant qui abritait sa banque. Une fois passé un hall d'entrée impersonnel, il m'a conduit à un bureau à l'ambiance Europe de l'Est socialiste, aux murs en parpaings peints d'un vert d'hôpital psychiatrique, aux néons qui diffusaient une maigre et blafarde lumière et aux chaises en métal dépareillées. Comme la place boursière que nous avions quittée, ce décor semblait nous ramener aux temps lointains où le boulier constituait la pointe de la technologie.

L'heure du déjeuner étant arrivée, les collègues de Mahmoud étaient rentrés chez eux mais le garçon d'étage – un vieillard aux cheveux blancs – chargé de servir du thé à la menthe était toujours là. Mon hôte lui a demandé de nous en apporter, avec des gâteaux, avant qu'il sc retire pour sa sieste quotidienne. Quand nous nous sommes assis dans l'espace délimité par des cloisons en carton où Mahmoud officiait, il a annoncé d'un ton solennel :

— Bienvenue au département de trading de notre banque !

— Euh… « vous » êtes le département ?

— Eh oui ! C'est un one-man-show !

Il occupait ce poste d'homme-orchestre depuis cinq ans, après avoir travaillé au « département des investissements », et auparavant au « département des services internes ». Et encore avant ?

— J'enseignais à l'université. Les sciences politiques. Au Maroc, ça se fait beaucoup de commencer par l'enseignement supérieur pour passer au secteur des affaires, trouver une bonne place et la garder jusqu'à la retraite. Dans ma famille, les hommes ont tous eu des carrières semblables, alors on attendait de moi que je fasse des études et que je devienne avocat, diplomate ou financier. C'est très difficile d'aller à l'encontre des décisions familiales, chez nous… et tout aussi difficile de changer de travail une fois qu'on en a commencé un.

Mahmoud avait choisi la banque pour la sécurité, la garantie d'un avenir bourgeois. Après avoir découvert que le train-train de l'activité bancaire classique était peut-être un peu trop « confortable », il avait obtenu qu'on lui confie les investissements, puis s'était positionné pour reprendre le poste de représentant de la firme à la Bourse, dont le titulaire devait partir à la retraite, tournant ainsi la page de vingt-cinq années de séances quotidiennes à la corbeille. Certes, il savait que la place de Casablanca n'était pas vraiment parmi les plus dynamiques de la planète, mais il avait appris « par des rumeurs fiables » que le roi envisageait de donner des instructions à son ministre des Finances pour la privatiser. Sans vouloir le crier sur tous les toits, Mahmoud voyait là une possibilité d'enrichissement personnel.

— Il a fallu attendre cinq ans, mais nous sommes à la veille d'une nouvelle ère pour les opérations boursières. Jusqu'à présent, presque tous les courtiers intervenaient pour le compte d'établissements bancaires, comme c'est mon cas actuellement. Nos clients sont surtout les compagnies d'assurance qui ont de très grosses participations dans le secteur bancaire, ou des investisseurs privés résidant soit au Maroc, soit à l'étranger, mais avec des fonds en dirhams qui sont conservés ici. Une fois la privatisation achevée, l'an prochain, le volume des actions va énormément augmenter. Au moins dix fois plus. La Bourse se développera, s'informatisera, et il y aura de nouvelles sociétés de trading. C'est un tournant fantastique, de nombreux Marocains des classes moyennes vont avoir accès aux placements boursiers, aux achats d'actions, etc. Notre réputation sera beaucoup plus étendue.

— Et vous gagnerez plus, vous-même ?

— Peut-être, a-t-il répondu avec une réticence évidente avant de vérifier d'un regard qu'il n'y avait personne derrière les panneaux en carton et de continuer dans un chuchotement de conspirateur : Vous comprenez, si je reste à la banque, je continuerai à percevoir un salaire qui reste insuffisant malgré mon ancienneté et le fait que c'est moi qui ai trouvé presque tous nos nouveaux clients. La rétribution est basse, je n'ai pas de prime au rendement, donc rien de satisfaisant pour moi qui ai une femme et deux jeunes enfants à nourrir. Et tout ça alors que, le mois dernier encore, j'ai conclu une opération qui a rapporté à la banque l'équivalent de quinze ans de mon salaire… Si je me mets courtier à mon compte, je garderai tous mes clients actuels. Avec le développement que le marché boursier connaît, je devrais gagner trois fois plus que ce que je touche maintenant. Minimum.

— Quand allez-vous quitter la banque ?

Il a posé en hâte son doigt sur ses lèvres puis, reprenant un ton normal, il a poursuivi comme s'il parlait pour un micro caché :

— Toutes ces remarques ne sont que des suppositions, bien entendu. D'ailleurs, je suis très bien, ici ! – Et, à nouveau tout bas : – De vous à moi, dès que je serai indépendant, je me trouve un bureau moins déprimant que celui-là…

Idriss Amine, lui, n'avait pas à se plaindre de son installation : mobilier suédois de bon goût, lampes Tizio, téléphones Bang & Olufsen, ordinateur IBM connecté à une imprimante laser, stylo Montblanc stratégiquement posé au milieu de sa grande table en verre et tubes d'acier, sol en parquet délavé, murs peints en blanc et ponctués de grilles d'aération aux couleurs pimpantes, tableaux de peintres marocains contemporains, un décor dernier cri dans un immeuble ultra-moderne. Sanglé dans un costume croisé Daniel Hechter, il m'a salué dans un anglais impeccable et, comme je lui demandais d'où il le tenait, il a répondu sobrement :

— Harvard. Business School.

La trentaine, fils d'un diplomate marocain, il avait passé son enfance dans une série d'ambassades au Caire, à Riyad, à Washington et à Londres. Il était maintenant à la tête du service des ventes de l'une des principales banques commerciales du pays, une firme qui vivait avec son temps, estimait-il.

— Quand j'ai eu mon diplôme, j'ai reçu plein de propositions de travail aux States mais on m'a offert un bon poste ici et je n'ai pas pu refuser parce que bon, sans fausse modestie, il n'y a pas des tonnes de gens qui ont ma qualification, ici. Cette banque a bien compris que l'avenir du Maroc appartient au secteur privé. Comme tous les autres pays du tiers-monde, nous avons constitué un énorme système public après l'indépendance, mais les autorités, à commencer par le roi lui-même, savent bien que nous ne pourrions pas aller de l'avant en continuant à financer des industries obsolètes et à entretenir une bureaucratie qui n'a plus de sens dans le monde moderne. Nous allons vers une forme de capitalisme populaire où l'initiative individuelle sera récompensée, où chaque citoyen pourra devenir actionnaire. C'est pour cette raison qu'il est si important de privatiser la Bourse, symbole d'une nouvelle ère économique. En plus, Dieu merci, nous vivons dans une société relativement stable, ce qui n'est pas très courant dans la région, il faut bien le dire… Notre souverain a toujours veillé à ce que nous restions un pays très centré sur l'agriculture et de ce fait, contrairement à l'Algérie ou à la Tunisie, nous n'avons pas eu des millions de paysans illettrés débarquant dans les grandes villes pour trouver du travail. Autre point positif, la monarchie a tenu à conserver les principes islamiques tout en reprenant les règles économiques de l'Occident, de sorte que nous ne sommes pas menacés par les intégristes musulmans comme les Algériens en ce moment, nous n'avons pas de surenchère sur le plan religieux.

— Vous-même, vous êtes musulman pratiquant ? l'ai-je interrogé.

Idriss Amine a soupesé sa réponse un bon moment.

— Je suis un musulman moderne, a-t-il fini par dire. L'islam est ma foi, Allah est mon Dieu… et je ne perds jamais de vue la balance des résultats, aussi.

Le brasseur d'affaires au vocabulaire forgé à Harvard et à la garde-robe parisienne, revenu dans une ville qui est musulmane sans l'être, peuplée de gens qui se comportent comme s'ils étaient des Européens du Sud que le sort avait placés du mauvais côté du bassin méditerranéen. Il était chez lui et disposait d'une ligne de capital que lui avait confiée une grosse banque d'investissements occidentale. Il était rentré au pays et il avait des projets, de grands projets.

— Dans le tiers-monde, on n'a pas l'habitude de rencontrer de bons investisseurs, mais je vous garantis que ce pays a besoin de gens comme moi. Parce que c'est grâce à nous que « les choses arrivent ». Tenez, si vous revenez à Casa avant la fin de l'année, il y aura six nouvelles compagnies en plein rendement, toutes financées par des capitaux-risques que j'ai captés et que je mets en place en ce moment. Et si les autorités ont assez de jugeote pour encourager plus de types comme moi, qui savent aller chercher les capitaux en Europe et aux States, le Maroc peut vraiment décoller. Nous avons pour nous l'emplacement géographique, les ressources naturelles et la main-d'œuvre bon marché qui nous permettraient de devenir le Singapour ou le Taiwan de la côte atlantique. Pour commencer, il faudrait redonner à Tanger son statut de ville franche, de plaque commerciale offshore, et tout bâtir à partir de là. OK, ça paraît un peu dingue, surtout avec les années de repli économique que nous avons eues ici, mais avec le temps et des avantages fiscaux attractifs, tout le pays serait transformé.

J'ai pensé aux petits futés plantés à chaque coin de rue et proposant de servir de guides aux touristes en échange de quelques dirhams, à ces hommes du souk qui gagnaient leur vie en rechargeant des briquets à essence ou en vendant des bouts de canalisation, aux villages de l'intérieur du pays que j'avais vus lors d'un voyage précédent, où des familles nombreuses s'entassaient dans des cahutes d'une seule pièce et vivaient à un rythme que même le trépidant XXe siècle n'avait pas modifié, au « maalech » ponctuant tant de conversations et à ses répercussions sur la psychologie collective, mais quand je suis sorti de mes réflexions pour porter à nouveau mon regard sur Idriss Amine, c'était un autre Maroc que j'avais sous les yeux. Je n'ai pu m'empêcher de lui demander s'il était optimiste à ce point quant aux capacités de réinvention de sa nation. Il a souri.

— Oui, je crois comprendre où vous voulez en venir. Vous vous dites que je suis un diplômé d'Harvard qui a passé trop de temps loin des réalités du Maroc. Mais laissez-moi vous expliquer quelque chose. Vous voyez ce bonhomme, là-bas ? – Il m'a montré par l'une des fenêtres de son bureau un vendeur ambulant qui avait installé sur le trottoir un petit étal d'objets hétéroclites. – Vous savez ce que nous avons en commun, lui et moi ? La rue. Ce ne sont pas les lois qui créent un marché, c'est la rue. J'ai confiance dans l'avenir de ce pays parce que nos rues n'ont jamais connu autant d'échanges, de transactions, de possibilités. C'est notre Bourse des valeurs, la rue. Notre grand atout commercial. Si nous arrivons à orienter le dynamisme de la rue dans le bon sens, nous pouvons vraiment exploser, économiquement parlant.

J'ai regardé avec plus d'attention le camelot en bas, qui a levé la tête et m'a observé à son tour. C'était M. Cartier, le garçon qui m'avait brandi son poignet sous le nez à mon premier matin à Casablanca en exigeant que je lui achète l'une de ses montres de contrefaçon. Me reconnaissant sur-le-champ, il a une nouvelle fois projeté sa main en l'air, exhibant trois fausses Cartier. Amusé, Idriss a ouvert la fenêtre et le camelot a aussitôt crié dans ma direction :

— Nouvelle offre ! Trois cents dirhams !

— Dites deux cent cinquante, m'a conseillé Idriss sous cape.

— Mais… je n'en veux pas, de ses montres !

— Vous lui avez déjà fait une offre ?

— Oui. Cent dirhams.

— Et quel était son prix de départ ?

— Mille.

— Et vous rechignez à payer deux cent cinquante ?

— Comme je vous l'ai dit, je n'ai pas besoin de montre.

— Alors, vous la donnerez à quelqu'un, mais proposez quand même deux cent cinquante, juste pour le plaisir.

— Le plaisir de quoi ?

Il m'a observé comme s'il n'avait encore jamais entendu pareille idiotie.

— Le plaisir de faire une affaire, voyons !

J'ai crié le montant suggéré par la croisée. M. Cartier a tapé du pied, secoué la tête, mais soudain il a haussé les épaules, un geste indiquant que nous étions enfin parvenus à un accord.

J'ai pris congé d'Idriss Amine et je suis sorti dans la rue. Et j'ai acheté la montre, évidemment.

4

Midnight Money

Il est minuit à Sydney. C'est une nuit d'été molle et humide, une de ces nuits des antipodes où votre chemise vous colle à la peau, où la sueur perle sur votre front et où l'air est un mélange aromatique de bougainvillées, de sel marin, de fumée de cigarette et de l'odeur toujours plus forte des restes d'un repas thaï à emporter. Vous êtes assis sur une terrasse en bois qui domine une anse naturelle dans la banlieue de Mosman. À vos pieds, il y a le ressac du Pacifique et, en contrepoint à ce métronome aquatique, le concert des carillons éoliens pendus sur la demi-douzaine de balcons qui surplombent la crique. Une bouteille de chardonnay Hunter Valley est débouchée, la quatrième depuis le début de la soirée. Vous trinquez avec vos amphitryons, un couple de spécialistes de la finance dans la quarantaine. Une douce ivresse s'insinue dans l'atmosphère et vous vous glissez dans le rôle du spectateur envieux : pourquoi êtes-vous allé vivre sur une petite île brumeuse et froide alors que tout ceci, le pays du Lotus, le continent à l'autre bout du monde, la *dolce vita* sur le parallèle 34 Sud, pourrait être à vous…

Soudain, pourtant, quelqu'un évoque la crise économique que traverse le pays et cette bulle d'utopie explose. Paradis trouvé… et paradis perdu.

Il est minuit à Sydney et vous êtes dans une pièce grande comme un demi-terrain de foot, entièrement vitrée sur trois pans, planant au vingt-septième étage au-dessus du centre de la ville. Si vous vous placez au milieu de cette salle et que vous laissiez errer votre regard par les grandes baies, vous pouvez presque vous convaincre que vous êtes le passager d'une station spatiale. Approchez des fenêtres et vous aurez une vue panoramique de la métropole en robe du soir. Les autres gratte-ciel du quartier des affaires vous baignent dans un halo fluorescent et, juste derrière ce rideau de lumière verticale, les eaux sombres du port forment des motifs à jamais changeants. Les villes du Nouveau Monde sont toujours plus séduisantes une fois la nuit tombée, quand leur anguleuse et agressive modernité est adoucie par le jeu des illuminations et de l'obscurité. Pas étonnant qu'une telle apparition nocturne ait excité tant d'appétits prédateurs : plus qu'aguichante, Sydney la nuit resplendit de promesses vénales.

Dans cette salle, toutefois, personne ne s'intéresse à la vue sur Sydney. Les sept personnes encore au travail à cette heure tardive ont leur attention entièrement absorbée par les chiffres verdâtres qui courent sur leurs écrans d'ordinateur. Rattachées à leur téléphone comme à un cordon ombilical plastifié, elles sont en communication avec New York, Londres, Paris, Francfort… Malgré les tenues décontractées – jean, short et tee-shirt sont la règle –, il règne dans cette salle le silence tendu qui vous rappelle ces films où l'on voit des experts militaires surveiller les mouvements de l'ennemi dans un QG souterrain ultra-sophistiqué. C'est la même concentration, la même sensation d'un danger impalpable, sinon que l'« ennemi » n'est ici que le marché mondial : ces bourreaux de travail spécialisés dans les échanges internationaux savent que leur survie professionnelle dépend de leur capacité à jongler avec tous ces chiffres.

— On est la patrouille de nuit, m'explique Robbo, le chef de la bande. Ceux qui jouent avec l'argent de minuit.

« Midnight money[1] » : quand l'aube d'un jour nouveau est encore loin à Sydney, les acteurs financiers de Londres viennent d'achever de déjeuner et ceux de New York en sont à leur collation matinale. Tandis que les places boursières d'Australie dorment, celles d'Europe et d'Amérique bouillonnent d'activité. Alors, dans ce vaste bureau comme dans tant d'autres à Sydney, les veilleurs de nuit de la haute finance gardent l'œil sur les marchés de l'Ouest jusqu'à ce que ceux d'Extrême-Orient reprennent vie.

— Nous sommes là jusqu'au matin pour prendre des positions qui détermineront l'ouverture des cours chez nous demain, explique Robbo. Et quand notre quart est terminé, eh bien, on va à la plage !

Il est midi à Sydney. Les insomniaques du trading sont maintenant sur le sable de Bondi, où leur décon-

1. Référence à l'expression « to burn the midnight oil », brûler la chandelle par les deux bouts. *Midnight Oil*, qui en argot américain peut aussi désigner le sperme, était également le nom d'un groupe de rock australien très populaire à partir des années 1980.

traction et leur flegme de surfeurs paraissent mieux adaptés à ce décor qu'au vingt-septième étage d'un immeuble d'affaires. Leurs postes sont pour l'heure occupés par l'équipe de jour, des costumes-cravates aux cordes vocales dignes de chanteurs de heavy metal. Ils sont une soixantaine à animer ce souk électronique, parlant tous ensemble dans leur combiné ou leur micro, soixante conversations tonitruantes et menées à un train d'enfer.

C'est ce tapage assourdissant qui frappe d'abord, lorsqu'on entre dans la salle pendant la journée. Deuxième constat : personne n'a l'air d'avoir plus de vingt-cinq ans, y compris deux ou trois ingénues qui semblent à peine sorties du lycée. Même les quelques vétérans trentenaires conservent une allure très juvénile, partageant la même attitude assurée d'une jeunesse gagnante, consciente de former l'élite de la firme qui les emploie, la section la mieux payée.

— Leur job est le plus sexy de tous, constate Johnno en jetant un regard circulaire sur la salle de trading en pleine ébullition. Et ils en ont conscience, ces empaffés ! Ils sont venus bosser ici parce que nous sommes la banque australienne qui a la réputation d'avoir les deals les plus chauds de la place. Pas la plus « grosse », mais certainement la plus dans le coup.

Il marque une pause, observant encore le pool de traders trépidants, puis reprend :

— Bien entendu, tous ces jeunots savent qu'ils sont comme des sportifs dans leurs meilleures années, et que nous les garderons dans l'équipe tant qu'ils seront au summum de leur forme. Bon, la plupart des sportifs commencent à décliner après trente-cinq ans, pas vrai ? Eux, ce sera pareil et au fond d'eux-mêmes ils en ont conscience.

Mais lui, qui semblait être au bord de ce précipice de l'âge, comment s'était-il débrouillé pour ne pas être impitoyablement mis au rancart de la prestigieuse section ? Johnno a eu un bref sourire.

— Très simple, vraiment. J'ai rendu mon maillot et je suis passé entraîneur.

À l'évidence, il aimait les métaphores sportives, et aussi la familiarité des vestiaires dont était teinté son surnom, Johnno sonnant beaucoup plus « Australian cool » que son véritable – et très british – nom complet, Jonathan Winston Pendleton. Or j'allais bientôt m'apercevoir que cette nuance de simplicité bon enfant était une composante essentielle de la personnalité du courtier australien : plus on jouait au « bon gars » sans prétention, plus il était facile de dissimuler les pulsions agressives qui ont fait de Sydney une place financière particulièrement dynamique et mouvementée, ces dernières années. Un endroit où presque tous les coups étaient permis, et qui m'a convaincu que je devais me méfier de ceux qui manifestaient un excès de bonhomie.

Johnno n'en rajoutait pas trop sur ce plan, et c'est pourquoi mon instinct m'a dit qu'il devait être plutôt fiable. Il n'était pas frimeur non plus, son costume en tergal et sa barbe déjà grisonnante lui conférant une dégaine de maître assez sympathique. J'ai eu une confirmation de ce trait de sa personnalité lorsque je lui ai demandé s'il devait parfois se confronter à des traders qui avaient tendance à jouer les vedettes.

— Nous ne tolérons pas ça une minute, ici. Si quelqu'un attrape la grosse tête, on se le bouffe au petit déj ! Je veux dire que l'étage du trading, ce n'est pas un endroit pour le star-system. Même moi, qui ai plus de bouteille que pratiquement n'importe qui ici, je ne me prends pas au sérieux. Après tout, je suis arrivé dans cette branche par hasard, alors j'essaie de garder de la distance.

Il venait des « Westies », sobriquet donné à l'immensité banlieusarde qui s'étend à l'ouest de Sydney, une mer sans fin de pavillons bon marché ayant envahi l'élégante ligne côtière de ce coin d'Australie. Ici, plus d'un rêve d'immigré s'était brisé sur la triste réalité d'un habitat en toc qui bouillait sous le soleil des antipodes, juste à côté de la ville la plus « in » du continent. En dépit de son nom aux allures patriciennes, Johnno était le fils d'un humble fonctionnaire. Il n'avait choisi le secteur bancaire que parce qu'il avait pu aller à l'université grâce à un programme d'aide aux études développé par l'une des principales banques australiennes.

— C'est marrant, a-t-il déclaré, mais si je me suis mis dans la banque d'affaires, c'est pour… cinq dollars ! À dix-huit ans, une compagnie d'assurances m'a proposé une bourse pour aller à la fac, mais celle de la banque me donnait cinq dollars de plus par semaine. Je me suis dit que ça me paierait quelques bières supplémentaires, le week-end. Une fois mon diplôme obtenu, c'est un simple coup de bol qui m'a amené au trading. J'ai commencé comme assistant du directeur général, un poste qui impliquait des responsabilités aussi prestigieuses que sélectionner un chauffeur pour ce salaud, ou mentir à sa femme quand elle cherchait à lui parler au téléphone. À l'époque, la salle de trading n'était pas grand-chose, parce que c'était il y a une dizaine d'années, encore le Moyen Âge de la finance en Australie ; elle a connu une de ces purges sauvages qui l'affectaient régulièrement et un certain nombre de petits jeunes comme moi ont décidé d'aller en tâter.

Le premier arrivé est devenu le dealer en chef, et comme je suis arrivé une demi-heure après lui j'ai été nommé son adjoint !

Dès le début, l'aspect « drogue dure » du travail avait consisté à décrocher le téléphone et à accepter une transaction de plusieurs millions de dollars en sachant que la banque serait forcée de l'endosser.

— Certains des types avec qui je travaillais manquaient de s'évanouir chaque fois qu'ils prenaient des positions à sept zéros ; ils avaient la nostalgie de la banque traditionnelle, où une com de quinze dollars sur une opération paraissait exorbitante. Moi, j'ai tout de suite été accro. Dans ce boulot, il y a deux règles fondamentales : savoir prendre une décision calculée et être capable de ne jamais regarder en arrière. Il faut faire son choix, s'y tenir bec et ongles et continuer au coup suivant. Gratification immédiate : qu'est-ce que j'ai gagné, aujourd'hui ? comment j'ai résisté sur le marché ? est-ce que mon concurrent en a eu une paire plus balèze que la mienne ? Compétition intelligente. Petit problème : c'est une substance si forte que tu peux vraiment péter un câble. C'est pour ça qu'il faut toujours garder en tête les paramètres, dominer ses impulsions.

Johnno savait parfaitement jusqu'où il pouvait aller avant de tomber dans une impasse. À son âge, il se rendait compte qu'il était en train de perdre l'énergie et les nerfs d'acier dont il avait fait preuve au cours de la décennie précédente, et afin d'éviter d'être mis au rancart comme certains de ses collègues il avait rejoint la branche administrative de l'entreprise dans le but de devenir l'instructeur des nouveaux venus.

— Je suis comme un président de club de foot, quand il s'agit de sélectionner mon équipe. Diplômés, d'accord, mais même quelqu'un qui n'a pas de titre peut me convaincre d'avoir l'adrénaline qu'il faut pour ce job. Résistance, rapidité d'analyse, c'est la base sur laquelle on peut développer sa technique. Et, bien sûr, être assez souple pour comprendre la règle numéro un : quand tu es derrière, ou trop devant, défausse-toi ! Nous ne voulons pas de mauvais joueurs, ici, c'est-à-dire ceux qui s'entêtent à rester à la table de jeu alors qu'il aurait été raisonnable de la quitter depuis longtemps.

L'esprit d'équipe était une facette importante de ce travail, d'après Johnno. Il m'a confié que « ses » traders se retrouvaient souvent au bar le soir ou à la mer le week-end, et qu'il n'était pas rare que des liaisons se nouent entre garçons et filles de son groupe, sans doute pour connaître l'insigne félicité de pouvoir discuter du cours probable du yen dans les prochains mois après avoir fait l'amour… Pour sa part, il en était au stade où il essayait d'avoir une vie en dehors du bureau et de la pression des marchés. Marié à une femme médecin, il avait un cercle d'amis qui se souciaient comme d'une guigne du cours du yuan. En dépit du cordon sanitaire qu'il avait établi entre son existence personnelle et la salle de trading, il voyait bien que certains traits de la profession avaient déteint sur lui, comme le fait de hurler dans le téléphone ou d'être incapable de mener une conversation normale au restaurant – d'après sa femme –, en raison de sa tendance à laisser son ouïe hyper-sensible capter tout ce qui se disait aux autres tables.

— La principale différence entre le statut d'entraîneur et celui de joueur, a-t-il observé, c'est qu'un joueur doit se donner en permanence. Ces jeunes se rendent compte qu'ils connaissent leurs cinq minutes de gloire, que le fix du deal permanent ne pcut pas durer à jamais, que leur carrière au trading est aussi intense que temporaire…

— Et quand on leur dit qu'ils ont fait leur temps, que deviennent-ils, en général ?

— Bizarrement, la plupart quittent la finance. Baladez-vous à North Sydney ou sur la côte et vous tomberez sur des dizaines d'anciens traders qui font maintenant dans la boulangerie, qui ont ouvert des magasins de vin ou des pépinières…

— Ça semble un peu régressif, après ce qu'ils ont connu, non ?

Johnno m'a dévisagé.

— Une fois qu'on a joué en première division, « tout » ce qui vient après est une régression.

Vingt-sept étages plus bas que l'aire de jeu de Johnno se trouvait le Sydney Stock Exchange, la Bourse australienne. Si l'accès à la corbeille était réservé aux traders, les spectateurs de passage et les parieurs invétérés étaient autorisés à suivre la séance derrière un grand panneau de verre insonorisé. Regarder ces garçons et ces filles s'activer dans cet espace relativement modeste – à peu près de la taille de celui de Casablanca, avec le même tableau noir anachronique dominant la scène –, c'était comme assister à une rencontre d'un sport silencieux et complexe disputée par des joueurs de haut niveau. Et Johnno avait raison : cette activité était faite pour de jeunes athlètes, qui se donnaient à fond jusqu'au moment où ils sentiraient que l'énergie leur échappait, et où ils se réveilleraient un matin en se demandant : « Pourquoi diable je me suis démené comme ça ? »

C'était la vraie fille de l'éternel été, blonde, vigoureuse et bronzée depuis le berceau. Si nous avions été aux États-Unis, elle aurait sans doute été pom-pom girl dans sa prime jeunesse, un archétype de la franchise naïve du Nouveau Monde, avec ses cheveux couleur de blé et son visage lisse. Mais c'était une autre version du Nouveau Monde, ici, celle des antipodes, et elle donnait l'impression d'être l'une de ces filles qui savent aussi bien se débrouiller sur une planche de surf que s'imposer dans une culture fière de sa virilité intrinsèque. Et puisque nous nous trouvions dans un établissement bancaire, son allure de surfeuse était atténuée par les attributs de la respectabilité professionnelle, en l'occurrence une robe à motif floral et un collier de perles.

— Ce n'est pas à moi que vous devez parler, m'a fait remarquer tranquillement Jane Howard lorsque Johnno nous a présentés. Je ne connais rien à rien au fonctionnement de la boîte : je suis à la banque depuis à peine une semaine.

— Une semaine ? Vous plaisantez ?

Nullement. Elle n'avait rejoint l'équipe de Johnno que sept jours plus tôt, après une année au département des devises d'une firme concurrente. Et avant cela ? Infirmière dans un immense élevage de moutons du Territoire du Nord, ce Far West australien.

— Il n'y a pas si longtemps, je pansais des mecs amochés dans des rixes de bar et maintenant j'achète et je vends des devises à Sydney ! « D-marks », la monnaie allemande dans notre jargon : il y a deux ans, on m'aurait demandé ce que c'était, j'aurais répondu : « Un nom de bière pour gens friqués »…

— Qu'est-ce qui vous a fait partir de ce trou perdu ?

— Mon copain. Il en a eu marre d'essayer de fourguer des polices d'assurance aux ploucs de l'outback et il a débarqué à Sydney. En deux mois, il a trouvé un boulot dans la branche financière. Mon choix était simple : rester infirmière dans le Nord à treize mille dollars annuels et oublier ce type, ou tout plaquer et le rejoindre dans la grande méchante ville… – Elle m'a jeté un regard chargé d'ironie. – Cherchez pas, c'est l'argent qui m'a décidée. Surtout quand ce salaud m'a dit qu'il se faisait quarante mille par an.

Donc, Jane était arrivée à Sydney en plein boom financier et elle n'avait eu aucun mal à opérer la transition entre les pansements et les actions. Au point qu'elle se retrouvait maintenant dans la salle de trading la plus excitante du continent.

Nous bavardions dans un petit salon de l'étage destiné à la « pause-clope » des traders. Si elle ne fumait pas, elle était shootée à la caféine : elle a avalé à la suite plusieurs tasses de mauvais café de machine de bureau. À un moment, deux jeunes femmes sont entrées ; elle leur a fait signe de nous rejoindre.

— Je vous présente Liz et Arabella. Mes complices.

À vingt-deux ans l'une et l'autre, elles avaient été embauchées ici peu après avoir terminé l'université de Sydney. Arabella était l'une de ces filles à la minceur anorexique qui apprécient les tailleurs-pantalons aux épaules rembourrées ; quant à Liz, ses lunettes à monture en écaille, sa tenue impeccable et son vocabulaire truffé de termes techniques lui promettaient un avenir haut placé dans la hiérarchie bancaire.

— Vous savez comment on nous appelle, à Sydney ? m'a-t-elle demandé. « La banque qui sait vivre. » Pourquoi ? Parce que la culture d'entreprise, ici, c'est : gros profits, gros avantages pour ceux qui les engrangent.

— Il n'existe pas un nouveau restaurant à Sydney où nous n'avons pas déjeuné, a renchéri Arabella.

— Ouais, a fait Liz, et je ne t'ai jamais vue payer l'addition.

Arabella lui a répondu par un sourire effronté avant de se tourner vers moi.

— Si vous aviez vu Liz le jour où elle a démarré à notre étage… Elle croyait que le monde entier était catholique. Elle le croit toujours, d'ailleurs.

— Ces deux-là n'arrêtent pas de se charrier, m'a expliqué Jane. Elles pensent que c'est bon pour garder l'esprit de compétition.

— Ah, elle n'est là que depuis une semaine et elle se prend déjà pour la psy du département ! a rétorqué Liz. Ou l'infirmière en chef ?

— C'est toujours comme ça, vos pauses-café ? me suis-je enquis.

— Pire, en général, m'a informé Arabella.

— Surtout s'il y a des mecs autour, a complété Liz.

— Et les mecs font un peu la loi ici, non ?

— « Un peu » ? s'est récriée Arabella. Ils font « complètement » la loi, oui !

— C'est encore très macho, effectivement, a confirmé Liz. Quand j'ai commencé au bureau des devises, ils sortaient sans arrêt des blagues vraiment impossibles.

— Surtout pour une bonne petite catholique, a persiflé Arabella.

— Maintenant, a poursuivi Liz, si j'entends une blague dépourvue de sous-entendus salaces, je me demande si c'en est réellement une. Travailler ici, ça vous endurcit.

J'ai demandé aux trois filles si brasser de telles sommes ne les rendait pas parfois nerveuses.

— Oh, ce n'est pas comme du « véritable » argent, a répondu Jane, ça devient abstrait, tout ça. Au début, les chiffres vous donnent le tournis, oui, mais on s'habitue à traiter des sommes colossales. Il y a des côtés assez bizarres à ça : l'autre jour, je devais remplir un chèque de cent dollars et, machinalement, j'ai écrit « un million » parce que c'est le genre de montants qui me passent entre les mains au travail.

— En fait, on ne pense pas beaucoup au facteur risque lui-même, a expliqué Liz ; ce qui préoccupe plus, c'est la marge d'erreur dont il faut tenir compte. C'est un jeu très précis et très… compétitif.

— Compétitif à quel point ? ai-je voulu savoir.

— Au point que tout le monde veut être le numéro un, a répondu Arabella. Chacun veut être la source de profit majeure du service auquel on est affecté. Pour une raison simple : on a tous conscience qu'on peut être viré du jour au lendemain. Il faut se donner entièrement tout en essayant de ne pas trop s'impliquer sur le plan émotionnel ou financier, parce qu'on sait qu'on ne sera peut-être plus là dans une semaine. Ça crée une sorte de… tension supplémentaire.

J'ai interrogé Jane pour savoir si elle ressentait la même chose, à l'étage du trading.

— Pour moi, Sydney s'apparente à une grande ville minière : tu arrives pour gagner gros, tu réussis si tu as de la chance, et après tu te tires. Quand j'aurai trente-cinq ans, je me vois vivre en banlieue, avec des enfants et inscrite à un club de tennis. Tout ce que j'attends de mon passage ici, c'est une certaine indépendance financière. C'est important, pour une femme. Ce qui fait que je refuse de me laisser trop stresser par le travail. Je veux dire, je n'ai pas envie de terminer avec un infarctus.

— Pas comme ce pauvre George, a complété Liz.

— Ouais, a soupiré Arabella. Triste histoire.

— Qui est George ? ai-je demandé.

— Un de nos traders, a dit Liz.

— Crise cardiaque, a expliqué Arabella. Il a dû laisser tomber.

— À seulement vingt-sept ans, a noté Liz.

— Et qu'est-ce qui l'a fait… craquer ?

— Un gros coup spéculatif sur le deutsche mark, a-t-elle répondu laconiquement.

Sydney, ville minière. La cité de l'or, qui ne demandait qu'à être percée et pillée : la comparaison était juste et, comme partout où des pépites du précieux métal venaient d'être mises au jour, les prospecteurs y affluaient dans l'espoir de découvrir le filon qui les mettrait à l'abri pour le restant de leur vie.

Certes, toutes les grandes villes sont en fin de compte des mines qui offrent la promesse de richesses inépuisables dans leurs entrailles, mais le marché financier de Sydney à cette époque rappelait vraiment la ruée vers l'or, à commencer par le fait que nombre de ceux qui étaient venus creuser savaient qu'ils ne survivraient pas à un long séjour dans les galeries. Dans les remarques amusées de Jane, Liz et Arabella, j'avais remarqué une sorte de joyeux fatalisme, comme de la résignation devant la brièveté inévitable de leur succès, marqué au sceau indélébile d'une « date-limite de vente ».

C'était assurément une étrange façon de vivre ses vingt ans que se plonger dans un travail exigeant, très bien rémunéré mais limité dans le temps et sans autre perspective concrète une fois passé le seuil fatidique du trentième anniversaire. La crise de la quarantaine prématurée était garantie, dès lors que l'on quittait la salle de trading sans avoir la moindre idée de ce que l'on allait faire du reste de sa vie. Pas étonnant que tant de ces jeunes aient fonctionné avec pour seule idée d'arriver le plus loin le plus vite possible : quand on sait que l'on n'a que peu de temps devant soi, n'est-il pas tentant de se hâter de rafler tout ce qui passe à sa portée ? Dans la culture agressive des années 1980, ces jeunes rapaces semblaient personnifier l'éthique de la cupidité socialement tolérée et même encouragée. Pourtant, leur attitude n'était-elle pas une réaction naturelle à leur environnement ? Et si ce n'était que l'appât du gain qui les poussait à rester quatorze heures d'affilée dans la fosse aux serpents financière, pourquoi un si grand nombre d'entre eux se rabattaient-ils sur des activités sans ambition après avoir quitté l'arène ? Perdaient-ils tout instinct de compétition au bout de dix ans à hurler dans des téléphones, ou bien avaient-ils dès le départ choisi une voie peu ambitieuse ? La soif de l'argent conduisait-elle logiquement à une existence banale, une décennie de travail forcené dans le seul but d'avoir de quoi mener une petite vie tranquille en vendant des bouteilles de cabernet-sauvignon ? Ou bien cette recherche de banalité après les moments trépidants de la corbeille était-elle inspirée par l'anxiété, la peur qui s'emparait d'eux lorsqu'ils se rendaient compte que cette agitation était finalement dangereuse pour la santé, qu'un mauvais comportement du deutsche mark pouvait leur occasionner des troubles physiques de toutes sortes ?

C'était un peu comme être accepté dans un casino, une salle de jeu à haute sécurité parce que ceux qui la fréquentaient étaient le genre de gros parieurs qui avaient besoin d'être protégés. L'accès était discret, une fissure étroite dans la montagne de béton que formaient plusieurs immeubles de bureaux. À l'entrée, le filtrage était impressionnant : caméras de surveillance, tourniquets électroniques, détecteurs de métal et un trio de mastards surveillant une batterie d'ordinateurs et de téléphones, et interrogeant poliment les nouvelles têtes qui osaient s'approcher de ce barrage.

Les habitués se reconnaissaient facilement à leurs tenues bariolées. À carreaux orange, à pois roses, à reflets vert émeraude, leurs vestons rappelaient l'accoutrement des surréalistes des années 1920 ou la garde-robe de Bozo le Clown. Si vous ne portiez pas l'un de ces vêtements extravagants et si vous n'aviez pas votre carte de membre à présenter à la sécurité, vous deviez vous préparer à un interrogatoire sérieux. Si vous aviez l'intention de visiter le « casino », la sécurité était encore plus stricte : après en avoir fait la demande par téléphone au moins vingt-quatre heures à l'avance, vous deviez attendre que le « croupier » supervisant votre visite confirme son accord au poste de garde, puis confier votre sac à l'entrée, passer sous l'arche du détecteur et fixer sur votre poitrine un badge d'invité. Pour franchir les tourniquets, il fallait que votre hôte ou hôtesse se présente en personne et vous donne enfin accès à la Bourse de Sydney.

La mienne s'appelait Wendy. C'était une femme toute menue, plus très jeune, au sourire fatigué mais engageant. Quand nous avions fait connaissance lors d'un dîner chez un ami commun à Sydney, sa silhouette svelte et le casque de boucles blondes serrées qui entourait son visage m'avaient rappelé une actrice de cinéma muet, Mary Pickford peut-être. Dix ans après avoir émigré sur les rives de Terra Australis, elle conservait l'accent du nord-ouest de l'Angleterre. Compte tenu de son allure d'ingénue britannique, il était un peu surprenant de l'entendre se servir avec volubilité du jargon financier le plus élaboré, et d'apprendre qu'elle descendait dans la corbeille boursière chaque jour, « avec le badge blanc », ainsi qu'elle me l'a précisé mystérieusement. Lorsqu'elle m'avait proposé de venir voir comment cela se passait, j'avais sauté sur l'occasion et nous avions pris rendez-vous la semaine suivante.

— Désolée pour la sécurité, m'a-t-elle dit en me conduisant à l'escalier menant à la salle des échanges, mais ils ne prennent aucun risque. Il suffirait qu'un branleur vienne faire du foin ici pour que ça sème la panique sur tous les marchés.

— J'aime beaucoup votre veste, ai-je observé en regardant le vêtement bigarré sur fond violet éclatant qu'elle portait au-dessus de sa jupe.

— Ouais, c'est génial. Une pièce originale de Karl Lagerfeld.

De l'étage nous parvenait une rumeur étouffée mais puissante, celle que l'on peut capter aux abords d'un stade, un soir de finale. Elle s'est amplifiée à mesure que nous montions les marches, si bien que j'ai eu l'impression que j'allais vraiment pénétrer dans une enceinte sportive aux gradins bondés. Après avoir franchi deux portes battantes, toutefois, c'est dans un maelström expertement chorégraphié que je suis entré.

Habitué à traîner dans divers centres financiers au cours des derniers mois, je ne redoutais plus la cacophonie des traders au travail. Pourtant, rien de ce que j'avais connu ne me préparait au chaos assourdissant de la place boursière de Sydney. C'était comme se retrouver projeté au milieu d'un souk où tous les marchands et les chalands fonctionneraient à la dexedrine, un espace où les achats et les ventes se produisaient à la vitesse de la lumière, avec pour fond sonore le jacassement continu de l'activité spéculative sur une cadence de 78-tours. La vue des courtiers amassés autour de petites fosses surplombées par des moniteurs me suggérait de nouveau l'image du casino. Cela aurait pu être des joueurs encerclant la table de dés, de black-jack ou de roulette dans un établissement de jeux de Monte-Carlo, d'Atlantic City, de Las Vegas ou de Reno. Seule différence, le hasard avait ici pour vecteurs les fonds à quatre-vingt-dix jours, les dollars australiens ou américains, les bons du Trésor, l'or et même le bétail. Comme il s'agissait d'un marché de contrats à terme, le jeu consistait à acheter une quantité déterminée de produits à une date ultérieure mais à un prix fixé en ce moment même. Autrement dit, les courtiers évaluaient le prix de ce que leurs clients voudraient posséder dans le futur, et ils le faisaient en beuglant leurs offres dans une polyphonie qui n'était pas sans rappeler la criée des marchés d'antan.

La criée. Un terme chargé d'images qui évoque l'opéra et le psychodrame, deux aspects dont la Bourse de Sydney était amplement dotée, la négociation se menant avec de grands gestes théâtraux et des explosions de voix passionnées. Après m'avoir casé sur une petite plate-forme d'observation, Wendy est redescendue dans la corbeille et s'est mise aussitôt au travail. J'ai eu l'impression qu'elle cherchait à accomplir un curieux exploit, celui de s'époumoner et de pratiquer le langage des signes en même temps. Et pour cause : tout en rivalisant de puissance vocale avec ses adversaires, elle adressait en agitant les mains des messages complexes à un collègue installé devant plusieurs téléphones. Un mouvement de l'index droit dans le genre « Viens par ici », puis sa main fusait en l'air, puis se portait à son front, puis passait en flèche sous son menton dans une gestuelle qui signifie généralement « Vaffanculo ! » chez les Italiens... Après la séance, Wendy allait m'initier à cette remarquable codification : le « Viens par ici » voulait dire « Je veux acheter », alors que lever la main comme un policier à un barrage routier signalait l'intention de vendre ; avec les doigts en l'air, on indiquait les chiffres de un à cinq, et de six à neuf avec les doigts inclinés sur le côté, tandis que le poing serré représentait zéro ; pour exprimer les dizaines, on se touchait le front, et le mouvement sur le menton servait à exprimer le nombre de lots que l'on désirait vendre ou acheter.

Ainsi, un trader dans la corbeille des fonds à quatre-vingt-dix jours qui ferait « stop » avec la main avant de se taper le front avec deux doigts, puis d'en lever quatre et de terminer avec le poing fermé, aurait envoyé le message suivant : « Je veux vendre vingt à quarante. » Et si une transaction tournait mal pour lui, il passerait vite son majeur sur sa gorge comme s'il se la tranchait, ce que son coéquipier comprendrait comme : « Aide-moi, je suis baisé ! »

Il y avait aussi des gestes pour nommer les sociétés de courtage présentes dans la corbeille, et d'autres destinés à désigner individuellement les opérateurs. Wendy m'a ainsi appris qu'elle était connue ici sous la forme de deux claquements de doigts impatients, parce qu'elle était réputée pour sa redoutable rapidité.

Elle a ajouté non sans une certaine fierté que, si vos concurrents n'avaient pas inventé un signe pour vous nommer, c'est que vous étiez un acteur négligeable sur la place boursière.

En plus de ce glossaire signalétique plutôt compliqué, il fallait aussi tenir compte de toute une hiérarchie spécifique à ce petit monde. Comme à l'armée, le rang était symbolisé par des galons, en l'occurrence des badges de diverses couleurs. Wendy, par exemple, était une trader à badge blanc, c'est-à-dire qu'elle appartenait à l'élite boursière et qu'elle pouvait donc prendre des décisions sur n'importe quel marché sans avoir besoin de l'approbation d'un supérieur. En dessous de son rang venaient les badges jaunes, encore en formation et placés sous la supervision d'un badge blanc. Ensuite, il y avait les employés à badge rouge, qui ne disposaient pas des prérogatives d'un trader et se cantonnaient à des tâches administratives. Enfin, on comptait les badges bleus, appelés « les locaux », free-lances de la cotation venus soit engager leurs propres fonds, soit opérer pour le compte d'un autre trader qui ne pouvait pas être présent.

Insignes blancs, jaunes, rouges et bleus. Vestes excentriques qui signalaient l'appartenance à la corporation. Langage des signes qu'eux seuls pouvaient comprendre… C'était un pays à part, la Bourse de Sydney. Le plus étonnant étant de voir avec quelle facilité des traders comme Wendy pouvaient émerger de ce monde particulier et repasser la frontière de la normalité après trois heures de « criée ».

Quand la cloche a sonné la fin de la séance du matin et que le rugissement incessant s'est tu soudain, Wendy a disparu un instant pour revenir vêtue d'un blazer en lin crème, s'étant dépouillée de son vêtement multicolore. Je m'attendais à la trouver aussi pantelante qu'une sprinteuse après la course mais elle était parfaitement à son aise, comme si vociférer pendant cent quatre-vingts minutes d'affilée avait été une partie de plaisir. C'est avec le plus grand naturel qu'elle m'a lancé :

— Pas mauvaise, la matinée. On va déjeuner ?

Nous avons marché jusqu'au quartier dit « The Rocks », le plus ancien de Sydney, bâti à la sueur des forçats déportés en Australie, désormais une zone touristique chic où les bars à cappuccino voisinaient avec les boutiques de créateurs de mode. Wendy m'a entraîné vers la terrasse d'un restaurant à l'ombre du Harbour Bridge. Sous un ciel d'un bleu intense, avec l'activité du port dans l'immense baie et les gratte-ciel bordant l'horizon à l'est et au sud, la ville paraissait vibrante, propice à toutes les ambitions. Lorsque j'ai demandé à Wendy si c'était l'impression qu'elle avait eue en arrivant ici, et si ce contexte expliquait en partie son énergie et sa réussite, elle a eu un rire désabusé.

— Quand j'ai débarqué en Australie, j'avais vingt et un ans et j'étais mariée à un plombier. Avec pour seule ambition d'avoir une petite villa dans les banlieues à l'ouest, au milieu d'autres immigrés fauchés comme nous. Tout ça, a-t-elle dit en balayant de la main le paysage grandiose que nous avions devant nous, c'était l'irréalité complète. Surtout que je ne quittais presque jamais mon trou banlieusard…

Sa venue ici tenait beaucoup au hasard. Ayant grandi à Liverpool, Wendy ne connaissait que cette ville ouvrière quand, un dimanche de 1975, elle avait remarqué un encart publicitaire dans l'*Observer* qui vantait les mérites de l'Australie. Elle avait épousé trois ans plus tôt un garçon qu'elle avait connu au collège,

Keith. Même s'ils gagnaient tous deux décemment leur vie, lui en tant qu'installateur de chaudières pour une grosse société de plomberie, elle en tant qu'employée de bureau à la Sécurité sociale, les dures réalités de l'Angleterre des années 1970 les avaient amenés à douter d'un avenir satisfaisant dans leur pays. En conséquence, Wendy avait rempli le formulaire d'inscription et l'avait envoyé à la Maison de l'Australie à Londres. Peu après, elle avait reçu un questionnaire qu'elle avait dûment complété et posté. La surprise était arrivée bientôt : le département de l'Immigration australien indiquait que l'État de la Nouvelle-Galles du Sud manquait de plombiers qualifiés. En deux temps trois mouvements, Wendy et Keith avaient obtenu les documents nécessaires, distribué leurs biens à Liverpool et pris l'avion pour Sydney avec une valise chacun et une caisse à outils de plomberie, le service d'immigration ayant informé Keith qu'il était autorisé à apporter son équipement… et son épouse.

Trois jours après leur arrivée, Keith, encore un peu sous le coup du décalage horaire, avait trouvé du travail. Le lendemain, cela avait été le tour de Wendy, embauchée comme comptable dans une société de distribution d'appareils médicaux et dorénavant inscrite à un cours du soir en management et marketing. Leur première semaine aux antipodes écoulée, ils s'étaient installés en banlieue, dans une maison en location, et ils étaient convaincus d'avoir atteint un royaume surnaturel où tout était possible.

Et la magie avait continué, du moins pour Wendy. Six mois plus tard, elle rejoignait l'administration d'une firme spécialisée dans l'import-export de métaux. Le premier jour à ce poste, elle avait croisé dans le couloir un chef de service qui avait assisté à son entretien d'embauche.

— Oh, rebonjour, lui avait-il dit. Est-ce que vous auriez une idée de ce qu'est le marché à terme, par hasard ?

Wendy lui avait répondu que c'était justement un sujet qui figurait au programme de son cours du soir.

— Très bien, avait commenté le cadre. Vous avez de la voix, aussi ? Vous pouvez crier ? – Elle avait fait oui de la tête, interloquée. – Suivez-moi.

Wendy lui avait emboîté le pas et il l'avait emmenée directement à la Bourse de Sydney. Elle n'avait plus jamais regardé derrière elle. Quelle était la force miraculeuse qui l'avait retirée de l'ennui des emplois administratifs pour la projeter dans la sphère fascinante du marché financier ? Très simplement, le prix de l'or avait soudain gagné dix dollars le jour où elle avait débuté dans son nouveau travail. Le chef de service qui s'était souvenu d'elle était alors à la recherche de quelqu'un qui pourrait « tenir les bigos », dans le jargon du métier, en d'autres termes s'occuper des téléphones dans une petite cabine près de la corbeille, une fonction qui exigeait de solides cordes vocales puisque son titulaire devait pouvoir se faire entendre malgré le vacarme ambiant. C'est ce que Wendy avait fait une année durant, répercutant et classant les ordres d'achat, s'assurant que les traders ne vendaient pas à l'excès, apprenant les ficelles du marché à terme et découvrant qu'elle, l'épouse d'un plombier arrivée de Liverpool, avait peut-être l'étoffe pour devenir la première femme trader sur la place boursière de Sydney.

— Et c'est devenu mon but, mon rêve, m'a-t-elle expliqué. J'ai fini par en parler à mon boss, qui m'a raconté qu'il avait déjà donné leur chance à deux filles à badge jaune et qu'elles avaient terminé en pleurs au milieu de la corbeille du dollar australien. Bref, il pensait que ce n'était pas un boulot pour nous autres du « sexe faible ». J'ai dû bassiner ce salaud pendant trois mois avant qu'il consente à me laisser essayer – je l'ai vraiment eu à l'usure ! Avant de me donner un badge jaune, il devait obtenir l'accord des grands patrons de la boîte et, d'après ce qu'il a dit autour de lui, son seul argument a été que « ça ferait plaisir aux femelles de chez nous »... En plus, il a pris des paris à six contre un que je ne tiendrais pas le coup quinze jours ! D'accord, ce mec m'a permis de prendre le grand tournant de ma vie, mais à part ça il s'est montré comme tous les hommes australiens que j'ai connus : un sale gosse.

À la grande stupéfaction du sale gosse en question, néanmoins, la première femme dans le petit univers du trading australien avait non seulement résisté à la pression mais s'était révélée capable d'obtenir son badge blanc en tout juste six mois.

— J'étais la nouvelle, l'attraction, et j'en étais très consciente. Entre le marché à terme et moi, cela a été le coup de foudre immédiat. Pour moi, la corbeille est devenue la chose la plus importante au monde parce que je me suis mise à gagner quatre-vingt mille à l'année alors que jusque-là j'arrivais difficilement à seize mille en triant de la paperasse. Quand tu viens d'où je viens, un argent pareil, c'est juste... inimaginable. En fait, pour parvenir au badge blanc il a fallu que j'arrive à me convaincre que je « valais » vraiment quatre-vingt mille dollars annuels ! – Elle s'est interrompue pour allumer une cigarette, faisant claquer avec maestria le couvercle de son briquet Zippo. – Non, ce n'est pas vrai. Le plus dur à cette époque a été de voir ma vie conjugale se casser la figure. Le marché à terme a mis mon mariage par terre. Raide mort.

Les problèmes avaient commencé dès qu'elle s'était risquée à la corbeille. Tandis que tous ses collègues masculins pariaient qu'elle ne survivrait pas à l'épreuve, elle trimait quatorze heures de suite, bien déterminée à ce qu'« aucun de ces enfoirés ne gagne un rond sur mon échec ». Keith s'était retrouvé chaque soir dans une maison déserte, recevant vers neuf heures un appel rapide de Wendy qui promettait d'être de retour avant minuit. Pour quelqu'un qui s'attendait à avoir son dîner servi après une dure journée passée à déboucher des canalisations, ce n'était pas idéal. Keith n'avait pas tardé à exiger qu'elle revienne à un emploi peut-être moins fascinant mais qui lui permettrait d'être libre à dix-sept heures.

Cet ultimatum avait été une erreur tragique. Si Wendy s'était inclinée en renonçant à un avenir brillant dans la finance, elle lui en aurait voulu pour le restant de sa vie ; s'il avait échoué à la ramener à la cuisine, leur union aurait été de toute façon compromise puisqu'il aurait pris toujours plus mal le fait de se trouver devant une table vide chaque soir. « Le marché à terme ou moi », avait-il édicté, oubliant que ce genre de diktat est la roulette russe de la vie de couple : il suffit d'essayer une seule fois et on prend le risque de faire sauter tout l'édifice conjugal.

— Je ne voulais pas me séparer de lui, m'a confié Wendy, seulement Keith s'est accroché de plus en plus à ce… chantage, oui. Il me forçait à choisir entre deux éléments de mon existence qui étaient fondamentaux pour moi. Et malgré les séances avec un conseiller conjugal que nous avons eues, il n'a pas transigé. La véritable raison de cet entêtement, c'est qu'il ne pouvait pas supporter l'idée que je me mette à gagner presque trois fois plus que lui. À ses yeux, ces quatre-vingt mille dollars étaient une atteinte à son honneur de mec.

Inévitablement, l'édifice matrimonial s'était mis à vaciller et l'incompréhension s'était développée. Wendy avait décidé de vivre seule, échangeant la morosité de la banlieue australienne contre un appartement avec une vue à couper le souffle sur une baie magnifique. Le divorce était arrivé, et avec lui une phase de dépression qu'elle avait combattue en redoublant d'acharnement au travail. Sept ans plus tard, elle était l'un des traders les plus réputés et les plus expérimentés de Sydney puisque, démentant la règle, elle était toujours là après avoir dépassé les trente-cinq ans. Elle poursuivait la même existence solitaire dans le même appartement spectaculaire, et elle continuait à surmonter ses baisses de moral en travaillant d'arrache-pied.

— Il faut croire que je suis quelqu'un d'extraverti pour aimer ce boulot à ce point. Et puis, rien de tel que quinze heures à turbiner pour oublier que l'on n'a pas de vie privée, à proprement parler. De toute façon, le trading, c'est quelque chose de forcément obsessionnel. Ça correspond à un tempérament particulier. Le plus difficile à apprendre, à mon avis, c'est à évacuer sa colère. Si tu as eu une journée pourrie et que tu as perdu un paquet, il faut savoir tourner la page et repartir à fond le lendemain. Autrement, on devient dingue. J'ai eu un petit jeune que je drivais, un badge jaune, qui était tout bonnement incapable de supporter la pression ; un jour, il a pété un câble et il a balancé son poing à travers un tableau.

— Un tableau ?

— Un tableau électronique. Dix mille dollars de

technologie de pointe. Il est maître nageur quelque part dans le Queensland, maintenant... Et j'avoue que je l'envie un peu de vivre sur une plage là-bas. Parce que j'ai dépassé la longévité habituelle dans ce job, je sais que je vais devoir prendre une décision d'ici quelques années. C'est effrayant, je ne vois pas ce que je pourrai faire d'autre, après. Je veux dire : où est-ce que je vais trouver un travail qui me rapporte quatre-vingt mille pour crier toute la journée ?

Chaque vendredi après la sonnerie de cloche clôturant la dernière séance, les courtiers de la Bourse de Sydney se retrouvaient au bar de l'hôtel International pour entamer le processus d'apaisement des tensions de la semaine par des quantités de boissons alcoolisées. De gigantesques verres de bière arrivaient sur des plateaux avant de disparaître à une rapidité impressionnante. En quelques minutes, les virtuoses du marché à terme vidaient trois grands verres avec l'empressement et l'air extasié – à la « Je rêvais de ça depuis si longtemps... » – de quelqu'un qui sort du désert après des jours d'errance.

Les joueurs s'étaient dépouillés de leur uniforme, ces vestes hallucinantes, et pour le week-end tout le monde était en costume sombre, hommes et femmes.

— L'équipe a quitté le terrain, a annoncé Wendy en commandant une nouvelle tournée.

Le bar était plein à craquer. Dans cet océan de tenues de bon goût et de cous prématurément épaissis, une analyse des groupes qui s'étaient formés spontanément prouvait combien la métaphore sportive était appropriée, chacun ne buvant qu'avec les membres de sa propre division professionnelle. L'élite d'un côté, les juniors de l'autre.

— Nous autres, les badges blancs, on a tendance à rester entre nous, a reconnu Ken lorsque je lui en ai fait la remarque.

Collègue de Wendy, âgé de vingt-cinq ans, originaire du Queensland, c'était un témoignage vivant – et très musclé – des prodiges que peuvent accomplir les soins dentaires et les rayons ultraviolets.

— Le métier pousse pas mal à la schizophrénie, a-t-il poursuivi. Vous comprenez, dans la corbeille on doit se comporter comme des dingos complets, et dès qu'on en sort, il faut qu'on change d'attitude… Concrètement, on continue à se comporter comme des dingos complets, mais en plus relax ! Cela dit, avant le marché à terme j'ai été dans la salle de trading d'une banque, et question dinguerie, c'est pas mal non plus, surtout s'il y a un gros coup en vue. Mais la corbeille, c'est plus stimulant. Voilà, je sors souffler cinq minutes et brusquement j'entends ce méga bruit derrière moi, ce… rugissement, et je reviens à toute allure. L'intensité de ce truc n'a pas d'équivalence. Je ne connais pas un son plus bandant. Parce que ça signifie que tu es « vraiment » là où ça se passe. C'est sûr qu'il faut avoir une mentalité spéciale, pour ce job. Il faut être le genre de mec qui n'hésite pas deux secondes à se battre pour monter dans un canot, si le navire commence à couler. La survie du plus fort prend véritablement un sens, là-bas. Après, quand tu as quitté l'arène, tu peux redevenir le parfait gentleman.

Quel était l'aspect le plus difficile de son travail, d'après lui ? Le stress. Et le plus gratifiant ? Le stress.

Un autre « badge blanc », Phil, a abondé dans son sens, estimant qu'aucun trader digne de ce nom ne pouvait durer longtemps sans apprendre à résister aux fluctuations démentes du marché. Il représentait une version plus tannée du beach-boy, le genre de gars à la mâchoire carrée, sec comme un coup de trique, que l'on imagine bien consulter les annonces de mercenaires en se demandant si l'Angola serait encore un bon choix.

— Tu sais pourquoi tant d'entre nous habitent près de la plage ? m'a-t-il interrogé. Deux raisons : un, parce que pouvoir se payer le front de mer, c'est la récompense pour s'être tué dans ce boulot de cinglé ; deux, parce que après une journée de folie tu t'assois sur ton balcon avec un pack de six bien glacées, tu regardes les vagues et ça remet les choses en place. Si tu ne trouves pas sur la plage, tu prends un truc avec une piscine. La proximité de l'eau, c'est vital pour ne pas perdre les pédales, dans notre petit jeu…

La récompense – chèrement acquise, vu le prix de l'immobilier sur la côte – de la contemplation du Pacifique… J'ai entrevu une certaine vulnérabilité dans cet aveu de Phil : il avait besoin d'une vue sur l'océan pour se donner l'illusion que, malgré la compétitivité féroce dans son travail, il gardait le contact avec l'insouciance de l'éternel été australien. De même, j'ai trouvé intéressant que Ken et lui m'interrogent sur les écrivains australiens contemporains que j'avais lus, et qu'ils soient tout à fait capables de soutenir une conversation sur l'état de la création romanesque dans leur pays. Il est vrai que, jusqu'ici, je n'avais croisé aucun représentant de l'archétype populaire du trader inculte et imbu de lui-même, dans le style « Laissez-moi vous parler de la taille de ma Porsche et de celle de ma queue ». Enfin, jusqu'à ce que je fasse la connaissance de Jerry Brilliant, ce soir-là…

— Pourquoi qu'tu causes à ces connards ? Tu veux tout savoir sur la vie de trader, tu m'demandes !

Un Américain d'une trentaine d'années, avec un tour de taille de quinquagénaire négligé et un visage joufflu de bébé, m'a apostrophé en ces termes. « Badge blanc » envoyé pour trois ans à Sydney par une firme financière de Los Angeles, Jerry s'habillait comme un caïd du Chicago de l'ancien temps, costume moiré argent, cravate également argentée, chemise plus que blanche et gros boutons de manchette en opale. La paire de besicles perchée au bout de son nez avait quelque chose d'un peu menaçant, suggérant une agressivité d'une précision chirurgicale derrière la tenue de capitaine d'industrie et les intonations de camionneur avec lesquelles il venait d'interrompre ma conversation avec Phil et Ken.

— Que j'te dise un truc sur ces zigues, a-t-il poursuivi. Y se racontent tous la même salade : « Dès que j'ai ramassé assez d'fric, j'me casse. » Pour ouvrir une boutique de pinard à la con ou une librairie de merde ou je sais quoi. Pas vrai, mon p'tit Phil ? – Sans répondre, celui-ci a fixé son regard sur le fond de son verre de bière. – Creuse n'importe quel de ces types et tu trouveras… le Rêve avec un grand R. La vie pépère loin des marchés. Eh ben moi, j'dis aux chiottes, ces conneries ! Vu que bon, en c'qui me concerne, moi et tous ceux qui pigent le job, c'est quoi, le job ? C'est poser ta bite sur le billot tous les matins et prier pour que tu l'aies encore à la fin d'la journée. C'est pour ça qu'ils nous paient des masses de thune, pas'qu'y savent qu'on risque notre nœud en permanence. Et c'est comme ça qu'on fait, c'est comme ça qu'on « vit », nom de nom ! Et tu vois quoi d'mal à ça ?

— Il la ramène énormément, Jerry, mais devant sa femme il file doux, m'a appris Wendy alors que nous quittions l'Intercontinental. C'est qu'elle en impose… par la taille et le poids, je veux dire. Et elle sait le mener à la baguette. Tu devrais le voir quand on est au pub, qu'il essaie de lui téléphoner aux States et que ça ne passe pas. Il revient nous voir tout nerveux et il dit : « OK, vous êtes tous témoins que j'ai voulu appeler chez moi et que la ligne merde, vous me lâcherez pas là-dessus, d'ac ? » Il a vraiment la trouille d'elle parce qu'il a aussi peur de la perdre. C'est souvent comme ça que ça marche, tu ne penses pas ?

Est-ce que les Australiens n'avaient pas du mal à encaisser les manières de Jerry, parfois ? Wendy a ri en écoutant ma question.

— Tu vois ce bar ? a-t-elle dit en me montrant une devanture imitant un pub de l'ère victorienne. Il a reçu une trempe là-bas, il y a un mois.

— Qu'est-ce qu'il a fait pour mériter ça ?

— Il s'est mis à chauffer un type qui jouait sur une machine à poker. À lui sortir qu'il connaissait que couic au jeu à la texane, qu'il allait lui montrer, lui, Jerry. L'autre lui a dit de lui lâcher la grappe, mais Jerry ne sait pas s'arrêter… Il faut le voir au restaurant, à enquiquiner les serveuses, à renvoyer son assiette en cuisine, à jouer les œnologues avertis. Mais bon, ce gars du bar a encore perdu une partie et là Jerry l'a carrément traité de demeuré, de débile mental, et j'en passe. C'est là que le type a craqué et lui est salement tombé dessus. On a dû amener ce crétin à l'hosto. Deux points de suture à la lèvre, trois sous l'œil gauche. Malgré tout, les gens de la profession le supportent, étant donné que c'est un as du trading. Il est vraiment calé et très, très efficace. C'est pour ça que personne ne l'a encore tué au boulot…

Nous avons traversé à pied une partie du quartier des affaires, déjà plongé dans la torpeur du week-end à part un jardin public où une centaine de costards-cravates buvaient debout dans la douceur de la nuit.

— C'est le Bar de la Douane, m'a dit Wendy. Le deuxième grand lieu de rencontre des traders. Regarde-les : je parie qu'ils sont en train de se raconter quelle journée formidable ç'a été, combien ils ont scoré… De se mentir mutuellement, quoi. Tu veux un petit secret ? L'an prochain, la moitié de ces mecs seront au chomdu. Le boom économique s'est dégonflé, ici. Toutes les sociétés de courtage de la ville cherchent à réduire leurs marges, et pour faire des économies ils vont commencer par virer un maximum de seconds couteaux. Crois-moi, tu es arrivé à Sydney juste à temps pour assister à la fin de la fiesta. Bien sûr, personne ne dira ça ouvertement, de peur de jouer les trouble-fête, et puis dans ce métier admettre qu'on court un danger quelconque, c'est tabou. Il faut donner l'illusion qu'on garde la veine avec soi, qu'on va encore rafler la mise. Tu es obligé d'embobiner tout le monde. Y compris toi-même.

L'autre centre d'activité humaine dans cette portion de Sydney rendue au calme et au silence se nommait Chez Syd, un bar avec une terrasse en béton au pied d'un immeuble de bureaux. Grande cohue, juke-box braillant de la funk et une clientèle dont la moyenne d'âge était vingt-cinq ans.

— Tous de ma branche ! a crié Wendy pour que je saisisse ce qu'elle disait. C'est là qu'ils viennent pour parler affaires et trouver un coup à tirer. Ou plutôt essayer de le trouver…

Au comptoir en état de siège, le verre de champagne australien était à cinq dollars. En fendant difficilement la foule pour retourner à l'air libre, nous sommes tombés sur un autre collègue de Wendy, Neil, qui s'est déporté pour lui coller un gros baiser mouillé. Ce faisant, il a renversé la moitié de son verre de mousseux sur la manche de son costume déjà maculée de cendres de cigarette.

— Tu as un peu forcé sur la picole ? a déduit Wendy.

Débordant d'affection, Neil a tenté de lui rouler une pelle. Afin de le repousser, Wendy m'a présenté en lui expliquant que j'écrivais un livre sur le marché financier mondial. Aussitôt, le bonhomme s'est collé à moi comme le discoureur de pub typique.

— Ah, le marché, tu veux qu'on parle du marché ? Le marché est devenu de la merde !

Il a enchaîné en me faisant un résumé grand public de sa vie, à commencer par son père maçon qui n'avait pas supporté que son fiston ne le suive pas dans le bâtiment et se trouve un boulot à seize ans grâce à l'agence pour l'emploi du Commonwealth, coursier à la Bourse de Sydney… Ensuite, de coup de bol en coup de bol, Neil s'était retrouvé affublé du badge jaune à dix-neuf ans avant de passer dans la catégorie supérieure, deux années plus tard.

— Je suis « badge blanc » depuis quatre ans et j'en ai plein le cul ! a-t-il clamé. Je ne suis resté que pour le salaire. Depuis mes débuts, j'ai gagné une belle somme, c'est sûr, mais il y a quelques mois je me suis dit : « Hé, Neil, à quoi rime ce boulot ? Quand vas-tu faire quelque chose de constructif ? » La logique du job, c'est de se tuer au turbin pour se la couler douce après. C'est pour ça qu'ils sont là, tous ces mecs : pour se la couler douce. Et moi j'en ai marre, de ça, foutrement marre. Ce que je veux, c'est, c'est…

— « Faire quelque chose de constructif » ? ai-je proposé.

— Ouais ! Aider l'humanité, ce genre de conneries…

J'ai cherché à creuser son état d'esprit. Au bout de dix ans, il devait tout de même avoir un aspect positif à souligner, non ? Il a réfléchi un moment.

— Eh bien… Quand il y a de l'action dans la corbeille, c'est excitant et on se fait plein de thune, mais… qu'est-ce qu'on s'en fout, de la thune, si on ne croit pas en ce qu'on fait ? Si on se dit que c'est une activité qui n'a aucun sens ?

— Vous ne pensez pas que c'est un peu simpliste ?

— Tu… tu m'as traité de simplet ? s'est-il récrié, soudain menaçant.

Je lui ai certifié que je ne mettais pas en doute son quotient intellectuel mais que j'aurais aimé mieux comprendre les raisons pour lesquelles il voulait abandonner sa profession.

— J'abandonne parce que… parce que j'ai envie d'apprendre.

— Apprendre quoi ?

— La vie.

— La corbeille, ce n'est pas la vie ?

— Pas la « vraie » vie ! Je veux dire, comment expliquer que j'aie vingt-cinq ans et que je gagne genre trois fois plus qu'un prof de fac ? C'est réel, ça ?

— Ça me paraît plutôt réel, oui…

Nous avons été interrompus par l'irruption d'une jeune femme. Cassie. Ultra-maquillée. Ultra-moulée dans une robe peu seyante. Ultra-teinte en blonde décolorée.

Ultra-bruyante. Ultra-soûle. Employée dans une société de courtage, d'après ce que j'ai pu comprendre.

— Z'êtes un client à lui ? m'a-t-elle demandé avec un regard méfiant.

— Non.

— Pourquoi vous prenez des notes, alors ?

— C'est une habitude que j'ai.

— Des notes sur quoi ?

— Sur les raisons pour lesquelles j'arrête le trading, est intervenu Neil.

— C'est quoi, ces raisons ?

— Parce que c'est de la connerie.

— « Tout » est de la connerie.

— J'aime pas ce que je fais, simplement.

— Peut-être que c'est les gens avec qui tu bosses qui t'énervent ? a-t-elle dit.

— Non, c'est pas ça.

— Alors, pourquoi tu pars ?

— Je fais rien de constructif.

— Constructif, ça serait quoi, pour toi ?

— Guérir.

— Que… pardon ?

— Je veux devenir guérisseur, a expliqué Neil. Je quitte le trading et je suis des cours de massage. Ou de médecine douce. Un truc du genre.

— Et c'est le trading que tu appelles une connerie ? – Elle s'est détournée de Neil d'un air dégoûté. – Hé, le gros ! a-t-elle crié à un type corpulent au crâne surmonté d'une tignasse blonde, tu me paies un autre verre de roteux !

— Salope, a chuchoté Neil. Être constructif, pour elle, c'est se mettre sur le dos et ouvrir les jambes…

— Vous ne pensez pas que sa remarque n'était pas fausse ?

Il a gardé un long silence, les yeux fixés au loin. Enfin, il a repris la parole :

— Tu vois le parking, de l'autre côté de la rue ? Avant, c'était un immeuble assez cool, avec deux ou trois boutiques. Ils l'ont démoli. C'était un « endroit », tu comprends, quelque chose qui avait un sens. Maintenant, c'est une merde de parking. Tu vois ce qui arrive quand l'argent gouverne le monde ? Tu me suis, là ?

Sur ces mots, il m'a planté là et je me suis dit que les idéalistes les plus pathétiques sont certainement ceux qui n'ont pas trouvé ce qu'ils voulaient idéaliser. Surtout après avoir passé des années sur le marché à terme de Sydney.

Plus tard, tandis que nous terminions une deuxième bouteille de sémillon dans un bar à vin, Wendy m'a déclaré :

— Mon problème au travail, c'est que les mecs me traitent comme un mec. Ils m'apprécient parce que je peux me comporter comme l'un des leurs. Du coup, ils me respectent comme trader mais ils ne me voient pas comme une femme. Moi, je les vois reluquer d'autres nanas, ce qu'ils ne feront jamais avec moi.

Nous étions tous les deux sérieusement imbibés à ce stade, mais Wendy a tenu à commander une troisième bouteille. Tout en versant une nouvelle rasade de vin jaune dans son verre, elle a continué :

— Tu sais, je suis sortie pendant un an avec un trader. Il était marié, évidemment. Et ça s'est fini comme c'était prévisible.

— Il travaille toujours à la Bourse ?

— Ouais. Je le croise tous les jours.

— Et comment tu prends ça ?

— Je surenchéris systématiquement contre cet enfoiré.

— Vous voulez un putain de paradoxe ? m'a demandé Trevor Thompson. En voilà un, et un bon. Toute ma vie, j'ai rêvé de vivre près de l'eau. En fait, si je me suis retrouvé dans le trading, c'est surtout parce que je savais que ça me rapporterait de quoi m'acheter un truc avec vue sur la mer. Et voilà, je l'ai eue, ma piaule face à l'océan, mais j'ai perdu le boulot qui me l'a payée. Donc, la morale de cette histoire ? Ici, la flotte vous baise la tête.

« L'eau. » Plus je flânais à Sydney, plus je me rendais compte que c'était un élément clé pour comprendre la psychologie de cette ville. C'était l'océan qui identifiait la ville, qui lui donnait son éclat et sa vitalité, mais aussi qui définissait le statut social de ses habitants. Habiter dans des criques résidentielles comme Mosman ou Double Bay, ou sur les plages au nord de la métropole, était en soi la preuve que l'on appartenait au gratin de la société australienne. La proximité de l'eau était la réalisation du rêve australien, ou sa promesse. J'avais entendu tant de gens de la finance vanter les vertus presque métaphysiques d'une existence face au Pacifique que j'avais compris qu'il y avait en jeu bien plus que le statut social, qu'il s'agissait de l'aboutissement d'une aspiration hédoniste typiquement australienne, celle d'un « bien-vivre » sans ostentation mais toujours caressé par le soleil et l'air marin.

Bien que les Australiens aiment se voir comme une nation décontractée et conviviale, cette image dissimule plus ou moins l'âpreté de la compétition inhérente à toute jeune culture du Nouveau Monde, dans laquelle les gens n'ont pas « appris à connaître leur place », comme on dit, et donc où tout va au plus rapide, au plus malin, au plus entreprenant. Et dans la très entreprenante Sydney, le sport de prédilection était de se battre, de manœuvrer, de supplanter la concurrence dans le but d'arriver « au bord de l'eau ». Mais après ? Que se passait-il quand vous atteigniez enfin le front de mer si convoité au bout de vingt ans d'efforts et que, tel un Trevor Thompson, vous vous retrouviez sans l'avoir voulu à la retraite anticipée ? La réponse de l'intéressé :

— Ce qui est arrivé quand ils m'ont foutu dehors ? Je suis rentré à la maison et je me suis dit : « Putain de moi, me voilà sur la piste du wallaby… »

« La piste du wallaby » est un australianisme qui désigne une route ne menant nulle part. Celle de Trevor l'avait conduit à cette terrasse en teck de Mosman surplombant une belle anse de la baie de Sydney. Dans la journée, Mosman rappelait la Côte d'Azur, avec ses maisons méditerranéennes et ses bateaux de plaisance autour d'un demi-cercle de mer transparente ; la nuit, l'endroit était l'apothéose romantique du bout du monde avec la houle calme du port baignée par la lumière mystérieuse de la lune et les mobiles qui tintaient doucement dans la brise. Trevor Thompson, un peu avachi et bedonnant dans son survêtement Armani, a débouché la quatrième bouteille de chardonnay Hunter Valley. Roz, son épouse, toujours broker à Sydney, a débarrassé les restes de notre dîner thaï commandé à un traiteur et nous a dit bonsoir. Trevor et moi avons continué à trinquer alors qu'un nouveau jour approchait au pays de l'argent de minuit.

Il s'est mis à parler de la situation que traversait l'Australie, de la bulle nommée Utopie qui avait fini par exploser :

— Il y a toujours eu une immense fascination pour le fric, ici. Ce pays a toujours été riche, bien plus riche que les étrangers ne le pensent. Qui sont les plus riches, combien d'argent ils ont, voilà qui fascine les gens. Dans mon entourage, je ne connais personne qui ne consulte pas religieusement la liste des principales fortunes privées qu'une revue économique de Sydney publie chaque semaine. On suit l'évolution, qui est monté dans le classement, qui est descendu : c'est comme le Top 50 de la haute finance ! Ou le palmarès d'un sport particulier. L'argent est un sport, ici, et de même que tous les sports il a besoin de héros. Dans les années 1980, le public se passionnait pour les grandes fortunes, pour les Alan Bond, les Kerry Packer, les Peter Holmes à Court, des types qui avaient amassé de l'argent et qui continuaient, qui paraissaient avancer dans le monde sans que rien ne puisse les arrêter. Ça flattait une certaine fierté nationale, je crois. Mais encore une fois, cette fierté était entièrement dépendante de la notion de victoire, de record. Dès que ces vedettes de l'économie ont commencé à connaître des problèmes, ou à avoir une crise cardiaque, comme Holmes à Court, l'opinion publique s'est retournée contre eux, parce qu'ils n'étaient plus des gagnants… De nos jours, plus personne ne l'est, gagnant. C'est comme si toute l'Australie se réveillait d'une bringue qui a duré quarante ans avec une monumentale gueule de bois financière. Un ou deux ans auparavant, tout le monde pensait qu'un niveau de chômage à deux chiffres, une inflation à deux chiffres, des taux d'intérêt à deux chiffres, c'étaient des plaies qui n'affectaient que les Anglais, pas nous ! Nous avons soudain découvert que nous risquions autant que les autres de basculer dans la récession. Des fois, je me dis que nous sommes pareils au type qui a sauté pendant des années toutes les nanas qu'il rencontrait et qui s'aperçoit un matin qu'il a non seulement trente-cinq procès de recours en paternité aux fesses mais aussi une chtouille impossible à soigner…

Est-ce que lui-même avait été égaré par cette « bringue » ? ai-je voulu savoir.

— Bon, c'est assez évident, non ? J'arrive à Sydney en 1968, tout juste sorti de la fac à Adelaïde, un petit provincial qui ne connaît rien à rien, et durant plus de vingt ans je gagne des sommes effarantes pour un boulot qui ne demande pas vraiment d'effort intellectuel, alors qu'est-ce qui peut m'arriver ? Enfin, je suis sûr que vous n'ignorez pas tous ces mythes débiles qu'on se repasse comme l'art de la spéculation est un don divin, etc., mais pour moi je ne vois qu'une chose : le meilleur trader que j'aie connu était un ancien criminel. Pourquoi était-il aussi à l'aise dans ce décor ? Parce qu'il avait pigé mieux que personne le principe numéro un de la transaction financière : n'importe quel truc ne vaut que par le prix auquel on le vend. Si vous comprenez ça, si vous savez faire une addition, vous pouvez vous lancer dans le trading, croyez-moi. Si j'ai pu rester aussi longtemps dans le métier, moi, c'est parce que je n'ai pas arrêté de changer de boîte. Je ne suis pas un fana du long terme et ça, c'est un point positif, pour un trader. Je passais d'un employeur à un autre non pour me lancer un nouveau défi mais pour trouver un nouveau filon. Je l'ai fait pendant vingt ans, et puisque j'avais assimilé les règles essentielles du marché et que je ne m'attardais dans une boîte que le temps d'épuiser le filon, je n'ai pas eu de mal à réussir.

» Seulement, tout s'est mis à rétrécir diablement, il y a un an. Pour la première fois de ma vie, j'ai eu une série de revers : pendant quatre mois ou presque, je n'ai pas cessé de perdre de l'argent. Toutes les offres que je faisais, toutes les positions que je prenais se sont révélées merdiques. Manque de chance, je ne sais pas, en tout cas j'avais beau me dire que ça allait s'arrêter, que j'allais rebondir, je sentais au fond de moi que je ne me tirerais pas de cette mauvaise passe. Ou pas avant un bon bout de temps… Un jour, mon manager m'a invité à déjeuner. Il a passé tout le repas à parler des travaux de rénovation chez lui et dès que le dessert est arrivé il m'a dit : « Je vous laisse partir, Trevor. » Comme ça ! Vingt-deux ans à enchaîner les bénéfices… et quatre mois de mouise suffisent à vous envoyer à la trappe. Pas sympa, non, mais c'est la logique : on aime jouer gros et risqué, ici. Si c'est amusant quand on gagne, quand on perd… – Il a saisi la bouteille de vin et m'a adressé un sourire hésitant. – Je vais revenir dans la course, attention ! C'est une question de temps, voilà tout. Avec la récession et les incertitudes, je n'ai pas encore eu d'offres concrètes, mais je me referai… ou du moins c'est ce que je me répète. Il faut cultiver l'estime de soi, hein ? Dans ce métier, avoir confiance en soi est essentiel. Sinon, on est fichu.

Nous avons continué à siroter jusqu'à trois heures du matin. À cet instant-là, Trevor a voulu m'apprendre un jeu à risque où il était question de deviner le numéro de série d'un billet de vingt dollars. Le cerveau trop embrumé pour de tels paris, je l'ai prié de m'excuser et je lui ai dit que je ne serais pas mécontent d'essayer la chambre d'amis où le couple m'avait invité à passer la nuit.

— Vous faites bien de ne pas me suivre, m'a dit Trevor d'une voix assez pâteuse. J'aurais joué à l'australienne, moi.

— C'est comment, « à l'australienne » ?

— Vous laisser gagner une ou deux fois, et après vous lessiver complètement !

Quatre bouteilles de chardonnay ne pouvaient avoir qu'un effet physique prévisible : je dormais depuis moins de quatre heures quand ma vessie m'a commandé de me réveiller dare-dare et de partir en chancelant à la recherche des W.-C. Après m'être soulagé, je suis allé faire quelques pas sur la terrasse. Trevor était effondré dans son fauteuil, n'ayant pas eu la force de retourner dans sa chambre. Je me suis approché de la rambarde et j'ai essayé de me concentrer sur les mouvements de l'eau en contrebas.

Il faisait encore sombre, le ciel était une toile noire à peine percée par un point luisant dans l'horizon lointain. Bientôt, le point s'est élargi et s'est transformé en une masse de lumière en fusion. La nuit s'est réveillée, le ciel s'est fendu sous la pression formidable du soleil du matin. Alors que la sphère incandescente prenait de l'altitude, Trevor est sorti de sa torpeur. Clignant fébrilement des yeux, il a lancé :

— Encore une putain de belle journée au paradis…

5

Un pacte faustien

Un écriteau sur la cloison :

IL EST ILLÉGAL DE NE PAS TIRER LA CHASSE.
AMENDE : $ 150.

Mais la chasse ne fonctionnait pas et j'étais stressé parce que j'avais entendu l'histoire des capteurs de chaleur que les autorités de Singapour avaient paraît-il installés dans toutes les cuvettes publiques du territoire et qui déclenchaient une alarme si l'eau ne coulait pas après utilisation, ou encore celle des patrouilles de la police des petits coins, prêtes à passer les menottes à toute personne répugnante et irresponsable qui omettait de se servir de la chasse après avoir accompli ses besoins naturels.

Comme la perspective d'être traîné en justice pour un délit aussi dégoûtant était à mes yeux l'humiliation suprême, j'ai résolu d'informer qui de droit de ma difficile situation : un certain M. Lee, le patron du café de l'hôtel où je prenais mon petit déjeuner. Aussitôt, il m'a ramené sur les lieux du crime et m'a prié de lui désigner le box dans lequel l'infraction aux lois hygiéniques nationales avait été perpétrée. J'ai obtempéré ; M. Lee a noté tous les détails de l'affaire dans son calepin et m'a demandé mon numéro de chambre, au cas où les forces de l'ordre voudraient mener un complément d'enquête. Avec une brève inclination de la tête, il m'a remercié de ma coopération et de ma détermination à me montrer un usager socialement responsable.

« Socialement responsable. » Je me trouvais à Singapour depuis moins de vingt-quatre heures, j'étais encore assommé par le décalage horaire et pourtant je m'étais déjà coulé dans le moule local : je faisais attention à l'endroit où je posais les pieds, je veillais à respecter les règlements, je m'efforçais d'éviter les ennuis, bref, je me comportais comme un individu socialement responsable. Je l'avais vite compris : c'était là le devoir sacré de chacun, à Singapour.

Une autre preuve ? Dès que M. Lee a achevé son constat dans l'affaire de la chasse déficiente, j'ai quitté l'hôtel et pris un taxi pour gagner le centre-ville. À New York, les chauffeurs se répartissent en deux catégories : ceux qui ne parlent que lituanien et ceux qui vous agressent en répondant : « Dans tes rêves, connard ! » lorsque vous exprimez le souhait d'être conduit plus au nord que la 110e Rue. À Dublin, les chauffeurs de taxi stationnés à l'aéroport accueillent les voyageurs de retour au bercail d'une sombre remarque dans le genre : « Comprends pas pourquoi vous vous êtes emmerdé à revenir, ce pays est foutu ! » À Londres, ils ont toujours l'air d'être plongés dans un monologue qu'ils reprennent pour vous par une phrase du style : « Alors, j'ai dit à ce branleur qu'il… » Mais à Singapour les chauffeurs de taxi sont d'abord et surtout des promoteurs de la responsabilité sociale.

Ainsi, une plaque placée à l'arrière de la Toyota d'une

propreté exemplaire m'informait que j'avais pris place dans un véhicule appartenant à la compagnie CONFORT, « Propriétaire : C. H. Tan », et déclinait la philosophie de l'entreprise, son « Plan de productivité » :

> RESPONSABILITÉ SOCIALE
> Être loyal à Singapour.
> Offrir courtoisie et CONFORT.
> Assurer la bonne réputation de CONFORT.
>
> SENS DU SERVICE
> Garantir un trajet agréable.
> Fierté pour sa mission.
> Honnêteté, politesse, patience et compréhension.
> Parfaire la fonction de taxi.
>
> ENGAGEMENT PROFESSIONNEL
> Améliorer sa conduite et ses connaissances.
> Respecter les règles de circulation.
> Entretenir au mieux son véhicule.

Pendant que nous roulions, M. Tan, qui devait approcher de la soixantaine, m'a demandé s'il répondait au Plan de productivité, d'après moi. Comme je lui avais répondu qu'il faisait honneur non seulement à l'éthique des Taxis CONFORT mais à tout Singapour, il a eu un sourire ravi. Il était heureux que je sois satisfait de ses talents de conducteur, de l'esprit de la compagnie et de Singapour. Il fallait que les visiteurs se sentent bien, ici, m'a-t-il affirmé dans un anglais impeccable, qu'ils aient l'impression d'être dans un pays propre, sûr et confortable. C'était pour cette raison qu'il y avait tant de règlements, à Singapour : ils étaient positifs pour la ville puisqu'ils étaient l'essence de sa personnalité. Et les citoyens devaient beaucoup à leur Premier ministre, Lee Kuan Yew, qui avait apporté ces trente dernières années tant de changements dans leur existence.

— Il nous a rendus efficaces, et prospères, et motivés, a énuméré M. Tan. Grâce à lui, nous avons le plus haut niveau de vie de toute l'Asie du Sud-Est. Et il a aussi rayé tout ce dont je me souvenais de mon jeune temps, il a rendu Singapour méconnaissable, mais c'était pour nous apporter la richesse, le… confort.

Gardant une main sur le volant – il fallait respecter son « engagement professionnel » –, il a tendu son autre bras dans ma direction, exhibant une grosse Rolex à son poignet. En petites lettres, il était indiqué que j'avais devant moi un « Chronomètre exceptionnel et officiellement homologué ».

— Vous voyez ? Une Rolex Oyster ! Quatre mille dollars de Singapour ! Il n'y a qu'ici qu'un chauffeur de taxi peut se payer une Rolex. Voilà pourquoi nous sommes tous reconnaissants à Lee Kuan Yew !

— Parce qu'il vous donne les moyens de vous acheter une montre à quatre mille dollars ?

— Yah !

— Dites-moi, on ne trouve pas de fausses Rolex dans les rues de Singapour ?

— Celle-ci n'est pas fausse.

— Comment en êtes-vous si sûr ?

Contrevenant un instant au code de la route singapourien, M. Tan a lâché le volant pour faire glisser la montre de son poignet et me la tendre.

— Tirez sur le bouton-poussoir.

— Euh… c'est fait.

— La grande aiguille s'est arrêtée ?

— En effet.

— Vous voyez ? C'est une « vraie » Rolex ! Ça se

reconnaît au fait que la grande aiguille s'arrête dès qu'on tire sur le bouton-poussoir. – J'ai rendu ce remarquable chronomètre à son propriétaire. – Elle est belle, yah ?

— Très belle.

Parvenu à Orchard Road, j'ai laissé M. Tan et sa Rolex pour m'engager sur un large boulevard dédié à cette activité culturelle des temps modernes que l'on appelle le shopping. C'était un dimanche matin, mais Orchard Road était déjà en pleine ébullition, les trottoirs envahis d'une cohue disciplinée. La densité de la foule était incroyable, surtout à une heure et à un jour pareils, et d'autant plus impressionnante que tous étaient armés de sacs portant le nom des marques les plus prestigieuses – Chanel, Cartier, Armani, Cerutti, Mulberry, Sony, Reebok, Benetton, Ralph Lauren, Crabtree & Evelyn, Levi's, Adidas… Aux intersections, les cohortes consuméristes attendaient pour traverser que les gardiennes de la circulation lancent un coup de sifflet péremptoire, et alors la masse s'avançait dans un ordre et une détermination qui ne laissaient plus place à l'individualité. La seule chose qui les distinguait encore les uns des autres, c'étaient les différentes marques de leurs sacs.

Je regardais ce spectacle à travers un brouillard mental, une hébétude qui n'était sans doute pas étrangère aux huit heures que j'avais passées la veille dans un avion en provenance de Sydney, cette longue incarcération à dix mille mètres d'altitude ayant laissé mon cerveau dans l'état d'un morceau de gruyère. Ou bien était-ce parce que en cette matinée de début avril le thermomètre frôlait déjà les trente-cinq degrés et que l'air avait une lourdeur poisseuse de sucre candi. Quelle qu'en soit la cause, je suis resté longtemps immobile sur ce trottoir bondé, les yeux fixés sur la foule. Une seule question tournait dans ma tête : « Qu'est-ce que je fais ici ? »

Je connaissais la réponse, bien sûr : j'étais venu à Singapour observer un exemple très particulier d'expérimentation sociale. Tout comme j'avais entendu parler de ces toilettes équipées de systèmes d'alarme, j'avais appris que Singapour avait mis au point une forme spéciale d'alchimie communautaire, propre à l'Asie du Sud-Est, où les excès de la spéculation financière effrénée se combinaient à une discipline de vie sociale quasi obsessionnelle. Puisque ce coin du Pacifique était maintenant tenu pour être la région « nouveau riche » par excellence du marché global, il m'avait paru logique de faire halte dans l'un de ses bastions les plus actifs.

Singapour était à tous points de vue un acteur extrêmement actif sur la scène financière asiatique, compensant sans doute sa petite taille par une agressivité commerciale débordante. Une ville-État de trois millions d'habitants ne pouvait pas disposer des ressorts économiques du capitalisme japonais, ni revendiquer une vénérable tradition mercantile comme Hong Kong, ni même reprendre à son compte l'éthique ultra-productiviste de Séoul ou Taipei, mais elle ne pouvait pas non plus se satisfaire d'un rôle de second ordre : elle exigeait d'entrer dans la première division financière de la zone Asie. Pour parvenir à cet objectif, point de ruses complexes ou de tactiques menaçantes à la sicilienne : d'une manière très asiatique, Singapour avait proclamé son intention d'atteindre une place incontournable sur le marché international grâce à une politique encourageant l'initiative publique autant que privée, et au culte du travail acharné. C'était une société qui s'était dotée d'un programme d'expansion, lequel était intrinsèquement lié au développement considérable des services financiers à l'échelon planétaire. Vu de l'extérieur, Singapour paraissait être un petit pays animé par une volonté de réussite forcenée et une obsession de la propreté, une sorte de Suisse sur le rivage méridional de la mer de Chine. D'où venait cette détermination à faire de l'argent, cette poursuite fébrile de l'enrichissement ? Quelle force se cachait derrière la réinvention de Singapour ? Et pour en revenir à Orchard Road, quel motif poussait ces gens à prendre d'assaut les boutiques un dimanche matin avant onze heures ?

— Vous avancez, yah ?

La voix, électriquement amplifiée et agressive, m'a soudain tiré de mes réflexions et je me suis retrouvé face à un mégaphone. Il était tenu par une jeune femme à la mine sévère, sanglée dans un uniforme kaki, les yeux dissimulés par des lunettes noires qui lui donnaient une allure de tonton macoute assez sinistre. L'index gauche braqué sur moi, elle a de nouveau grondé dans le micro :

— « Vous », bougez d'ici ! On ne traîne pas ! Avancez, yah !

Je me suis soudain rendu compte de la raison pour laquelle j'avais attiré son courroux : je m'étais mis à rêvasser juste à l'entrée d'un passage piéton, ce qui devait passer pour un comportement socialement irresponsable à Singapour. Les trottoirs y étaient conçus pour se déplacer, non pour « traîner », on devait avoir un mobile sérieux pour être dehors, il fallait forcément se rendre quelque part.

Moi qui flânais, je me suis laissé emporter par le flot humain de l'autre côté du boulevard, dans une galerie marchande dénommée Lucky Plaza. Un bloc de béton de trois étages comme tant d'autres. Par la suite, j'ai découvert qu'il avait presque le statut de monument historique, ayant été le premier centre commercial moderne de Singapour, le prototype plutôt fruste d'une transformation architecturale qui devait changer de fond en comble l'apparence de la cité. Vétéran du consumérisme à outrance, la galerie Lucky Plaza était également célèbre pour son atmosphère de mercantilisme débridé, de cirque commercial.

« Vous voulez des Ray-Ban, suivez-moi ! » ; « Changez argent ici ! » ; « Je taille costume en deux jours, pas problème ! » ; « Valises Louis Vuitton, d'accord ? » ; « Soie de Chine au meilleur prix ! » ; « Walkman ? Watchman ? Discman ? » ; « Caméra Sony dernier modèle ! » ; « Collier en or pour votre dame ? » ; « Sacs Chanel, moins chers de tout Singapour ! » ; « Hé, vingt pour cent sur tous les CD ! » ; « Portable Sharp en promotion ! » ; « Répondeur Sanyo en promotion ! » ; « Téléphone sans fil Panasonic, prix cassé ! »... Imaginez une polyphonie complexe interprétée en anglais aux inflexions mandarines, sur un livret d'appels de foire et *allegro con brio*, de quoi vous faire oublier la *Symphonie des Mille* de Mahler, les *Carmina Burana* de Carl Orff ou toute autre grande œuvre chorale : c'étaient *Les Cris de Lucky Plaza*, une composition qui n'avait pas son égale en puissance vocale et en portée spirituelle quand il s'agissait de chanter la gloire du commerce libre, le triomphe de la dépense futile, l'hymne à la joie des courses faites dans cette cathédrale de la foi new-age.

Toute cette cacophonie était éprouvante. Au milieu d'un empilage d'échoppes sur trois niveaux, les commerçants faisaient de leur mieux pour couvrir la voix de leurs concurrents. Comparé à ce tohu-bohu, le souk de Casablanca semblait aussi ordonné et aseptisé que le duty-free de l'aéroport de Zurich. C'est que, même dans une société aussi policée que celle de Singapour, il était difficile de ne pas céder à l'attrait du marchandage.

« Ray-Ban ! », « Vuitton ! », « Walkman ! », « Rolex imitation »…

— C'est quoi, ces Rolex ? ai-je demandé à un petit gros en chemise hawaïenne qui venait de me susurrer cette dernière proposition à l'oreille.

Aussitôt, il m'a fait signe de me taire et de le suivre dehors. Un peu plus loin sur Orchard Road, nous sommes entrés dans un autre cube en béton non sans que mon guide ait inspecté les abords d'un regard inquiet. Nous avons descendu en hâte un escalier qui desservait une seule porte en bois brut, sur laquelle il a tapé à deux reprises avec la bague en diamants qu'il portait au petit doigt.

— Copies de montres, c'est très interdit à Singapour, a-t-il chuchoté. Faire très attention.

Un type qui aurait pu être son frère jumeau nous a ouvert et nous avons pénétré dans une pièce toute blanche éclairée par un néon, avec au milieu trois tables pliantes couvertes de rangées de divers modèles de fausses Rolex et Cartier. Une dizaine d'autres acheteurs potentiels étaient en négociation avec quatre ou cinq hommes trapus – s'agissait-il des membres d'une famille élargie, ou d'une guilde de petits gros spécialisés dans la vente d'articles illicites ? La technique employée était invariable : une calculatrice de bonne taille dans la main, le vendeur annonçait : « Je vous fais un prix ! » avant de pianoter sur son clavier digital, de montrer le résultat au client qui se récriait et de recommencer la pantomime jusqu'à ce que la somme de trente-cinq dollars de Singapour pour une Rolex

Oyster imitée à la perfection soit approuvée par les deux parties. Ayant appris depuis peu le cours local de la vraie montre, je devais convenir que c'était un bon prix. Et lorsqu'on relevait le bouton-poussoir, la trotteuse s'arrêtait comme sur une véritable Rolex…

Les appartements « Les Alizés » ressemblaient moins à un immeuble qu'à une pile de cubes, vingt-deux exactement, posés les uns sur les autres. De loin, on aurait cru une construction en Lego assemblée par un bambin de trois ans. Les éléments étaient placés de guingois, conférant à l'ensemble une impression de dangereuse instabilité. De plus près, on constatait que chacun des cubes contenait un appartement, le tout surplombant une piscine en forme de haricot. Miami Beach revu et corrigé par quelque promoteur singapourien.

Celui-ci avait voulu donner une touche exclusive au complexe en dotant les logements de lourdes portes en acajou dans le genre de celles qui gardent l'accès au bureau d'un P-DG. Derrière l'une d'elles habitait Jürgen Kreplin. Un téléphone cellulaire Vodaphone coincé entre son oreille et son épaule, il est venu m'ouvrir et, tout en me serrant vigoureusement la main, a poursuivi sa conversation en allemand, un commentaire sur le cours du dollar ponctué de jurons énergiques. La trentaine musclée, blond comme les blés, expatrié en provenance de Hambourg, il m'a invité d'un geste à pénétrer dans son domaine, un duplex d'un volume impressionnant, murs blancs, parquet, plafond de sept mètres de haut, mobilier Bauhaus, un décor minimaliste et recherché, à l'image de ce jeune homme d'affaires cosmopolite. Ou était-ce le contraire ? On aurait presque pu penser que Jürgen Kreplin faisait tout son possible pour « coller » à cet environnement, et au rôle du trader haut de gamme qui conclut des deals colossaux à n'importe quelle heure du jour et de la nuit. Ce qu'il était, d'après mes informations.

— Vous avez une spécialité, j'imagine ? lui ai-je demandé alors qu'il avait mis fin à son entretien téléphonique et m'avait entraîné sur un petit balcon.

Il a paru ne pas avoir entendu, d'abord, tant il était accaparé par la contemplation effarée de deux femmes en train de prendre un bain de soleil au bord de la piscine, en contrebas. Elles étaient toutes deux proches de l'obésité et couvertes de cellulite.

— Ça devrait être interdit, a-t-il maugréé entre ses dents avant de reporter son attention sur moi. Ma spécialité, vous dites ? Or, argent, zinc… Peu importe la marchandise, franchement : tout le truc du courtier en matières premières, c'est de savoir acheter cheap et vendre cher. *Verstehen Sie ?*

— Oui, ai-je répondu.

J'avais compris, certes, mais je n'en étais pas moins interloqué par ses manières abruptes, d'autant qu'il a continué par un brusque :

— Bon, question suivante, OK ?

Je n'en avais pas vraiment. Je lui ai expliqué que je n'étais pas là pour une véritable interview, que je lui avais simplement téléphoné quelques jours avant mon arrivée à Singapour sur la recommandation d'un ami commun, un journaliste économique de Francfort qui m'avait suggéré de le rencontrer au cours de ma balade asiatique. Jürgen a rétorqué que c'était bien sympa de faire la connaissance d'amis d'amis mais que, puisque je paraissais m'intéresser au marché des matières premières et qu'il n'avait qu'un « créneau de trois quarts d'heure » à consacrer à notre conversation, il était peut-être préférable de circonscrire notre échange au thème du pétrole sur le marché singapourien. Et afin de « rentabiliser » encore mieux le temps qui m'était imparti, voyais-je un inconvénient à déjeuner avec lui ? Tout de suite ?

Avant que je puisse répondre, il m'avait entraîné hors de l'appartement, puis dans l'ascenseur et enfin à bord de sa Mazda MX-5, qu'il a fait démarrer en trombe pour filer à travers le parking souterrain, renonçant à ce déploiement d'agressivité automobile dès que nous avons atteint la rue, où il a adopté la vitesse de tortue prescrite par le code de la route de Singapour. Il fallait se plier aux règles, ici. Comme pour contrebalancer cette forme de soumission, il s'est mis à passer du heavy metal à fond les manettes, un groupe allemand baptisé The Scorpions, m'a-t-il appris, qui selon moi était une version rock d'un raid de la Luftwaffe. J'ai jeté un coup d'œil inquiet sur les cassettes qu'il stockait dans la boîte à gants : Guns N'Roses, Motörhead, Judas Priest, Iron Maiden… Cette collection de hard rock classique a fait resurgir dans ma mémoire ce qu'un trader de Sydney m'avait dit un jour : pour fonctionner au mieux, les gens de sa profession ont besoin autour d'eux de bruit et de fureur.

Jürgen continuait à parler éperdument, insensible au déchaînement des décibels dans l'habitacle. Il a discouru sur son coupé Mazda, qui lui avait coûté quatre fois plus qu'en Allemagne à cause des taxes aberrantes que les autorités de Singapour imposaient afin de limiter le nombre des voitures sur leurs routes. Il avait suivi une formation de banquier et brièvement travaillé dans une banque d'affaires à Francfort puis à Londres avant de découvrir l'Eldorado enfiévré de la corbeille boursière. Ensuite, il a soliloqué à propos de la « pêche » que son boulot lui donnait, par exemple, la toute récente transaction sur du minerai d'argent qu'il avait bouclée pour vingt millions. Il a aussi remarqué que cela faisait six soirs de suite qu'il avait mangé chinois, donc voyais-je un inconvénient à ce que nous nous « risquions français » ?

Fidèle à son habitude, il a répondu lui-même à sa question en se garant sur le parking d'un hôtel moderne et en me précédant dans une brasserie française où une table était réservée à son nom. Décor parisien fin XIXe siècle, thèmes de *Gigi* en fond sonore et serveurs chinois en smoking. En dépit de la chaleur tropicale qui régnait au-dehors, Jürgen a commandé un avocat aux crevettes, une entrecôte béarnaise avec frites, une ration de ratatouille en supplément et une demi-bouteille de bordeaux. Certain que mon cœur ne résisterait pas à de tels excès combinés à la fournaise singapourienne, je me suis borné à une salade et une bière Tiger.

Mon convive s'est jeté sur la nourriture, qu'il semblait considérer comme un carburant destiné à propulser sa machine à conclure des deals au cours des six heures suivantes. Ce n'était pas un déjeuner mais un « créneau de quarante-cinq minutes » qu'il devait utiliser à bon escient, de manière productive. Et comme il ne voyait rien de particulièrement productif à s'entretenir avec un vague écrivain de passage, il a mis ce moment à profit pour parler de lui.

— Pourquoi avoir laissé tomber la banque et choisi le marché à terme ? Pour le fun ! Et pour l'argent, bien sûr, mais c'est le facteur du risque qui m'a le plus emballé. Ça, et la pression permanente. J'en ai besoin pour avancer. Je veux dire, il ne faut pas être un génie pour être intermédiaire commercial, mais il faut avoir les nerfs et l'instinct d'un tueur à gages. On ne peut jamais avoir de passage à vide, on doit toujours « faire plus », parce qu'on ne vaut que ce que son dernier deal a rapporté. Le principe de ce business, comme de tout business d'ailleurs, c'est qu'il faut ramener plus d'argent qu'on en perd, et qu'à la fin de l'année la colonne « profits » soit positive. Le résultat, c'est la vie. Et quand je me compare au trader que j'étais l'an dernier, je suis halluciné par les progrès que j'ai accomplis dans mon travail. Tout ça pour bosser à Singapour…

Selon lui, nous nous trouvions dans la Nouvelle Jérusalem du commissionnaire du marché à terme. Avant de débarquer ici, il avait travaillé à Genève pendant une année hautement soporifique, de sorte que quand sa firme lui avait proposé un emploi à Singapour il avait bondi dans le premier 747 en partance pour l'Extrême-Orient. Il savait que ce n'était pas une place financière aussi cotée que Tokyo, évidemment, mais il voyait bien ses potentialités de développement, au centre d'un marché asiatique en plein boom. Tel un athlète bourré de stéroïdes, il allait dépasser tous les autres sprinters de la compétition financière olympique. En plus, question trading, Singapour était le grand espoir de l'Asie : très pratique au niveau des infrastructures et encore beaucoup moins cher à vivre que Tokyo où la tasse de café tournait autour des quinze dollars et où le prix à l'année d'un appartement pour financier expatrié avoisinait le produit national brut du Burkina Faso. De plus, contrairement à Hong Kong, cette ville-État n'avait pas un pistolet sino-marxiste pointé sur la tempe. En fin de compte, pensait Jürgen, Singapour, c'était l'avenir. Son seul point faible, peut-être, était la manie de la propreté et du respect des règles. Il a baissé la voix pour déclarer :

— Nous avons là une société dont les membres doivent se rappeler sans arrêt qu'il faut vivre selon la loi. C'est à un point… Des fois, je me dis que le gouvernement serait capable de promulguer une loi sur la façon de lever le petit doigt, si ce n'était pas un peu « too much ». Bon, je ne m'en plains pas, puisque tout fonctionne à merveille. D'accord, c'est une dictature, mais c'est une dictature « avec une vision ». Tant que vous ne critiquez pas les autorités ou que vous ne vous mettez pas à contester les usages, le gouvernement vous permet de faire de l'argent. Plein d'argent.

Et les Singapouriens eux-mêmes étaient très attachés à l'argent, a poursuivi Jürgen. Parce qu'ils étaient en grande majorité d'origine chinoise et que la réussite matérielle était un idéal chinois. Selon lui, les Singapouriens étaient fiers de l'abondance dans laquelle ils vivaient maintenant, de leur niveau de vie, de leur succès, mais l'aune véritable à laquelle ils mesuraient ce dernier était l'argent lui-même, l'état de leur compte en banque. Les hommes d'affaires traditionnels chinois n'appréciaient pas la dépense pour la dépense : s'ils consentaient à s'acheter une maison correcte, une voiture fiable, pour le reste leur philosophie était de garder à la banque ce qu'ils amassaient et de faire preuve d'une avarice prodigieuse.

— On voit ici des types super riches déjeuner dans des gargotes, a-t-il affirmé. Pour moi, c'est de la démence, pour eux, de la prudence. Même chez les jeunes, il existe encore cette réticence à vivre « trop » bien, cette obsession de l'épargne, toujours l'épargne ! Pas étonnant que les filles d'ici soient très intéressées par les Blancs : les mecs de leur société, ils ne pensent qu'à gagner du fric, rien d'autre. Les Blancs, à Singapour, sont plus disposés à claquer leur thune, ils sont plus distrayants. S'ils ne sont pas trop arrogants, ils peuvent avoir les plus belles filles. Eh, ils ont le choix parmi des « milliers », littéralement !

Emballé par ce sujet, il a enchaîné :

— Je me suis demandé quelle était la situation sur le plan cul, avant de venir ici. Surtout que j'avais entendu dire que les femmes expats à Singapour étaient en général des catas, ce qui est totalement vrai. Eh bien, les meilleures filles de Singapour, c'est le top mondial. Bon, elles ont tendance à devenir un peu gonflantes, après avoir baisé deux ou trois fois, à parler d'engagement « sérieux », ce genre de trucs, mais il est très possible que je saute le pas bientôt et que j'en épouse une. Pour une femme mariée, c'est le paradis, Singapour : elle a tout le temps qu'elle veut pour faire des courses, jouer au tennis, déjeuner avec ses amies, parce qu'elle peut confier les tâches ménagères et les enfants à une « amah », une gouvernante-nourrice-cuisinière. Et comme toutes les amahs ici viennent des Philippines, elles ne coûtent presque rien. Je veux dire, deux cents dollars de Singapour par mois pour faire tourner la baraque, c'est donné !

En l'écoutant, j'ai repensé à un film de gangsters idiot que j'avais vu, trois ou quatre mois plus tôt, et dans lequel un réfugié cubain récemment débarqué à Miami définissait en ces termes la voie du succès en Amérique : « Pour commencer, l'argent ; ensuite, le pouvoir, et enfin la femme. » À sa manière, Jürgen suivait le même plan à Singapour. Et pour l'instant, il en était encore au premier stade, celui de l'enrichissement. Bien que son salaire n'ait rien de négligeable – environ cent mille livres sterling –, il le jugeait dérisoire.

— Être riche, ce n'est pas gagner cent mille, ou deux cent mille, ou même le million : c'est avoir des fonds conséquents, le genre de liquidités que seul un opérateur indépendant peut réunir.

Ne plus dépendre d'une compagnie ou d'une institution, ne plus être salarié, mais travailler à son compte, devenir un magnat planant bien au-dessus des financiers appointés, tel était son but ultime, la consécration qu'il était résolu à atteindre avant d'avoir quarante ans. Il attendait le moment idéal pour « se diversifier », se lancer en trader autonome doublé d'un consultant haut de gamme agissant pour les plus gros investisseurs et aussi, afin « d'exprimer le côté créatif » de sa personnalité, s'essayer au commerce du mobilier de luxe, une activité qu'il avait commencé à explorer en plaçant des pièces Art déco et Bauhaus sur le marché asiatique.

Le pétrole et les meubles étaient les piliers sur lesquels l'entreprise Jürgen allait s'élever, et elle aurait pour siège Singapour, un choix logique puisque l'anonymat aseptisé de la ville constituait un terrain rêvé pour de pareilles ambitions. Je commençais à comprendre que ce côté lisse du petit État séduisait les financiers : ils se sentaient à l'aise dans cette esthétique de lobby d'hôtel international où rien ne venait choquer la vue, bousculer l'équilibre. Le coup de génie de Singapour, c'était de s'être transformé en un espace entièrement conçu pour les affaires.

Jürgen était fait pour Singapour. Plus que tous ceux que j'avais rencontrés jusqu'alors, il avait repris à son compte l'éthique de la libre entreprise. Moulé dans le rôle du brasseur d'affaires obnubilé par ses objectifs, doté d'œillères inamovibles, il avançait dans la vie avec une précision maniaque, accumulant tous les attributs du personnage qu'il voulait être, de l'appartement minimaliste à la voiture de sport rouge en passant par le cynisme avec lequel il considérait les femmes. Il présentait une curieuse image, en vérité, comme s'il avait acheté l'identité dont il se parait. Cette armure le rendait invincible en apparence mais amenait aussi à se demander si, une fois qu'il s'en dépouillait, il n'était pas nu et vulnérable.

Avalant le fond de son verre de bordeaux, Jürgen a consulté sa montre : le créneau horaire qu'il avait daigné me consacrer était terminé. Il a levé un bras, claqué des doigts ; un serveur s'est précipité avec l'addition et c'est là que j'ai découvert pourquoi Jürgen était déjà si riche à un si jeune âge. Me montrant du doigt, il a dit :

— Monsieur va payer.

J'ai obtempéré, déboursant soixante livres sterling pour de la cuisine française à Singapour.

Mon lieu de résidence temporaire à Singapour était un tube de rouge à lèvres en verre, haut de vingt-cinq étages, évidé à l'intérieur. Dès que l'on entrait dans cette structure bizarre, on levait automatiquement la tête vers la succession de galeries circulaires reliées au sol par deux ascenseurs qui évoluaient dans des cages transparentes et faisaient penser à des suppositoires en mouvement.

Habiter dans ce cylindre vertical, c'était comme être l'hôte d'une banlieue hermétiquement close sur elle-même. Il y avait des restaurants, des cafés, plusieurs piscines et un petit centre commercial où l'on trouvait de tout, depuis les caméras de surveillance jusqu'à de la soie de Chine. Un tailleur était disponible pour le cas où l'on voudrait avoir un costume sur mesure en vingt-quatre heures. Plusieurs spécialistes en investissements étaient prêts à vous expliquer les complexités du graissage de patte local, trois employés se tenaient en permanence dans le bureau de change officiel et un centre d'affaires offrait toute une gamme de télécommunications planétaires. Des passages souterrains reliaient ce monde en circuit fermé à un supermarché, un grand magasin et une station de métro tapissée de faux marbre que des rames traversaient telles de silencieuses fusées d'acier. La saleté inhérente aux transports de masse – mégots de cigarette, bouteilles de Coca-Cola, préservatifs usagés, pages de journal envolées – était invisible ici, car les entrailles de Singapour étaient aussi impeccables et aseptisées qu'une salle d'opération chirurgicale. Et pour cause : la police de l'environnement, celle-là même qui était chargée d'appréhender les non-utilisateurs de chasse d'eau, montait la garde à chaque station, guettant le pauvre hère qui aurait l'inconscience d'entrer dans le métro avec une cigarette allumée (amende : $ 300), ou en tenant une canette de boisson gazeuse ouverte dans la main ($ 450), ou en mangeant quelque chose ($ 210). Les lambins n'étaient pas les bienvenus non plus, puisque le ticket de métro de Singapour n'était valide que pour une durée de trente minutes, délai calculé sur la base que le plus long trajet n'en demandait que vingt-cinq et qu'aucun citoyen respectable ne penserait s'attarder sur les quais.

Au bout de son équipée souterraine, le voyageur rencontrait un autre réseau de couloirs qui menaient à un autre immeuble de bureaux, un autre hôtel, un autre complexe résidentiel. On s'apercevait ainsi que la vie à Singapour n'était qu'un passage entre différents blocs de béton climatisés, comme si les urbanistes locaux avaient voulu limiter autant que possible le contact de la population avec le climat tropical. Ici, l'air conditionné était plus qu'un élément de confort : c'était la réplique indispensable à la moiteur qui régnait en toute saison, un moyen de garantir l'efficacité de tous au travail.

J'ai pris le métro pour me rendre à Chinatown, ou plutôt à ce qui restait de l'ancien Chinatown, un quadrilatère étriqué de ruelles mal éclairées par des lampadaires rachitiques, un assortiment de cafés délabrés, de bars à bière lugubres, d'échoppes remplies de bœuf séché et de cuisines ambulantes. Je me suis arrêté à l'une d'elles pour cinq ou six brochettes de satay et quelques bières Tiger. Le tenancier, un type rondouillard arborant un tee-shirt Tortues Ninja, m'a fait signe de m'installer sur un banc tout proche. Pendant que je me sustentais, il a bu une bière avec moi.

— Vous aimez notre satay ? s'est-il enquis. – J'ai hoché la tête. – Le dîner meilleur marché de Singapour. Trois dollars, s'il vous plaît.

J'ai sorti l'équivalent d'une livre britannique.

— Vraiment pas cher, en effet.

— Et propre ! L'inspecteur de la commission sanitaire passe trois fois par semaine pour voir si nous respectons toutes les règles d'hygiène. C'est comme ça, à Singapour.

— Même à Chinatown ?

— Surtout à Chinatown ! Nous sommes le seul ancien quartier de la ville qui n'a pas été démoli, alors ils nous surveillent d'encore plus près. Ici, pour les autorités, si c'est vieux, c'est sale. C'est pour ça qu'ils ont tout passé au bulldozer. Ils pensent qu'en détruisant notre passé ils nous rendront plus propres.

Alors que je lui demandais comment avait été le vieux Singapour, il a tendu la main vers les maisons basses aux fenêtres à petits carreaux qui bordaient la rue.

— Comme ça. Mais en plus sale.

— Je ne devrais pas vous parler, vraiment, m'a-t-elle déclaré.

— Il n'y a rien à craindre, je vous assure.

— Je pourrais perdre mon travail.

— Vous ne pensez pas que vous êtes un peu mélodramatique ?

— Facile à dire, pour vous. Vous ne comprenez pas…

— Je ne comprends pas quoi ?

— Comment ça marche, chez nous. Pourquoi tout le monde est aussi… discret.

— D'accord, alors expliquez-moi pourquoi tout le monde est aussi discret, à Singapour.

— Pour se protéger. Parler de sa vie, ici, ça peut attirer des ennuis.

— Mais je voulais juste que vous me parliez de votre job de courtier en devises étrangères… « Forex », comme vous dites.

— Et moi, je vous répète que ma banque a des règlements très précis en ce qui concerne les contacts de ses employés avec la presse.

— Je ne suis pas journaliste.

— Allez leur prouver ça…

— Je vous l'ai dit, je ne citerai pas votre vrai nom. Ni celui de votre banque.

— Je ne vois pas ce que je pourrais vous raconter d'intéressant, de toute façon. Vous êtes sans doute comme presque tous les étrangers qui viennent à Singapour, vous êtes persuadé que nous sommes tous des robots programmés.

— Vous ne m'avez pas l'air de quelqu'un qui se laisserait facilement « programmer ».

— La flatterie ne vous apportera rien, je vous préviens, a-t-elle rétorqué avec un soupçon de sourire. Bon, on commande ?

— Vous déjeunez toujours à onze heures du matin ?

— Vous posez plein de questions, décidément.

— Simple déformation professionnelle.

— C'est une mauvaise habitude, à Singapour.

Autre ébauche de sourire sur les lèvres d'Isabelle Woo. Je me suis dit qu'elle contrôlait beaucoup ses expressions, et qu'il y avait une raison à cela. À Singapour, sourire était un devoir social de plus, une façon de manifester au monde sa joie immense à faire partie d'une communauté aussi exemplaire. Pour cette raison, mon interlocutrice se montrait réticente à arborer un grand sourire : elle ne voulait pas paraître trop prisonnière de ce rôle, trop socialement correcte, trop « programmée ».

Elle semblait tout prendre au sérieux, Isabelle Woo : son travail, sa pause-déjeuner à onze heures tapantes – « Je commence à six heures tous les matins, donc c'est le moment approprié pour faire un break » –, son statut de femme célibataire de trente-quatre ans qui vivait toujours chez ses parents. Cette gravité non dénuée d'insécurité était d'autant plus surprenante qu'elle contrastait avec son apparence physique, car si je l'avais croisée dans la rue je l'aurais facilement prise pour une accro de l'aérobic sud-américaine, avec sa silhouette impeccable et son chic latino. Quand je lui en ai fait la remarque, elle m'a appris que sa mère était de Caracas.

— Elle a connu mon père, qui est de Singapour, quand il travaillait pour l'industrie pétrolière vénézuélienne. Singapour et le Venezuela… un drôle de mélange, vous ne trouvez pas ?

Elle a eu un autre sourire rapide, puis un serveur est venu à notre table pour noter notre commande. Nous étions dans une petite cafétéria au sous-sol d'un centre commercial démodé. L'endroit était désert, à cette heure, ce qui m'a amené à penser qu'elle avait pris ses précautions pour qu'aucun collègue ne puisse la surprendre en flagrant délit de conversation avec un fouineur. Avec la même circonspection, elle avait téléphoné la veille à notre amie commune, une analyste financière de Perth qui avait travaillé un temps à Singapour et m'avait conseillé de la contacter, pour vérifier si j'étais fiable.

— Je ne prends jamais de risques, m'a déclaré Isabelle. Sauf sur le marché Forex, évidemment, mais même là il m'a fallu du temps pour apprendre à saisir une position qui n'est pas cent pour cent sûre. Je suis prudente, par nature. D'autant plus que j'ai commencé ma carrière comme simple employée dans une succursale.

La banque n'avait pas fait partie de ses projets, au début.

— Adolescente, j'avais plein d'idées un peu folles et je rêvais de devenir actrice. Pas très réaliste, puisque à Singapour nous n'avons presque pas de théâtres et que la production cinématographique est quasiment inexistante. J'envisageais aussi de voyager pendant un ou deux ans, d'explorer le monde avant de m'engager dans quoi que ce soit, mais mon père, qui est très traditionaliste, n'a pas voulu en entendre parler. À vingt ans, je me suis fait engager dans cette banque où j'ai travaillé au guichet pendant quatre ans. Compter l'argent à la fin de la journée, faire des additions… Horrible ! Afin d'échapper à ce travail abrutissant, j'ai posé ma candidature pour être stagiaire à l'étage du trading.

Elle ne se faisait guère d'illusions, le service étant à la recherche d'un débutant de sexe masculin, et pourtant sa détermination avait fini par être récompensée, comme c'est souvent le cas à Singapour, ainsi que son insistance polie à se rappeler au souvenir des chefs du trading.

— Je crois qu'ils m'ont prise parce qu'ils sentaient que j'étais très décidée et que… j'ignorais tout du marché des changes ! Pour eux, ça voulait dire que j'étais malléable, qu'ils pouvaient entièrement me former. Durant ma première journée, le chef de desk ne m'a rien expliqué, il s'est contenté de me donner un registre d'opérations et de me dire que je devais commencer à gagner de l'argent pour la banque. Mais de quelle manière ? lui ai-je demandé. Il m'a répondu que dans ce secteur il n'y avait que deux mots qui comptaient : « enchérir » et « conclure ». Je ne savais même pas de quoi il parlait ! Au début, ils ne m'ont confié que de toutes petites opérations, pour limiter les dégâts. N'empêche, le jour où j'ai subi ma première perte, j'ai cru que ma carrière était terminée, qu'ils allaient me réexpédier derrière un guichet et que je n'en sortirais plus.

— Elle était grosse, cette perte ?

— À peine cinquante dollars. Mais j'avais peur parce que j'avais coûté de l'argent à la banque, que j'avais échoué. Ce que j'ai compris, c'est que prendre des risques faisait partie de l'apprentissage du métier. Mon chef nous obligeait tous à jouer au backgammon pendant les pauses, convaincu que c'était une bonne formation pour ce travail. Il nous proposait des paris toute la journée, sur n'importe quoi : qui serait la prochaine personne à entrer dans la pièce, quelle température il ferait à midi, en combien de temps le prochain gobelet serait prêt à la machine à café… Son idée, c'était aussi de nous amener à penser et à travailler en équipe. Dans une salle de trading, il est impossible de fonctionner de façon purement individuelle. C'est pour ça que nous avons un grand écriteau sur le mur : « Ne soyez pas perso ! » Pour maximiser le potentiel de profit, il faut opérer en groupe. J'ai vu des gens qui se faisaient renvoyer parce qu'ils avaient oublié qu'ils appartenaient à une équipe, qu'ils avaient joué « perso »…

Isabelle m'a décrit sa journée de travail de onze heures, calquée avec une précision d'horloger sur les horaires d'ouverture et de fermeture des places boursières du monde. Elle était à son poste à six heures du matin, quand les Bourses de Nouvelle-Zélande et d'Australie démarraient les affaires du jour, et elle utilisait les premières cent vingt minutes comme une sorte de séance de mise en forme mentale avant que les gros poissons de Tokyo entrent en lice à huit heures ; elle continuait à observer les traders nippons jusqu'à ce qu'ils s'arrêtent pour déjeuner, mettant à profit cette pause pour une heure d'« entretien physique » dans un club de gym tout proche, là encore réglée comme du papier à musique : quinze minutes sur le tapis de course, quinze de natation, quinze de relaxation au bord de la piscine et quinze pour une collation, généralement une salade verte légèrement assaisonnée. À midi, elle était au bureau pour la réouverture de Tokyo, et quatre heures plus tard c'était Londres qui reprenait vie, place majeure qu'elle suivait jusqu'à ce qu'il soit temps pour elle de quitter le travail, à dix-huit heures.

Son temps libre était tout aussi strictement organisé : elle consacrait le lundi et le jeudi soir à ses parents déjà âgés ; le mardi et le vendredi, elle suivait des cours d'allemand à l'Institut Goethe – sa quatrième langue, donc, puisqu'elle parlait couramment anglais, chinois et espagnol – ; le mercredi, elle rejoignait une association de joggeurs venus du monde entier qui s'était baptisée « Le Mix » et organisait un soir par semaine une course de huit kilomètres quelque part à Singapour, suivie d'un barbecue bien arrosé.

— Vous aimez faire les choses en groupe, on dirait, ai-je constaté.

Cette fois, aucune trace de sourire n'est apparue sur ses traits.

— Je fais les choses en groupe parce que je ne suis pas mariée.

— Pas de petit ami ? – Elle a fait non de la tête. – Pas d'ex non plus.

Même signe de dénégation, avant de changer de sujet.

— Je rencontre des traders de Londres ou de New York qui passent par ici et ils racontent tous qu'ils ont des horaires affolants, qu'ils sont débordés, mais pour nous onze heures de travail par jour, c'est plutôt normal. Travailler dur est un des traits de la personnalité asiatique. À Hong Kong, les gens le font pour gagner plus, à Tokyo, pour que leurs supérieurs les estiment, et à Singapour, pour… rester dans la course. Si on ne le fait pas, on a l'air différent. On ne vous rejettera pas pour ça, non, mais vous serez considéré comme quelqu'un qui n'a pas vraiment sa place ici. – Elle s'est penchée en avant, baissant la voix. – Je ne devrais pas dire ça, mais vous voyez, ici, l'identité nationale n'a pas vraiment de bases culturelles, parce que… eh bien, nous n'avons pas de culture propre, tout simplement, et même l'idée de former une nation reste plutôt vague. Vous avez entendu parler des journées « Swing Singapore » ? Une fois par mois, le gouvernement juge que nous devons sortir, nous distraire, prendre un peu de bon temps, alors quelques orchestres sont envoyés dans les rues, ils montent des fêtes de quartier, il y a des moniteurs qui nous apprennent des pas de danse… C'est la détente organisée, la fiesta contrôlée. Le manque de spontanéité, c'est très Singapour. Notre personnalité nationale, c'est quoi ? Être le centre financier d'Asie qui connaît le développement le plus rapide. Jouir d'un niveau de vie cinq ou six fois supérieur à celui de nos parents ou de nos grands-parents.

Elle a marqué une pause, réfléchissant quelques secondes.

— Ce que vous autres étrangers ne comprenez pas, c'est que nous sommes fiers de cette qualité de vie. Je suis assez âgée pour me souvenir de Singapour avant l'arrivée au pouvoir de Lee Kuan Yew, quand dix familles s'entassaient dans une seule petite bicoque ; maintenant, chaque famille a sa maison. C'est pour ça que le contrôle gouvernemental ne nous pose pas de problème, ni toutes les lois et les règles que nous devons respecter, ni l'absence d'opposition politique. Nous menons la belle vie, et c'est tout. Aide au logement, santé publique, pas de criminalité, pas de pauvreté, pas de maladies tropicales et plein d'argent à dépenser… Pourquoi serions-nous contre ce système ? Pourquoi mordrions-nous la main qui nous donne à manger ?

Je n'avais pas de réponse à ces questions, mais mon air dubitatif l'a amenée à se récrier :

— Ah, je sais ce que vous pensez ! « Celle-là, elle n'est pas seulement programmée, elle a subi un lavage de cerveau complet » ! C'est ça ?

Avant que je puisse m'expliquer, le serveur s'est présenté avec deux assiettes.

— La salade de tofu, c'est pour… ?

La spécialiste du Forex a fait signe que c'était pour elle.

La une du *Strait Times*, le seul et unique quotidien de Singapour, offrait un scoop sensationnel :

LA CONSOMMATION D'EAU
EN BAISSE POUR DEUX JOURS CONSÉCUTIFS

Le volume d'eau consommée a encore baissé ce samedi, deuxième journée où il est passé sous la barre d'un million de m³/jour fixée dans le cadre de la campagne pour économiser l'eau entreprise il y a quelques semaines.

Toutefois, la consommation a été supérieure à l'objectif de 950 000 m³/jour que la Commission espérait atteindre en raison de la vague de sécheresse actuelle.

Ce but peut être réalisé si les Singapouriens réduisent d'au moins 10 % le volume d'eau qu'ils consomment chaque jour.

Autre gros titre, ce matin-là :

SINGAPOUR AU XXIᵉ SIÈCLE :
UNE EXPOSITION GÉANTE EN JUIN

Une exposition-spectacle d'un budget de plusieurs millions de dollars permettra aux Singapouriens d'avoir un aperçu de ce que sera leur vie au siècle prochain.

Ce sera une vision du Singapour de l'avenir, une présentation de la technopole globale qui offrira à ses actionnaires (simples citoyens et compagnies locales ou étrangères) une qualité de vie équilibrée. Il s'agira de montrer comment ce pays, une ville résolument cosmopolite et inscrite dans la mondialisation, peut utiliser la technologie et la créativité humaine afin d'améliorer les conditions de vie de ses habitants.

Bienvenue dans la technopole du futur, chers actionnaires ! Bienvenue dans ce nouveau monde idéal ! « Vous pensez que nous sommes tous programmés, ici »… Non, pas exactement, mademoiselle Woo, mais la lecture du *Strait Times* ressemblait à un cours intensif d'idéologie positiviste, à un manuel de l'art et de la manière de développer un optimisme sans faille. George Babitt lui-même, le héros de la fameuse satire du volontarisme civique américain, aurait fait figure de cynique ronchon à Singapour, et le message de l'unique quotidien ne variait pas du « Gardez le sourire, citoyens ! », sauf pour tancer vertueusement ses lecteurs sur le fait d'oublier leurs responsabilités sociales, de gaspiller l'eau ou… de mettre en danger notre écosystème en lampant de la soupe aux ailerons de requin.

LES AMATEURS DE SOUPE AU REQUIN
REFUSENT DE POSER LEUR CUILLÈRE
POUR SAUVER UNE ESPÈCE EN DANGER

L'estomac passe avant la préservation de la nature pour de nombreux Singapouriens qui se disent résolus à continuer de consommer de la soupe aux ailerons de requin, alors que la pêche excessive menace de provoquer l'extinction de ce prédateur de la haute mer.

Je ne percevais toutefois pas l'atmosphère oppressante caractéristique d'un État totalitaire, ici. Singapour se voulait trop le champion de la libre entreprise pour céder au totalitarisme. C'était plutôt un établissement scolaire géant, avec son règlement intérieur et l'interdiction de courir dans les couloirs ; comme toute institution d'enseignement élitiste et hostile à toute fantaisie, celle-ci encourageait ses étudiants les plus ambitieux, travailleurs et doués d'esprit d'équipe, mais rejetait également la moindre tentative de pensée différente, l'idée même de la contestation.

Quand j'ai demandé à Sheila Su Ann comment elle expliquait que règne à Singapour cette ambiance de collège collet monté, elle m'a aussitôt répondu :

— Mais c'est tout simple ! Lee Kuan Yew a fait Cambridge…

Elle était coutumière de ce genre de remarque tout en ironie, Sheila Su Ann, ce qui contrastait avec son apparence sévère. À trente ans, elle était considérée comme l'un des plus brillants éléments de la jeune génération financière de Singapour, et si la ville-État ressemblait à une école, cette trader toujours habillée de manière stricte qui m'a reçu dans un bureau au dépouillement spartiate aurait pu être la parfaite déléguée de classe. Pourtant, j'ai commencé à douter de cette première impression dès que j'ai entendu sa remarque à propos de la formation de Lee Kuan Yew, ou lorsqu'elle a déclaré avec un certain pétillement dans les yeux que « négocier des devises étrangères, c'est pour le glamour ; négocier des actions, c'est pour devenir riche ». Et comme nombre de ses collègues que j'ai rencontrés à Singapour, elle a vite abandonné sa réserve technocratique quand je l'ai priée de me parler de sa vie.

— Eh bien, je vais vous parler d'un aspect de ma profession à mon avis typique de Singapour : l'égalité complète avec laquelle les femmes sont traitées. L'an dernier, j'ai passé une semaine à notre bureau de New York, une autre à celui de Sydney, et j'ai été effarée par l'attitude des traders masculins. Ils font sans cesse comme si nous étions leurs inférieures, comme s'ils devaient tolérer notre présence. Ici, ce n'est pas du tout pareil : on est jugés sur nos résultats, point final. Et il y a presque autant de femmes que d'hommes qui travaillent dans ce secteur. Tenez, maintenant, soixante-quinze pour cent de nos jeunes diplômés en économie ou en management sont des filles. Il n'y a pas de secret : nous savons qu'il y a plein d'argent à gagner dans le trading et l'argent, au sein de la société chinoise, est le seul moyen par lequel une femme peut atteindre une certaine indépendance.

Elle m'a assuré que presque tous ses amis et toutes ses amies avaient rejoint le marché financier. Les rares autres avaient choisi des carrières « réalistes », pour reprendre son expression : médecine, comptabilité, droit, import-export… Singapour n'était pas l'endroit où un jeune annonçait à ses proches qu'il préférait écouter sa voix intérieure plutôt que de chercher un emploi « sérieux ». Même la publicité était tenue pour une activité qui ne faisait pas partie des secteurs garantissant une réussite matérielle aussi rapide que substantielle. Si l'on se dédiait à une occupation non ou peu profitable, on était vite jugé « marginal ». Sheila l'a exprimé à sa façon.

— J'ai été deux ans en stage à Londres et j'aurais aimé rester là-bas, mais mon devoir était de revenir à Singapour, pour mes parents. Je suis rentrée, j'ai été engagée dans cette compagnie, je me suis mariée, j'ai fondé ma famille. J'ai fait ce qu'il fallait, ce que mes proches et mon pays attendaient de moi. Vous savez, nous sommes très malléables, nous, les Singapouriens. On est habitués à agir comme on nous le demande, quoi qu'il arrive. Je vous donne un exemple : le planning familial. Pendant très longtemps, on était durement sanctionnés si on avait plus de deux enfants. Au point que les meilleures écoles n'étaient accessibles qu'aux deux premiers, les autres devaient aller ailleurs. Résultat, le taux de natalité a tant baissé que le gouvernement s'est inquiété, brusquement. Croissance démographique zéro ! Ils ont tellement paniqué que maintenant nous avons un nouveau slogan : « Ayez-en trois si vous en avez les moyens ! » Et à nouveau, les gens suivent ! Nous acceptons tout ce que les autorités nous demandent. Si M. Lee se plaint que nous consommons trop d'eau, nous ne prendrons une douche que tous les deux jours. Si M. Lee dit qu'il faut avoir un troisième enfant si on a dc quoi l'élever, nous allons pondre des gamins en plus pour Singapour. C'est fou mais c'est comme ça. Nous avons été élevés dans le principe qu'il faut satisfaire les plus haut placés, que ce soit les parents, le patron, l'État… Nous voulons combler leurs attentes, alors nous travaillons dur parce que nous désirons leur approbation, leur reconnaissance. Nous ferons tout pour avoir le meilleur bulletin scolaire !

Plus tard ce même jour, j'ai vu un encart publicitaire dans le *Strait Times*. Un garçonnet était affalé sur un canapé devant un poste de télévision et, sous l'image, ce texte : « Est-ce ainsi que votre enfant passe ses vacances scolaires ? Nous ne voulons pas dire que vous devriez lui interdire entièrement le petit écran. Avec le rythme de vie et la compétition que nous connaissons aujourd'hui, un peu de distraction ne peut que lui faire du bien. Ce sont encore des enfants, après tout. Cependant, nous tenons à rappeler que des activités productives sont indispensables, pendant leurs moments libres. Ainsi, de nos jours, apprendre à se servir d'un ordinateur est une nécessité, aucunement un luxe. » Suivaient les coordonnées d'un centre d'initiation à l'informatique accessible à partir de l'âge de quatre ans.

Un jeudi après-midi aux salons du club de cricket de Singapour. C'est un écho de l'ère impériale, une vaste salle plongée dans la pénombre, aux fauteuils rembourrés, aux ventilateurs d'une lenteur hiératique et aux serveurs en livrée blanche qui semblent avoir cent ans. Alors qu'au-dehors le thermomètre menace d'exploser, l'air est ici réfrigéré, l'ambiance y est glaciale, au sens propre comme au figuré. Les membres de ce club sont des hommes d'affaires singapouriens qui portent la tenue conforme à leur statut, pantalon à pinces, chemise blanche à manches longues et cravate sombre ultra-classique. Les voix sont celles de l'Empire, elles aussi, celles d'anciens coloniaux qui se sont attardés à Singapour après l'indépendance et qui, dans leur grand âge, gardent le ton coupant et les inflexions châtiées des officiers des Indes. À elles s'en ajoutent d'autres, toutefois, celles des émissaires du Nouveau Monde technocratique : crépitement rapide du courtier new-yorkais, grommellements monocordes de quelque vice-président de corporation du Midwest américain, ton chantonnant et flegmatique de l'émissaire d'une banque de Sydney… Et puis, s'imposant par-dessus toutes ces nuances linguistiques du monde anglo-saxon, on entend beaucoup l'anglais accentué à la chinoise de la nouvelle bourgeoisie singapourienne, qui règne désormais sur le club comme sur la ville.

Li Su Kong ne se sent pas à sa place dans cet antre de l'élite financière de Singapour. Bien que banquier d'affaires respecté, il ne se considère pas comme un acteur majeur de la vie économique locale et ne vient ici que rarement, sa compagnie payant la cotisation annuelle du club.

— Je suis juste quelqu'un qui essaie de gagner sa vie, me confie-t-il avec une modestie qui pourrait être prise pour de la timidité tant il lui arrive d'hésiter sur le choix des mots.

Son élocution me fait penser à la suspension mal réglée d'une voiture qui a tendance à décrocher dès que le terrain verbal présente une difficulté. Ajoutez à cela des épaules voûtées, des lunettes rondes en métal, des yeux fatigués par trop de colonnes de chiffres et vous seriez en droit de le prendre pour un comptable agoraphobe, pour qui le Premier ministre britannique John Major représenterait l'idéal de l'élégance vestimentaire masculine. Avant de se replier sur le terrain sûr de la banque commerciale, pourtant, Li Su Kong a été un trader intrépide, l'un des poids lourds de la place boursière singapourienne.

— Pour quelle raison j'ai tenté ma chance là-bas ? Pour l'argent, très franchement. Quand je suis sorti de l'université il y a dix ans, j'ai été cadre à la Compagnie portuaire de Singapour, à six cents dollars la semaine. En devenant trader à l'essai, j'ai tout de suite gagné le double... Et puis, à l'époque, les intermédiaires boursiers, c'était encore une espèce rare, ici. Jusqu'à aujourd'hui, nous n'avons que sept sociétés de courtage dans tout Singapour. On avait l'impression d'être un peu à part dans le jeu de la finance, des spécialistes recherchés... Au bout de quelques années, néanmoins, je me suis rendu compte que la seule chose stimulante dans ce métier, c'est de faire du profit, et ensuite encore plus de profit, et ainsi de suite... Ce n'était pas toujours facile, la pression était énorme, et justement parce qu'on me payait bien plus que je ne m'y étais attendu j'en suis venu à craindre en permanence de ne plus arriver à remplir mes objectifs, et donc de ne plus avoir de raison d'être dans ce travail. À un point tel que j'en ai perdu le sommeil.

Li Su Kong ne parle pas d'insomnie banale : il avait atteint le stade où il lui était impossible de dormir plus de deux heures par nuit, pendant la semaine. Le week-end, les choses s'arrangeaient, mais le reste du temps son emploi hautement anxiogène le tenait éveillé. Il avait développé des manies pour essayer de détourner son esprit de l'angoisse d'une nouvelle nuit blanche, par exemple cirer toutes les chaussures de son foyer ou partir dans sa Nissan à travers la ville, se laissant guider par les échangeurs presque déserts pour ces dérives sans but. Il arrivait au bureau épuisé et seul un apport régulier de caféine et de nicotine permettait à son organisme de tenir. Le prix à payer pour rester éveillé presque deux jours d'affilée était lourd : quatre paquets de cigarettes quotidiens et des dizaines de tasses de café noir.

Il avait continué comme cela pendant sept ans et inévitablement, à l'instar de tous les gens de la profession qui poussent le bouchon trop loin, il s'était rendu compte un jour qu'il n'avait plus d'avenir à un régime pareil, que son temps était passé. Lucide, il avait cédé sa place à un petit jeune et s'était reconverti dans l'activité bancaire.

— Il y a près de cent quarante banques à Singapour, j'avais donc le choix. J'ai opté pour un établissement de petite taille, dans la branche commerciale : pensant pouvoir mieux dormir la nuit que si je rejoignais une grosse société.

— Et c'est fini, l'insomnie ?

— Je dors cinq heures par nuit, oui, ce qui dans mon cas représente un progrès considérable… Mais je crois que je fais partie de ces gens condamnés à vivre sous la menace de l'insomnie. Ceux qui trouvent qu'ils ne réussissent pas suffisamment, qu'ils pourraient faire mieux, qu'ils devraient améliorer tel ou tel aspect d'eux-mêmes. Sur ce plan, je suis un vrai Singapourien : jamais content de lui…

Et pourtant, Li Su Kong n'était pas un pur produit de ce pays où l'opiniâtreté au travail constitue la vertu suprême : il était né à Shanghai et c'est en 1956 que ses parents étaient arrivés à Singapour, alors qu'il n'avait que six mois, à la poursuite du rêve éternel de tous les émigrés : une vie meilleure. Comme Singapour n'avait pas encore épousé l'idéal antiseptique de Lee Kuan Yew, les conditions des premiers temps s'étaient révélées plutôt insalubres.

— Nous avons vécu dans un village en banlieue. Horrible ! Une cabane de deux pièces, pas d'eau courante, pas d'électricité, pas de cuisine. On allait chercher des seaux au puits et on préparait à manger sur un brasero dans la cour. Mon père, qui était devenu chauffeur de taxi, avait une mauvaise santé, de sorte que ma mère devait prendre des emplois précaires, femme de ménage et même manœuvre sur des chantiers, à transporter des paniers de briques pour les ouvriers. Nous avons mené cette vie pendant dix ans.

Cette expérience de jeunesse avait fait de lui un admirateur convaincu de Lee Kuan Yew, le dirigeant qui non seulement avait promis un miracle pour Singapour mais l'avait réalisé. Sous son autorité, les bidonvilles avaient été rasés et même les plus pauvres avaient reçu des logements décents, munis de toutes les commodités modernes. Les calamités typiques des pays tropicaux sous-développés – choléra, malaria, bilharziose, fièvre jaune, typhoïde, poliomyélite – avaient été éradiquées, l'eau courante avait été rendue potable… et Li Su Kong, ainsi que ses deux frères cadets, avait pu suivre des études supérieures.

— Il est évident que je n'ai aucun reproche à faire au gouvernement, a-t-il poursuivi. Et je suis heureux des progrès que j'ai accomplis dans ma vie même si, comme je vous l'ai dit, les Singapouriens ne sont jamais totalement contents : nous vivons dans l'ombre du « kiasu », la peur d'échouer. La peur et le besoin d'amasser sont les forces déterminantes de notre société. Cela explique que nous avons tendance à nous vanter quand nous avons le vent en poupe, et à nous taire quand nous avons l'impression de nous tromper. Le Premier ministre est un technocrate, il a transformé le pays en une nation de technocrates. De technocrates prudents tels que moi, qui ne sont jamais sûrs d'être encore aussi prospères le lendemain. Et n'ayant pas de gros loyers ou de lourds crédits à payer, nous sommes rarement endettés comme les gens en Occident.

— Que faites-vous avec votre argent, alors ?

— Je le mets à la banque. Ou je vais dans les magasins. Le shopping, c'est le grand hobby, chez nous. C'est comme ça que nous nous distrayons, que nous mesurons notre aisance et là où nous en sommes arrivés.

« J'achète, donc je suis » : était-ce là le véritable credo de Singapour ? Ce consumérisme en tant que validation personnelle faisait-il partie du pacte tacite qui avait été conclu entre gouvernants et gouvernés ? Car il y avait bien un pacte au cœur du contrat social à la singapourienne, c'était certain. Un pacte faustien, d'une logique glaciale, que l'on pouvait résumer ainsi : en échange de la discipline sociale et politique observée par les citoyens, l'État leur assurait non seulement le niveau de vie le plus élevé de l'Asie du Sud-Est mais aussi la possibilité de s'acheter tous les jouets qu'ils désiraient.

C'était fort intelligent, et presque impossible à rejeter, d'autant qu'il suffisait à Lee Kuan Yew de montrer à ses concitoyens Jakarta ou Manille au sud, Kuala Lumpur ou Bangkok au nord, pour les faire réfléchir sur des choix de société très différents. Le ressort le plus malin de son pacte, c'est qu'il jouait sur l'ambition sociale des Singapouriens avec un sous-entendu des plus attirants : « Suivez mon programme d'autodiscipline collective et nous renierons ensemble notre passé de sous-développement. »

Beaucoup de pauvres ayant accédé à l'aisance matérielle, Singapour faisait de son mieux pour oblitérer les reflets de son ancienne précarité, tout en étant secrètement terrifié par l'éventualité d'une régression économique. Avec cette mentalité, la poursuite de l'ambition première de la ville – devenir un centre financier à l'échelle mondiale – prenait des inflexions presque spirituelles : amasser de l'argent n'était pas tant un désir de lucre qu'une manière de nier un passé tiers-mondiste. Il y avait un zèle de néophyte à la base de cette foi intense dans le marché, dans l'aspiration à se rédimer, à se réinventer à travers les services financiers et les instruments monétaires. En conséquence, la « culture d'entreprise » était la vraie religion de Singapour. Ce n'était pas non plus un hasard si les mouvements néo-chrétiens y connaissaient une vogue remarquable : ce pays projetait l'image d'un puritanisme nouvelle mouture, obsédé par l'éthique du travail et le rêve de créer une cité-modèle en Asie du Sud-Est, un rayon de lumière affairiste au milieu d'une région encore plongée dans ses vieilles ombres.

— J'ai de nombreux collègues qui se sont convertis au christianisme, ces dernières années, a noté Li Su Kong. C'est presque une mode. Bien sûr, le succès de l'évangélisme charismatique américain s'explique en grande partie par le fait que l'anglais soit devenu la principale langue de Singapour, ce qui facilite la tâche des missionnaires anglo-saxons. Un point intéressant, également : chaque fois que l'économie ralentit, on voit plus de convertis. Au moins cinq de mes connaissances ont rejoint l'Église évangélique après le krach d'octobre 1987.

— Vous, ça ne vous a pas tenté ?

— Je me suis relativement bien sorti de cette crise, donc je ne recherchais pas vraiment un réconfort spirituel. De plus, je suis athée, comme M. Lee Kuan Yew. Si j'ai besoin de réconfort spirituel, je vais faire du shopping.

Vendredi saint à Singapour : les marchés financiers étaient fermés, les galeries commerciales ouvertes et les officiants de l'Assemblée de Dieu offraient une messe à l'auditorium du ministère du Développement social.

Une foule d'environ trois cents personnes des deux sexes, des jeunes en majorité, s'était rassemblée dans la salle louée pour l'occasion. Il s'agissait d'une communauté de pentecôtistes endimanchés qui, comme tous leurs coreligionnaires, vénéraient le pouvoir de l'Esprit saint et avaient reçu le « baptême de l'Esprit », une initiation qui leur permettait de « parler en langues », de guérir les souffrants par imposition des mains et de prophétiser à leur guise.

À première vue, cette congrégation n'avait pas la ferveur gesticulante que l'on voit dans les églises de cette tendance à travers tout le sud des États-Unis. Les fidèles étaient trop bien élevés, trop réservés et trop chinois pour se laisser aller ainsi. Pourtant, lorsqu'un jeune prédicateur vêtu d'un trois-pièces sombre, réminiscence de la grande dépression que tous les évangélistes affectionnent, est monté à la tribune et s'est mis à crier en anglais : « Célébrons Jésus ! » comme une litanie, la foule autour de moi s'est soudain dégelée et j'ai vu, non sans surprise, ces Singapouriens lever les bras au ciel et hurler de-ci, de-là : « Merci, Jésus, merci ! »

Un hymne a été entonné, dans lequel chacun proclamait qu'il devait à Jésus tout ce qu'il possédait. Puis le prédicateur a invité l'assistance à applaudir très fort le Christ « pour Le remercier de ce qu'Il a fait en notre faveur sur la croix du Calvaire ». Et puisque c'était le Vendredi saint, cette mention de la croix et du calvaire l'a amené à nous rappeler toutes les souffrances de Jésus quand il est mort pour nous, à se lancer dans une description des tortures infligées par les soldats romains, description qui était d'un réalisme assez insoutenable, plutôt « gore » : les fouets qui « Lui avaient arraché toute la peau du dos », les yeux sortis de la tête du Fils de Dieu lorsqu'un officier particulièrement sadique l'avait frappé au front, le craquement des os et les geysers de sang quand de gros clous rouillés avaient été plantés dans ses mains et ses pieds.

— Pourquoi ont-ils fait ça à mon Jésus ? a bramé le propagateur de la bonne parole. Parce que la masse voulait que Barabbas vive et que Jésus meure ! Barabbas ! Le genre de criminel dont nous ne tolérerions pas la présence dans les rues de Singapour, tant nos femmes et nos enfants ne seraient plus en sûreté à cause de lui… Mais la foule a exigé que Barabbas ait la vie sauve et Ponce Pilate a cédé à la foule. Comme vous ! Vous aussi, vous cédez à la foule ! En fumant ! En buvant ! En convoitant la femme d'autrui ! Et Ponce Pilate a voulu rejeter sa responsabilité sur quelqu'un d'autre, comme vous ! Vous qui reprochez à vos parents ce que vous êtes aujourd'hui ! Vous qui blâmez votre pays de votre sort au lieu de l'assumer !

La conclusion est venue en crescendo :

— Vous devez respecter vos parents, respecter votre pays, respecter et aimer Jésus ! Parce que vos parents ne vous ont jamais abandonnés, et votre pays non plus, et certainement pas Jésus ! Et Il sera toujours avec vous !

Responsabilité et devoir : c'était un sermon qui tombait à pic à Singapour, l'homélie idéale pour la ville où la finance était devenue une mystique.

6

La météo prévoit des larmes

Laszlo voulait parler de suicide. Il a mis le sujet sur la table alors que nous attaquions deux grandes pizzas (pepperoni et supplément de fromage) dans un restaurant proche du Danube. Après m'avoir appris qu'il s'agissait de la première – et unique à cette date – pizzeria de la Budapest post-communiste, il a déclaré à brûle-pourpoint :

— Tu sais, j'ai plusieurs amis qui se sont supprimés, l'année dernière... – Tout en me donnant cette saisissante information, il a attrapé une bouteille de ketchup est-allemand et tracé un grand X écarlate sur sa pizza. – Beaucoup de désespoir, ces derniers temps, a-t-il dit. Beaucoup de mauvaises vibes.

— Et quelle serait la cause de ces « mauvaises vibes » ? me suis-je enquis tout en me demandant où il était allé pêcher ce jargon de baba-cool californien.

— Quand tu habites un pays qui ne va nulle part, ça finit par te miner, non ? Surtout si tu te rends compte que tu n'as aucun choix toi-même...

— Mais en avoir fini avec quarante-deux ans de régime communiste, ça devrait porter à un certain optimisme, tu ne crois pas ?

— Oui, cela a redonné de l'espoir à tout le monde… pendant quinze jours. Et après, chacun a replongé dans sa déprime. – Comme je suggérais qu'il exagérait, il a repris : – Pense ce que tu veux, moi, je sais seulement que quatre amis à moi ont tiré leur révérence à ce monde dans les douze derniers mois, et ce de façon plutôt dramatique : deux par asphyxie au gaz, un avec des comprimés et une en se jetant sous l'express qui dessert la ville de Cop, à la frontière russe. Dans les quatre cas, le détonateur a été le même : le constat qu'ils n'avaient pas d'avenir.

Il a mastiqué un bout de pizza avant de reprendre :

— Laisse-moi t'expliquer comment ça fonctionne, ce désespoir. Ma copine, Ilona, a vingt-quatre ans comme moi, et une licence en économie de l'université de Pécs comme moi. Comme moi, elle n'a pas pu trouver un travail correspondant à sa formation, alors elle est puéricultrice dans une crèche, pendant que moi je fais l'éclairagiste à l'opéra. Comme moi, elle gagne dans les mille forints par mois, ce qui correspond à peu près à cent de tes dollars. Comme moi, elle est obligée de vivre chez ses parents. On parle de se marier mais on sait que c'est impossible pour l'instant, vu que dans cette ville il y a une liste d'attente de trois ans pour obtenir un appartement. Ou alors, il faut allonger des centaines de milliers de forints en pots-de-vin, si on ne veut pas attendre comme les autres. Tout ça, c'est déprimant. Ne pas avoir un endroit à nous quand on a envie d'avoir notre intimité, c'est « très » déprimant, mais la situation est celle-ci : j'habite avec mes parents dans un deux-pièces qui fait exactement cinquante-deux mètres carrés, tandis qu'Ilona, ses vieux et sa grande sœur s'entassent dans un appart de la même superficie. Quand on veut faire l'amour, on doit emprunter la voiture d'un pote. J'ai vu que c'était très courant de baiser sur le siège arrière d'une auto, dans l'Amérique des années 1950, sauf qu'eux avaient des énormes Chevrolet tandis qu'Ilona et moi devons nous contenter d'une petite Skoda… Conclusion : tu vois que c'est pas compliqué de se dire qu'on n'a pas de futur, dans ce pays. Quand tu te rends compte que rien ne peut changer, ni sur le plan du boulot, ni sur celui du logement, ni même pour trouver où prendre ton pied avec ta petite amie. Cette vie, c'est vraiment pas « groovy »… – Il s'est arrêté pour observer ma réaction. – Eh oui, j'ai glané quelques mots de californien, à Los Angeles…

Il venait de passer deux mois à L.A., en visite chez un oncle qui avait fui la Hongrie pour la Cité des Anges pendant le soulèvement populaire de 1956 et se débrouillait assez bien comme concessionnaire Chrysler et Plymouth à Westwood. Veuf et sans enfants, il avait payé le voyage à son neveu de Budapest pour tenter de le convaincre qu'il avait un avenir : futur héritier et directeur de sa compagnie, Vavra's Car City. Laszlo n'avait pas refusé l'occasion de voyager, ni les trois cents dollars par semaine que son oncle lui avait versés en tant que vendeur à l'essai, ni l'Oldsmobile du garage qui lui avait été prêtée pour qu'il flâne sur les échangeurs de la Californie du Sud, mais au bout de six semaines il avait remercié son bienfaiteur et embarqué sur un Tupolev à destination de Budapest.

— Qu'est-ce qui t'a déplu là-bas ? lui ai-je demandé.

— Trop de soleil.

Le sarcasme était un trait saillant de sa personnalité. Il l'utilisait comme une défense face aux pensées encore plus sombres que sa situation pouvait lui inspirer. Je m'étais d'ailleurs rendu compte lors de mon premier voyage en Hongrie, en 1985, que l'humour noir était un passe-temps national, ici. Arrivé tard de Zurich par une nuit de mars, je m'étais retrouvé dans un hangar d'aéroport qui servait de poste de contrôle des passeports. Sous une lumière sinistre, de jeunes gardes-frontières ravagés par l'acné, leurs uniformes en grosse toile ornés d'épaulettes portant la faucille et le marteau, s'étaient ingéniés à forcer le trait de la méfiance policière version pacte de Varsovie en me bombardant de questions sur les raisons de ma venue en République populaire de Hongrie, puis en menant une fouille au corps sur le tube de dentifrice que j'avais dans ma valise. Après avoir pu m'échapper de leurs griffes, j'avais émergé dans une petite tempête de neige et passé deux heures à rejoindre la ville à vitesse d'escargot en compagnie d'un chauffeur de taxi maniaco-dépressif. Il avait poussé une longue complainte sur les misères de l'existence au sein du « socialisme-goulasch », cette variante de communisme mâtiné de privatisations qu'avait concoctée le chef du Parti de l'époque, János Kádár. Pendant qu'il énumérait les maux du pays, parmi lesquels l'impossibilité d'obtenir un logement décent si l'on n'avait pas la carte du Parti, les phares de sa Lada perçaient le rideau de neige pour révéler les grandes étoiles rouges et les panneaux de propagande (« Ensemble nous bâtirons l'avenir socialiste ! ») implantés le long de la route. Au milieu de son monologue accablant, la radio avait émis un bulletin urgent annonçant le décès à Moscou du bien-aimé secrétaire général Konstantine Tchernenko et là, du tac au tac, le chauffeur avait lancé une devinette : « Vous savez pourquoi il portait toujours des chemises aussi grandes, Tchernenko ? Parce qu'il avait un pacemaker made in Union soviétique ! » Telle avait été ma première exposition à l'esprit caustique hongrois. Cinq ans après, Laszlo venait de me réinitier à cette nuance pleine de mordant de la mélancolie « Mittel-europa ».

Nous avions fait connaissance dans une station de métro du centre de Budapest, par un après-midi moite de juin. Je venais d'arriver de l'aéroport en autobus, un trajet plein d'enseignement pour moi car, à la place des étoiles rouges et des slogans du Parti, il y avait maintenant des publicités pour KLM, Samsung et la loterie. Des paraboles hérissaient les immeubles d'une ville où, dans un passé pas si lointain, les chaînes étrangères étaient systématiquement brouillées. Découverte encore plus curieuse : non loin du terminal, j'ai vu une petite cabane en rondins dont un pan était couvert par une grande bannière étoilée et juste en face, à une dizaine de mètres, une statue datant de l'ère du réalisme socialiste, celle d'un jeune pionnier à la pose volontaire, le pied gauche éternellement lancé dans une marche victorieuse vers l'avenir radieux. De loin, on aurait dit que le juvénile camarade avançait avec détermination vers les mirages du kitsch américain.

Ces signes superficiels de changement indiquaient à eux seuls que j'arrivais dans un pays engagé dans une profonde volte-face idéologique. Huit mois avant ma visite, le vieil ordre communiste issu de la Seconde Guerre mondiale avait cédé devant la volonté populaire – et les pressions des tenants de la « perestroïka » soviétique – en laissant la voie ouverte aux premières élections libres depuis quarante ans. Même si les apparatchiks s'étaient rapidement dépouillés des oripeaux « ancien régime » laissés par János Kádár en se présentant comme des socialistes modérés, le Parti avait été balayé par l'exigence de démocratie. Avant son effondrement, pourtant, les dirigeants communistes avaient pris une initiative sérieusement « révisionniste » : le processus de mise en place de la première Bourse hongroise depuis le coup d'État qui les avait amenés au pouvoir en 1948. Et l'ouverture officielle de la place boursière était prévue cette semaine-là.

Moi qui venais de passer un moment en Asie, où la doctrine du libéralisme économique avait été reprise avec une ferveur presque religieuse, j'étais curieux d'observer comment une société qui avait perdu la foi dans le système collectiviste confiait maintenant son sort à la magie de la concurrence capitaliste. J'avais l'intuition que la Hongrie de l'époque, dans cette phase transitoire entre la mort du socialisme d'État et les prémices du « laissez-faire » économique, devait questionner de fond en comble son rapport à l'argent.

Cette interrogation allait jusqu'à un examen minutieux de l'identité collective elle-même, à commencer par la toponymie de l'espace. Les rues et les endroits publics avaient commencé à changer de nom, ainsi que je m'en suis aperçu, lorsque le bus de l'aéroport m'a laissé près du centre-ville, en descendant dans les couloirs de la station de métro appelée « Place du 7 novembre » mais aussi, en un ajout de fraîche date, « Ocktagon ». J'ai demandé à l'usager qui se tenait sur le quai près de moi quel était le nom définitif de cet arrêt. Il s'est tourné vers moi. Tee-shirt « California Über Alles », jean Wrangler et un sourire qui révélait des travaux dentaires assez rudimentaires.

— Il y a deux réponses à ta question, m'a-t-il répondu dans un anglais fluide et avec une familiarité naturelle. Pour ceux qui sont assez idiots pour rester des membres actifs du Parti, c'est toujours « Place du 7 novembre », la date de la « révolution » de 1948, mais tous les autres habitants de Budapest l'appellent de son nom d'avant 1948, « Ocktagon ».

— Mais… officiellement, c'est quoi ?

— Officiellement, c'est les deux. Mais au plus tard dans deux ans, cette station s'appellera Ocktagon et rien d'autre. Tout le monde veut se débarrasser des noms que les communistes ont imposés aux rues et au métro mais on n'est pas fous, on se rend compte que revenir d'un seul coup aux dénominations d'avant 1948 ne pourrait que semer la pagaille. Pour le moment, donc, la moitié des rues et des lieux publics de notre capitale ont deux noms. C'est une solution typiquement hongroise à un problème typiquement hongrois…

Dans la rame qui avançait à travers des tunnels en piètre état, Laszlo Tompa m'a parlé de lui. Économiste de formation, il était contraint de gagner sa vie en manœuvrant un projecteur à l'Opéra, les offres d'emploi dans le secteur financier restant des plus limitées. Il m'a proposé de me faire entrer gratuitement à la première d'un nouveau ballet qui devait avoir lieu ce soir-là, si cela m'intéressait.

— C'est une grande soirée, pour moi, a-t-il annoncé en feignant un air important. Je suis chargé de garder le projo sur Jésus-Christ.

Après avoir déposé mes bagages à mon hôtel, je me suis donc rendu à l'Opéra, où j'ai trouvé un fauteuil libre dans le fond. C'était la première représentation de *Mamma Maria,* un ballet consacré à la vie et aux œuvres du Christ, dansé sur du Bach préenregistré. Le spectacle s'est révélé pour le moins curieux, avec ses décors de Terre sainte peints comme des chromos dans une brochure des Témoins de Jéhovah, son Jésus prononçant le Sermon sur la montagne en faisant des pointes, son Lazare se livrant à un fox-trot après avoir été ressuscité d'entre les morts, sa Marie Madeleine révélant ses jambes nues, un trio de centurions se repassant le Christ entre leurs mains comme ils l'auraient fait d'un ballon de volley, l'Ascension assurée par deux câbles pendus dans les cimaises, Mamma Maria – Marie, on l'aura compris – se saisissant de la croix et la jetant dans la fosse de l'orchestre, et enfin un tonnerre de huées de la part du public lorsque le rideau est enfin tombé.

— Je ne crois pas qu'on aura un grand succès, m'a confié Laszlo lorsque nous nous sommes retrouvés après.

— Je n'avais encore jamais entendu des sifflets pareils.

— C'est compréhensible, non ? Alors qu'on a enfin le droit de parler librement du christianisme dans ce pays, qu'est-ce qu'on nous sert ? Des centurions dansants et un Christ qui fait des entrechats !

Nous avons pris un taxi pour descendre Népköztársaság, la principale artère de Pest – la partie occidentale de la ville, aussi plate que Buda, à l'est, est vallonnée –, sans doute promise à un nouveau nom puisque celui-ci signifie « République populaire ». En 1985, cette avenue baroque m'avait paru plutôt triste et défraîchie après des années d'abandon. Certes, jadis, les capitales est-européennes donnaient souvent cette impression d'accablement monochrome, mais ce soir-là elle semblait avoir recouvré en partie la grandeur passée des Habsbourg. Comme la représentation s'était achevée tôt, Budapest baignait dans un crépuscule ambré, couleur de whisky de malt. Lorsque nous avons franchi le Danube, les hauteurs fortifiées des collines de Buda ont festonné l'horizon. En contemplant la succession des ponts rococo qui reliaient les deux parties de la ville et le dôme doré du Parlement attrapant les derniers reflets de lumière, comment ne pas se convaincre que c'était là une glorieuse capitale, une cité pleine de promesses ?

Alors, quand nous avons été installés à la pizzeria et que Laszlo s'est mis à évoquer le taux de suicide national avec une sorte d'étrange fierté – « On dépasse même la Finlande, si on compte par rapport à la population totale ! » –, je me suis demandé si ce pessimisme n'avait pas à voir avec cette facilité qu'avait Budapest à rejeter parfois son apparence morose pour irradier une splendeur stimulante : dans l'optimisme trompeur que cette facette de la ville distillait, comment ne pas être accablé en considérant les limites déprimantes de sa propre existence, jusqu'à être tenté de faire un pas dans le précipice ?

Laszlo a continué à former des X de ketchup sur la surface en constante diminution de sa pizza.

— Tu as vu *Wall Street*, le film d'Oliver Stone ? m'a-t-il soudain demandé.

— Oui.

— J'ai beaucoup aimé, beaucoup. Surtout le milieu qu'il décrit, celui des… *golden boys*, ceux à qui tout réussit.

— Mais… Stone les dépeint comme une bande de salauds, pourtant.

— Exactement ! Le message du film est très clair : si on veut bosser dans le secteur financier, on doit être un salaud. Une approche plutôt intelligente, je trouve. Si j'arrive à me trouver un poste à la Bourse, maintenant qu'elle existe, je ferai tout mon possible pour être un grand salaud. Ce sera mon objectif principal, dans la vie.

— Tu as essayé de trouver du travail là-bas ?

— Bien sûr ! Mais la place boursière est tellement nouvelle et limitée que les possibilités sont rares. En tout cas, mon ambition, c'est ça : être un super-trader hongrois et un grand salaud. Très honorable, non ?

— Je suis sûr que tu iras loin.

— Pour le moment, je ne vais qu'à l'Opéra… Et encore, ça ne durera peut-être pas très longtemps, parce qu'on parle de lancer une grève illimitée.

La protestation avait pour objet une augmentation salariale réclamée par l'équipe technique et les artistes et fermement refusée par le ministère de la Culture. Après quatre décennies de subventions publiques à cent pour cent qui avaient permis à l'administration de maintenir des prix dans la logique de « l'opéra pour tous », le gouvernement entendait maintenant que la vie artistique hongroise commence à voler de ses propres ailes. À Budapest, les arts du spectacle étaient une chose sérieuse : tous les soirs de la semaine, soixante-cinq spectacles différents étaient mis en moyenne à la disposition du public et tous les producteurs, depuis l'Opéra national jusqu'au petit théâtre expérimental de quartier, dépendaient entièrement de la générosité de l'État. Mais, alors que l'éthique de la libre entreprise se répandait dans les moindres recoins de la société hongroise, il était de plus en plus question de subventions en passe d'être supprimées, de troupes théâtrales obligées de se tourner vers le secteur privé pour trouver des fonds, bref de la survie du plus fort.

— Tout le monde désire l'économie de marché mais personne ne veut que l'État arrête de subventionner l'art, a résumé Laszlo. C'est une période où on est tous déboussolés.

Son père, un ouvrier qui atteignait la soixantaine et avait longtemps appartenu au Parti, trouvait la vie dans la Hongrie post-communiste difficilement compréhensible.

— Il a rejoint le Parti après le soulèvement de 1956. Il pensait que c'était la seule force politique capable d'apporter au pays la stabilité, et il lui est resté fidèle pendant plus de trente ans. Cela dit, il n'est jamais allé plus loin que deux cents kilomètres autour de Budapest, il n'a jamais voulu voir le monde. Le communisme lui convenait, l'encourageant dans son isolement vis-à-vis du reste du monde. Maintenant, il a beau travailler dans une usine de machines-outils allemande et gagner plus que jamais il ne l'avait rêvé, il a peur de ce « truc » qu'on appelle la démocratie. Peur, oui. Ça lui paraît manquer de certitudes. Et ma mère est pareille. Elle est femme de ménage dans un laboratoire et elle croit toujours au communisme juste parce que ça interdit les surprises. Ta voie est toute tracée : voici un travail pour toi, voici l'espace où tu habiteras, voici ce que l'État te donne à manger, voici l'hôpital où tu iras gratuitement, voici tes vacances organisées et payées par le Parti... Pour eux, économie de marché égale inconnu, et ça leur flanque une trouille pas possible.

— À toi aussi ?

— À tout le monde, ici.

Après le repas, nous avons retraversé le Danube pour retourner à Pest, cette fois à pied. Laszlo s'est arrêté pour me montrer du doigt un immeuble en béton à l'abandon, aux fenêtres aveuglées par des planches.

— On l'appelait la Maison blanche, dans le temps.

— Pourquoi ?

— Parce que c'était le siège du Parti communiste. Une coquille vide, maintenant. Le nouveau gouvernement fait tout pour le louer mais personne n'en veut, personne ne veut travailler là-dedans. C'est un dinosaure, ce machin ! Ils parlent de le démolir et de créer un jardin public à la place. Une excellente idée, à mon avis : c'est un morceau d'histoire dont nous pouvons nous passer.

À ce moment, une BMW a tourné au coin de la rue à toute allure, frôlant le trottoir au point de nous obliger à nous jeter en arrière.

— Salaud ! ai-je crié à la voiture allemande d'un noir scintillant.

— Salaud de veinard ! a hurlé Laszlo encore plus fort.

Dans la géographie urbaine du pacte de Varsovie, Váci Ucta – la rue Váci – occupait une place à part. Longtemps, elle avait été un symbole, attirant la curiosité et l'envie des citoyens du bloc de l'Est parce qu'elle était le seul complexe commercial du monde socialiste qui atteignait plus ou moins les standards occidentaux. Comparée au grand magasin Goum à Moscou ou au Markthalle à Berlin-Est (avant la réunification de l'Allemagne) qui reflétaient la réalité ascétique dans laquelle vivait la galaxie soviétique avec leurs maigres étals de verroterie, de vestes en tissu synthétique, de cornichons en bocaux et de dentiers de seconde main, la rue Váci était le luxe absolu. Au milieu des années 1980, elle présentait la facette quasi capitaliste du « socialisme-goulasch » : petites épiceries d'État regorgeant de nourriture, chapeliers et tailleurs comme au bon vieux temps, quelques librairies correctes et une grande surface qui vendait des imitations d'appareils électroniques japonais bon marché. Il y avait même une enseigne Pierre Cardin et, bien que la plupart des habitants de Budapest n'aient jamais eu les moyens de la fréquenter, ils s'enorgueillissaient de la présence dans leur ville du célèbre couturier parisien, qui créait une patine de raffinement sur cette version provinciale de la rue Saint-Honoré et leur donnait l'illusion de ne pas être complètement coupés de l'abondance occidentale.

Ce mirage n'était plus nécessaire, cependant, puisque l'Occident avait fait une entrée clinquante dans la rue Váci. Les vitrines presque vides, les auvents poussiéreux au-dessus de ternes devantures, la publicité réduite à des mots d'ordre étatiques dans le style « Achetez vos chaussures chez nous ! », tout cela n'était plus qu'un lointain passé, repoussé aux oubliettes de l'Histoire par la façade en marbre de la boutique Estée Lauder toute neuve, les néons du McDonald's, les vives couleurs de Benetton ou de Stefanel, les silhouettes au chic sportif proposées par Adidas. Disparus aussi, les vendeurs de *Népszabadság*, la *Pravda* hongroise, maintenant remplacés par des kiosques affichant le *Herald Tribune*, la *Frankfurter Allgemeine Zeitung* ou *Bild*. Devant Estée Lauder, des badauds restaient hypnotisés par trois mannequins, des femmes élancées qui présentaient un nouveau rouge à lèvres en se déhanchant sur du disco.

La rue Váci un lundi matin à onze heures, c'était une vignette du capitalisme en train de naître. Les cafés étaient remplis de monde ; des hommes et des femmes portant des attachés-cases entraient et sortaient d'un pas affairé des immeubles de bureaux flambant neufs ou des agences d'échanges internationaux qui avaient éclos le long de l'artère ; de vieilles paysannes mettaient à profit cette affluence pour tenter de vendre aux passants des broderies ou des paniers tressés à la main ; une file d'attente interminable s'était déjà formée devant l'entrée de la boutique Adidas. Pour un observateur extérieur, l'effervescence de la rue Váci était la preuve tangible que la ville relookée avait définitivement embrassé les principes mercantilistes de l'économie de marché, mais ce n'était qu'une apparence, et une apparence trompeuse : en réalité, l'activité commerciale était des plus faibles, toutes ces marchandises étant vendues aux prix occidentaux.

Laszlo m'a appris que le salaire moyen hongrois avoisinait les dix mille forints. Dans ces conditions, qui aurait pu se permettre d'en débourser trois mille et quelques pour une chemise Stefanel, ou quatre mille pour un walkman au magasin Sony qui venait d'ouvrir ? Certes, un « turmixok », sorte de milkshake, au McDo, à soixante forints, restait abordable, mais pour le reste le déploiement commercial de la rue Váci n'était accessible qu'aux touristes occidentaux. Quant à la foule qui s'agglutinait devant Adidas, elle était due au fait que porter des chaussures de sport était devenu un « must » absolu de la Hongrie fraîchement démocratisée. Les gens économisaient des mois afin de s'en offrir une paire.

Dans cette galerie marchande à ciel ouvert, le verre des vitrines constituait une sorte de frontière virtuelle, rappelant que, si le rideau de fer divisant l'Occident et la Hongrie n'existait plus, une séparation tout aussi nette se dressait toujours entre l'aspiration au bien-être matériel et les réalités économiques quotidiennes. Jadis, les Hongrois considéraient de loin, et avec envie, la prospérité de l'Occident ; désormais, tous ces biens de consommation étaient à leur portée, sur la principale artère de leur capitale… Pourtant ils ne pouvaient que continuer à les couver d'un regard de convoitise.

Au bout de la rue Váci, plusieurs postes de télévision

dans une vitrine répétaient en boucle un clip de Paul Simon. Des jeunes agglutinés devant chantaient avec lui : « Qui sera mon modèle, maintenant que mon modèle est parti, parti… » Dans le Budapest de l'après-communisme, la question était pertinente.

Relique d'un âge d'ostentation où les princes de la finance aimaient donner dans l'opulence monumentale, longtemps décrié comme une antiquité bourgeoise et décadente, le bâtiment de la Banque de Budapest rappelait le décor babylonien du classique de D. W. Griffith, *Intolerance*, ou le Xanadu de *Citizen Kane*. Depuis Wall Street, je n'avais pas vu une maison de commerce aussi imprégnée d'extravagance Art déco, des statues ouvragées aux sols en mosaïque de marbre, des lustres en verre multicolore aux arches imposantes comme celles d'une cathédrale.

Il y avait des échelles partout, et sur elles des peintres s'efforçant de raviver les moulures après quarante ans de négligence officielle. Les interminables couloirs étaient bordés de dizaines de portes. Après avoir monté des escaliers, je suis tombé sur deux fonctionnaires d'un âge respectable, absorbés dans une partie de dames. Quand je leur ai annoncé le numéro du bureau que je cherchais, ils ont tendu le bras en direction d'un corridor et je suis passé entre deux nouveaux alignements de portes, puis je suis arrivé à un autre escalier, un autre couloir, et je commençais à me demander si Franz Kafka n'était pas un peu hongrois lorsque je suis enfin parvenu à la porte 5302, derrière laquelle m'attendait Istvan Kiss.

— Très impressionnant ! a-t-il lancé en consultant sa montre. Vous n'avez que deux minutes de retard. Ça révèle un sens de l'orientation remarquable. Tous les jours, je croise des visiteurs qui errent dans ce dédale et supplient qu'on leur indique le chemin de tel ou tel bureau. Jusqu'à présent, le record est détenu par un visiteur qui a passé vingt minutes à me chercher.

Passant un doigt dans son col de chemise imprégné de sueur, il s'est mis à se gratter vigoureusement. Il était en nage, avec des auréoles sombres aux aisselles et des gouttelettes qui perlaient sur les poils de sa moustache à la Zapata.

— Excusez-moi, je vous prie, a-t-il dit tandis que son index continuait à explorer les contreforts de son col. Il fait une chaleur épouvantable dans cet immeuble. Nous n'avons pas encore eu l'occasion en Hongrie de nous initier aux charmes de l'air conditionné…

Deux jeunes femmes d'une trentaine d'années – comme lui, et semblant tout aussi accablées par la chaleur – ont fait irruption dans la pièce et, après l'avoir rapidement salué, ont disparu par une porte au fond. Quelques minutes plus tard, un homme a surgi de la même manière, nous a interrompus pour remettre une liasse de papiers à Istvan et s'est hâté de sortir par la même porte.

— Beaucoup d'activité, ai-je remarqué.

— Une activité folle, oui ! Surtout avec l'ouverture de la Bourse, cette semaine. Mais l'an dernier, c'était encore pire, quand nous étions occupés à réinventer de A à Z le marché financier hongrois. Aucun de nous ne savait vraiment comment s'y prendre, c'était dément…

Istvan Kiss appartenait à la Commission de contrôle des marchés, un organisme créé en 1987 au moment où, dans le cadre de la libéralisation économique graduellement entreprise par les autorités, vingt-cinq banques et compagnies financières du pays avaient signé un accord en vue de régulariser l'échange des bons d'État. Cinq ans plus tard, le gouvernement avait présenté une loi autorisant les sociétés par actions, un changement radical pour un pays qui appartenait encore au Comecon, la communauté économique sous la houlette soviétique. Il est vrai que les Hongrois avaient pris de l'avance sur le reste du camp socialiste depuis 1968, lorsque János Kádár, à la tête du Parti, avait renoncé aux principes staliniens de l'économie planifiée en faveur d'orientations budgétaires en vogue en Occident. Les pesanteurs bureaucratiques avaient persisté, toutefois, et la Banque nationale avait montré de la réticence à consentir des crédits pour des projets de développement locaux, par exemple au niveau municipal, de sorte qu'en 1983, après quatorze années de délibérations – « un délai remarquablement court, à l'aune du temps communiste », m'a assuré Istvan –, le régime Kádár avait permis une ébauche de système boursier, un marché où seuls les conseils locaux et les compagnies étatisées pourraient émettre des bons d'emprunt en vue de financer des programmes d'infrastructure, comme le nouveau réseau d'égouts dont telle ou telle ville avait besoin.

Les cadres locaux les plus ambitieux avaient vite compris que ce mode de financement accélérait le processus, et l'émission de bons n'avait cessé de se développer dans les années 1980, au point qu'il avait été nécessaire de former une structure d'échange de ces valeurs. Une fois encore, cependant, le ministère des Finances avait choisi la circonspection et ce n'est qu'en 1987 – alors que Gorbatchev semblait fermement installé à Moscou et que le Politburo hongrois s'était senti assez rassuré pour lancer un système de banque à deux niveaux, lequel avait permis la création d'environ deux douzaines de banques de crédit – que l'idée d'une place boursière digne de ce nom avait été envisagée. Un an après, à l'hiver 1988, la première Bourse de tout le bloc de l'Est – et depuis 1948 en Hongrie – avait entamé ses opérations, au rythme d'une séance mensuelle dans un bureau de Budapest. Un an encore, et les échanges étaient devenus hebdomadaires. Début 1990, les nouveaux traders de Hongrie se retrouvaient chaque mardi, mercredi et jeudi, et dans la semaine de mon passage à Budapest l'activité boursière allait se faire quotidienne.

— Dans le meilleur des mondes, a observé Istvan, nous aurions redonné à la nouvelle Bourse son site d'antan, mais comme le bâtiment a été depuis reconverti en studios de télévision, nous avons dû abandonner cette idée. Nous ne voulions tout de même pas que les gens puissent penser qu'une séance boursière était comme un jeu télévisé ! Nous avons décidé de l'installer dans une grande salle au rez-de-chaussée de cet immeuble, mais les travaux d'aménagement vont prendre encore une année au moins, alors nous avons loué une pièce au Centre de commerce international de la rue Váci. C'est provisoire, et ce n'est pas des plus spacieux, mais après avoir attendu quarante-deux ans nous pouvons tous surmonter notre claustrophobie, je pense !

Admettant très volontiers qu'il n'avait appris la différence entre un titre et une action que dans les quatre derniers mois, Istvan m'a expliqué qu'il était mathématicien de formation. Après avoir terminé ses études en 1977, il s'était essayé à la programmation informatique mais, bientôt lassé par les ordinateurs, il avait pris une orientation inattendue : il s'était fait guide touristique.

— Pour un Occidental, ça doit paraître de la folie, d'abandonner l'informatique pour un travail qui consistait à amener des groupes de Hongrois à Munich ou à Londres. Mais, mon beau-frère, qui a une bonne place à l'Office du tourisme d'État, m'a fait valoir que je gagnerais cinq ou six fois plus qu'avant en tant que guide. Ça, plus le fait de pouvoir voyager à l'étranger tous les quinze jours, alors que la plupart de mes compatriotes n'avaient le droit de se rendre à l'Ouest qu'une fois tous les deux ans… Je n'ai pas hésité. Vous voyez, là se trouve toute l'aberration de l'ancien système : l'éducation et la qualification professionnelle n'ont aucune valeur. En réalité, plus on avait de diplômes, moins on gagnait. Alors oui, pendant huit ans, j'ai été très content d'aller deux fois par mois en Allemagne ou en Angleterre, surtout que je pouvais économiser sur les devises étrangères qu'on me donnait pour mes frais de déplacement… Après la trentaine, toutefois, la perspective de continuer pour le restant de ma vie à escorter des groupes à travers Westminster Abbey ou la Hofbräuhaus de Munich m'a paru… moins attrayante. Je me suis alors dit : « Qu'est-ce que je fais, maintenant ? » Avec la libéralisation qui commençait en Hongrie, j'ai pensé que l'avenir était dans la finance. Je suis retourné sur les bancs de l'université, je me suis spécialisé dans le commerce international et je me suis retrouvé ici. En d'autres termes, j'ai eu de la chance !

Un mathématicien devenu « geek » avant la lettre, puis guide touristique, puis vice-président de l'Autorité des marchés financiers hongroise… Istvan Kiss avait découvert la haute finance pour échapper à un avenir où il aurait végété sur un salaire fixé par l'État. À en juger par l'âge des collaborateurs et collaboratrices qui ont défilé dans son bureau pendant notre entretien, la Bourse de Budapest était aux mains de jeunes à peine sortis de la faculté, semblant encore tout étonnés d'exercer une telle responsabilité si rapidement, surtout dans leur pays.

— Ici, pour l'essentiel, nous improvisons, a-t-il reconnu. Nous apprenons en avançant. J'étais inquiet de mon manque de connaissance et d'expérience, je le suis toujours, mais la semaine dernière j'ai eu une conversation avec un courtier de New York qui était de passage chez nous. Quand je lui ai avoué que je n'avais pas la moindre idée de la manière dont une place boursière fonctionnait, il m'a dit : « Dans ce cas, vous êtes fait pour bosser à Wall Street. » Vous pensez qu'il plaisantait ?

En sortant de la Banque de Budapest, j'ai rencontré un spécimen très différent de financier hongrois. Barbu, adipeux comme quelqu'un dont le régime alimentaire se limite à la combinaison bière-saucisses, en jean et sweat-shirt d'une propreté douteuse, il m'a abordé pour me chuchoter à l'oreille deux mots fondamentaux dans la *lingua franca* de tous les combinards du bloc de l'Est :

— *Change money ?*

Je lui ai demandé quel cours il proposait pour vingt livres sterling et il m'a répondu trois mille forints, soit près d'une fois et demie ce que j'aurais obtenu dans une banque. Après avoir jeté un rapide coup d'œil à la ronde et constaté qu'il n'y avait aucun policier en vue, j'ai dit : « D'accord, ça marche. » Il m'a entraîné dans une petite allée située entre deux immeubles. Là, il a sorti une liasse de billets de sa poche et s'est mis à compter quinze coupures de vingt forints. À l'instant où il me les tendait, j'ai senti une main s'abattre sur mon épaule, et un insigne brillant a fusé devant mes yeux. Malgré mon saisissement, je me suis rendu compte que le changeur enfonçait les forints dans la pochette de ma veste tout en m'arrachant de la main mon billet de vingt livres. « Dégage, te retourne pas ! » a-t-il dit dans un souffle avant de détaler à toutes jambes.

Mon cœur s'est emballé. Avoir recours au marché noir était un délit grave, en Hongrie. Sans me retourner, et en me rappelant la vieille règle selon laquelle il ne faut jamais quitter en hâte les lieux de son crime, je me suis mis en marche aussi calmement que possible. En quittant l'allée, je m'attendais à sentir la lourde main de la loi se poser à nouveau sur moi, pourtant je suis revenu sans encombre dans la rue et j'ai continué mon chemin, plus vite maintenant. J'ai pris un autre passage, j'ai débouché sur une grande artère et je me suis fondu dans la file devant le McDonald's. Parvenu au comptoir, j'ai commandé un « turmixok » au chocolat avant de sortir la pile de billets toujours fourrée dans ma veste. Au-dessus, c'était bien une coupure de vingt forints mais elle entourait et dissimulait des billets de cinq.

J'ai regardé l'argent dans ma main, abasourdi. Le type avait opéré avec un complice, qui m'avait montré un faux insigne avant de déguerpir lui aussi. J'avais été roulé, et dans les grandes largeurs.

— Soixante forints, s'il vous plaît, m'a dit la caissière.

Je lui ai remis toute la liasse. Vingt livres pour un milk-shake : le capitalisme avait décidément le vent en poupe, à Budapest.

Mais ce n'est pas tout. Trois jours plus tard, tandis que je prenais une bière avec Laszlo, je lui ai raconté comment je m'étais fait berner. Aussitôt, il a pris l'exemplaire du journal local qu'il avait posé près de lui, l'a déplié et m'a montré le titre à la une : « Le chef du marché noir de Budapest retrouvé assassiné. » Un sourcil levé, il m'a demandé :

— Où est-ce que tu étais, hier soir ?

Le Centre de commerce international de la rue Váci était un curieux hybride. En plein Budapest, cet immeuble neuf aurait pu se trouver dans n'importe quelle grande ville de l'ère de la mondialisation avec ses murs en faux marbre, ses éclairages tubulaires, des boutiques en duty-free, des salles de conférences fonctionnelles à souhait, une succursale de banque, d'innombrables ordinateurs affichant les derniers cours à Francfort, Londres et Paris et, bien entendu, de la *muzak* insipide pour fond sonore.

Une version instrumentale d'une chanson d'Elton John passait quand une dizaine de personnes sont entrées dans une petite pièce au premier étage. « TARGYALO », indiquait un écriteau sur la porte. Salle de négociation, littéralement. À l'intérieur, des tables en bois et acier au design allemand étaient disposées en demi-cercle, chacune équipée d'un moniteur Hyundai et d'un téléphone. Au centre, un micro trônait sur le bureau du président de séance, surplombé par un panneau électronique dernier cri sur lequel les participants pourraient suivre les transactions en temps réel.

La nouvelle Bourse hongroise aurait facilement tenu dans le salon de mon modeste appartement londonien. C'était une institution à peine née, un nourrisson de la finance habillé d'une coûteuse layette. Et les courtiers présents dégageaient le même parfum de nursery : à l'exception d'un homme âgé, tous avaient dans les vingt-cinq ans et faisaient ici leurs premières armes dans le trading. Le spectacle m'a ému, quand je les ai vus prendre place, échanger des remarques, commencer à passer des coups de fil : j'avais devant moi la première génération de Hongrois à entrer dans l'arène financière depuis plus de quarante ans, praticiens d'une activité qui, encore très récemment, était prohibée dans leur pays. Ainsi que Dieter Momper me l'a suggéré, ils étaient sans doute également les seuls traders de la planète à détenir un diplôme de l'université Karl-Marx. Ce jeune financier venu de Francfort, « notre homme à Budapest » pour une importante société d'investissements allemande, m'a exposé sans détour ses motivations.

— Mes employeurs savent pertinemment que, dans les trois ou quatre ans à venir, il y aura peu de profit à faire ici, mais ils ont aussi compris que c'était un marché en expansion. Depuis qu'ils sont libres, les Hongrois ont manifesté une aptitude naturelle à gagner de l'argent, ce qui nous a convaincus que la Bourse de Budapest a un grand avenir devant elle. Du coup, nous sommes là, et nous plaçons nos billes en prévision du futur.

Dieter n'était pas le seul étranger venu en observateur dans la capitale hongroise. J'ai tout de suite repéré derrière le demi-cercle de bureaux un groupe composite d'Américains, de Japonais et de Britanniques. La première Bourse à surgir derrière l'ex-rideau de fer semblait constituer une attraction touristique pour les financiers internationaux qui circulaient à travers le monde en quête de « partenariats ».

Une jeune femme s'est installée au bureau de la présidence et, après avoir allumé le micro, a lancé aux courtiers assemblés devant elle : « Bon, qui veut négocier des actions ? » Ou du moins c'est ce que m'a traduit Dieter, qui me servait d'interprète bénévole. La séance était ouverte, donc, mais avec seulement treize titres présentés le marché n'avait rien de trépidant. Comme à la Bourse de Casablanca, l'ambiance était détendue mais plus studieuse cependant, car contrairement aux boursicoteurs marocains ceux de Budapest ont mis fin à leurs apartés et à leurs conversations personnelles dès que les opérations ont commencé. Cette concentration reflétait à nouveau la grande jeunesse de l'assistance : tous faisaient penser à des conducteurs débutants, emballés de tenir enfin le volant mais avançant avec un excès de prudence et incapables de quitter des yeux la route une seconde.

Quand l'animatrice de la séance a demandé qui voulait être le premier de la journée à opérer sur la place boursière, un profond silence s'est installé pendant environ cinq minutes, seulement troublé par quelque échange téléphonique étouffé entre un trader et son client. Enfin, quelqu'un s'est risqué à acheter deux cent mille forints d'actions de la seule et unique chaîne de supermarchés hongrois, SCOOP, au taux de 186, une opération qui représentait un peu moins de quatre mille dollars. Un peu plus tard, des titres bancaires ont été acquis pour trois cent mille forints à 76, une transaction encore plus modeste.

— C'est dingue ! a chuchoté un observateur américain en voyant une autre opération s'inscrire sur le tableau électronique. Il y a un gars ici qui fait de la surenchère sur lui-même !

— C'est une façon d'animer le marché, a commenté l'un de ses collègues.

Dans les trente-quatre minutes suivantes, un total de dix transactions a été atteint : à sa première semaine d'existence officielle, la Bourse hongroise en était encore à apprendre à faire ses premiers pas.

— Le volume d'argent brassé ici reste négligeable, a constaté Dieter alors que les courtiers fermaient leurs comptes en perspective de la pause-déjeuner. J'ai même vu des opérations qui atteignaient à peine les deux cents dollars ! Mais c'est un début. N'oublions pas que toutes les places boursières ont commencé de cette façon, par quelques types venus faire du négoce dans une petite salle. Ici, au moins, c'est informatisé, ce qui leur donne une idée de ce à quoi ressemble l'activité d'une Bourse « de grands »…

Bela Jansco était sans doute le seul courtier présent à avoir une expérience de « vraie » place boursière. À soixante-dix ans, il était de loin le doyen de la Bourse de Budapest. Quarante-deux ans plus tôt, il s'était distingué en étant à la fois le plus jeune et le dernier des traders à opérer dans l'ancienne Bourse, et lorsque celle-ci avait été déclarée idéologiquement nulle et non avenue, en 1948, il s'était retrouvé dans la situation d'un footballeur professionnel auquel on donne un carton rouge permanent en l'informant qu'il ne pourra plus jamais pratiquer un sport dans lequel il excellait.

— Les actions et les obligations ont toujours été ma grande passion, professionnellement parlant, m'a-t-il déclaré une fois que Dieter a fait les présentations dans le couloir. Alors être à nouveau ici, au milieu d'autres brokers, et négocier réellement des titres… eh bien, pour moi, c'est presque comme retrouver une amante de sa jeunesse et apprendre que l'on peut se remettre avec elle !

Bela Jansco ne correspondait pas du tout à l'image que l'on se fait d'un spéculateur boursier de la vieille école. Pas de costume croisé, de bretelles voyantes et de panse reflétant des années de déjeuners d'affaires. Avec sa carrure imposante, sa poignée de main vigoureuse, son cou massif, il aurait pu passer pour un fermier ayant revêtu son trois-pièces démodé du dimanche en perspective d'une visite à la ville. Et cette impression n'était pas entièrement erronée puisque, quelques mois à peine avant la réouverture de la Bourse, il continuait à avoir un petit élevage de poulets non loin de Budapest. Alors que nous prenions un café au Bar du Centre, il m'a raconté que la volaille n'avait été qu'une occupation parmi bien d'autres, au cours de ces quarante-deux années où il lui avait été interdit de s'adonner à sa passion pour les opérations boursières.

— En 1948, j'étais non seulement le cadet de tous les intervenants en Bourse mais aussi codirecteur de ma propre société de courtage, Szabo et Jansco. Lorsque les communistes ont fermé la place, cela a été une catastrophe pour nous tous, mais cela ne nous a pas empêchés de continuer les échanges pendant un moment. Quatre ans et quelques, oui, au cours desquels certains d'entre nous ont persisté à se réunir dans des locaux discrets, ici ou là, à Budapest. C'était une période assez excitante, en fait, tout le monde ne pouvant pas se vanter d'avoir fait partie d'une Bourse clandestine, mais c'était aussi très dangereux car nous étions en plein stalinisme et toutes les activités relevant de l'économie de marché étaient sévèrement réprimées.

Quand la police secrète avait fini par se rendre compte qu'une place boursière tournante poursuivait ses activités secrètes dans les coins les plus improbables de Budapest, Jansco et ses pairs avaient dû renoncer à leur vie de traders furtifs. Grâce à ses talents de bricoleur de moteurs, il avait pu être embauché comme technicien à l'Institut hongrois de la circulation automobile. Cela avait duré jusqu'en 1956, l'année du soulèvement populaire dans lequel il avait pris une part active. Il avait été pour cela ostracisé par le nouveau régime que les Soviétiques avaient installé après avoir écrasé l'insurrection. En plus de perdre son travail à l'Institut, Jansco avait été placé sur la liste noire qui lui interdisait l'accès à tout emploi correct. Tandis que nombre de ses anciens collègues choisissaient d'abandonner la lutte et de s'enfuir du pays, ses obligations familiales l'avaient obligé à rester. C'est ainsi que l'ancien petit prodige de la Bourse de Budapest avait enchaîné les boulots obscurs et précaires afin de nourrir sa jeune famille et ses parents âgés : balayeur, livreur de charbon, manœuvre sur des chantiers. Malgré cette existence éreintante, il avait consacré deux heures par jour à la lecture des revues économiques et des journaux internationaux qu'il réussissait à se procurer, de sorte qu'il n'avait pas complètement perdu de vue l'évolution du marché financier dans le reste du monde.

— Je trimballais des sacs de houille, mais cela ne m'empêchait pas de suivre ce qui se passait à la Bourse de Vienne, de Francfort, de Paris, de Londres. Rester intellectuellement impliqué, même si je ne pouvais pas physiquement participer au trading, est devenu une obsession.

Six longues années s'étaient écoulées avant qu'il soit enfin autorisé à postuler à un emploi normal, en l'occurrence la peu stimulante fonction d'inspecteur sanitaire à la Compagnie nationale des eaux, poste qu'il avait occupé deux décennies durant, jusqu'à son départ à la retraite en 1982.

— Les autorités venaient alors d'autoriser un timide début de libéralisation économique. Désireux de participer à ce changement, j'ai quitté la ville et monté une petite ferme privée où j'ai élevé des poulets. Mais même là, j'ai continué à garder l'œil sur les marchés financiers et je me suis initié à la nouvelle technologie informatique qui avait redéfini la vie financière internationale. Voyez-vous, j'étais convaincu que dans le cadre de l'avance progressive vers une économie mixte le jour viendrait où Budapest aurait à nouveau sa Bourse…

En mars 1988, une conférence internationale avait été programmée afin d'attirer l'attention étrangère sur la possible résurrection de la place boursière hongroise. Les organisateurs l'avaient annoncée dans la presse en précisant qu'ils étaient à la recherche des spécialistes nationaux qui avaient été actifs à l'ancienne Bourse de Budapest, et Bela Jansco avait compris que le moment de son « come-back » était arrivé. Il avait sorti son costume vieux de trente ans, retiré la boue de ses chaussures, déterré les papiers jaunis des années 1940 prouvant qu'il avait jadis été courtier, et il avait pris le train pour la capitale. Pendant la conférence, on l'avait présenté aux représentants de la firme allemande pour laquelle Dieter Momper travaillait ; ceux-ci étaient désireux de trouver un trader local expérimenté qui pourrait conseiller le jeune investisseur qu'ils comptaient installer à Budapest. Jansco, en plus d'incarner toute une tradition financière dans la région, était remarquablement au fait du rôle de l'informatique sur les nouveaux marchés internationaux. Ils lui avaient aussitôt offert de l'engager.

— Ce que je pense de l'ordinateur à la Bourse ? a-t-il dit. C'est une merveille ! Dans l'ancien temps, il fallait inscrire les prix à la main ! L'informatique accélère la transmission des informations et le flux commercial à un point extraordinaire, donc je suis heureux d'y avoir recours. Cela dit, je dois préciser que les principes de l'activité financière de 1948 et ceux d'aujourd'hui sont grosso modo les mêmes.

— Et vous n'éprouvez aucune… amertume ? lui ai-je demandé, impressionné par le fait qu'il n'ait pas exprimé la moindre rancœur en évoquant ses quarante-deux ans d'absence forcée d'un monde boursier qui le passionnait à ce point.

— L'amertume ne mène à rien.

— D'accord, mais vous réussissiez dans votre travail et on vous a dépossédé de la société d'investissements que vous aviez vous-même fondée avec votre associé. Comment avez-vous pu tourner la page aussi aisément ?

Il a eu un haussement d'épaules qui voulait dire à lui seul : « Le passé est le passé. »

— Tout ce que je ressens, c'est la tristesse de voir qu'il y a si peu de mes collègues encore vivants pour assister à la renaissance de la Bourse de Budapest.

— Je comprends, mais qu'est-ce qui vous a fait tenir le coup, pendant toutes ces années d'adversité ?

Il a souri avant de répondre :

— J'ai placé ma foi en Dieu… et dans la bonne vieille théorie économique d'Adam Smith. Il se trouve que cette confiance a été récompensée. D'ailleurs… – Il s'est levé. – … si vous envisagez d'investir dans une ou plusieurs de nos nouvelles sociétés publiques, je suggère le secteur du tourisme et des transports.

Après ce conseil amical, le doyen des courtiers de Budapest a pris congé pour retourner à sa raison d'être : la corbeille.

Irene Kovacs portait la tristesse sur elle comme une eau de toilette. Ses yeux étaient des lacs de mélancolie. Un seul sourire aurait dépassé ses ressources physiques. C'était une femme proche de la trentaine, menue, d'une minceur qui frisait l'anorexie, aux cheveux châtains, habillée à la dernière mode et entièrement vêtue d'une tenue noire et moulante. Oui, son insatisfaction avait quelque chose d'attirant. Elle réveillait chez l'homme une tendance à se montrer protecteur, à passer un bras autour de ses épaules et à énoncer quelque remarque laconique à la Bogart, dans le genre : « Oublie, ma mignonne, c'est juste à cause de Budapest... »

Je l'avais rencontrée dans un bar un peu glauque d'une rue décrépite de Budapest où Laszlo m'avait entraîné lors d'une de nos nombreuses nuits de bringue.

— Je viens ici pour rencontrer des nanas, m'a-t-il prévenu dès que nous nous sommes assis à une table.

— Mais je croyais que tu étais fiancé...

— Je viens ici pour être un salaud, a-t-il répliqué avec superbe.

Irene et une amie à elle étaient installées en face de nous et Laszlo est tout de suite tombé sous le charme de la première, se retournant bientôt pour me crier par-dessus le brouhaha des conversations et de la musique du juke-box :

— Je suis amoureux de cette fille !

— Ah... Tu vas vite, toi.

— Je tombe toujours amoureux de filles à problèmes, et celle-là en a de sérieux, ça se voit !

— Vous êtes américain ? m'a soudain demandé la fille « aux sérieux problèmes ».

Laszlo a pâli d'embarras en s'apercevant qu'elle

parlait parfaitement anglais et qu'elle avait donc très bien compris tout ce qu'il avait dit.

— J'ai vécu en Amérique avec mon mari et mes enfants, a poursuivi Irene.

— Vous… vous avez des enfants ?

— Deux, oui. Une fille de six ans et un garçon de douze mois, a-t-elle précisé, ce qui a rendu mon compagnon encore plus livide.

Elle s'est présentée, et nous a présenté son amie Vera, qui avait tendance à ponctuer ses phrases de gloussements. Laszlo a aussitôt reporté son attention sur elle. J'ai pu ainsi demander à Irene dans quelle partie des États-Unis elle avait habité.

— Tu connais Gainesville en Floride ? Zoltan, mon mari, y préparait un doctorat à l'université. Physique théorique. Trois ans sous le soleil de Floride, c'était sympa… Mais nous n'avions presque pas d'argent, moi, j'étais enceinte de notre deuxième enfant et Zoltan a eu peur que notre fille devienne trop américanisée. Alors, quand on lui a proposé une place au principal Institut scientifique de Hongrie…

Elle a tenté de sourire, en vain. Elle m'a raconté que le retour aux dures réalités hongroises avait été difficile, pour ne pas dire plus. Ils n'avaient pu trouver qu'une grande pièce – dans les soixante mètres carrés – en guise de logement familial, avec un renfoncement dans lequel les deux petits dormaient tandis que son mari et elle se contentaient d'un matelas déplié près du coin-cuisine. Bien que jeune physicien déjà réputé, Zoltan n'avait pour salaire que la pitance habituelle, dix mille forints mensuels. Irene, qui avait trouvé un travail dans une toute nouvelle société d'investissements de taille réduite, gagnait encore moins (huit mille), mais le seul fait d'exercer une activité aussi rare à Budapest était stimulant. Elle espérait pouvoir saisir un jour sa chance dans le secteur privé.

— Pour l'instant, je ne suis que secrétaire, mais je pense pouvoir passer à un stade supérieur, si je m'accroche. Je veux être trader, c'est simple. Pour une seule raison : pour gagner correctement ma vie. Ici, matériellement, nous passons par un moment terrible, nous avons des salaires d'Albanais et des impôts de Suédois…

La perspicacité de cette formule n'a pu lui arracher un sourire.

— Tu devrais passer visiter nos bureaux, un jour, m'a-t-elle proposé lorsque je lui ai expliqué la raison de ma visite à Budapest. Tu rencontrerais mon patron. Josef Bonnay. Quelqu'un de pas courant, ici. Vingt-neuf ans, très ambitieux, très riche et très… Bon, il faut apprendre à le connaître.

Deux jours plus tard, j'ai débarqué au siège de Bonnay & Schiff, au premier étage d'un vénérable immeuble d'affaires près du Danube qui déployait encore toute l'opulence des Habsbourg autour d'une cour pavée où l'on imaginait très bien entendre le trottement altier de lipizzans. Pour l'heure, le bâtiment était bardé d'échafaudages, comme tant d'autres anciennes propriétés d'État de Budapest en train de recouvrer leur splendeur passée grâce à des investisseurs privés tels que Bonnay & Schiff.

Leurs locaux avaient été aménagés sans regarder le moins du monde à la dépense. Après m'avoir accueilli à la réception, Irene m'a fait traverser une salle de réunion qui n'aurait pas déparé le château de Versailles, avec au centre une table assez imposante pour accueillir des négociations sur la limitation des armes stratégiques. Une immense double porte en acajou donnait accès au sanctuaire de Josef Bonnay, un bureau grand comme un jardin public avec en son centre une table de la longueur d'une limousine. Mais c'était que sa carcasse d'un mètre quatre-vingt-quinze n'aurait pu s'accommoder d'un espace étriqué, ni son incapacité à rester en place une minute, ni sa propension à faire les cent pas en parlant sans discontinuer dans un téléphone sans fil.

— Café ? m'a-t-il proposé en me serrant vigoureusement la main. J'ai le meilleur de Budapest ! Irene, s'il te plaît, deux cafés avec du lait. Alors, vous vous intéressez à notre firme, il paraît ? Asseyez-vous là, je vais tout vous raconter ! Je dois vous prévenir que je suis seul aux commandes, en ce moment, parce que mon associé est parti pour Francfort. Quant à moi, je dois prendre la route pour Vienne dans vingt minutes, donc on va devoir faire vite, d'accord ?

Je me suis enfoncé dans un fauteuil rembourré tel un spectateur s'installant dans une salle de projection privée et je me suis laissé prendre par la représentation donnée par ce grand gaillard qui ne cessait d'aller et de venir, s'interrompait pour répondre à toute allure au téléphone ou inviter Irene à poser « le meilleur café de Budapest » sur la table basse, et qui s'est même éclipsé dix secondes dans le cabinet de toilette adjacent afin d'administrer un gargarisme express à ses cordes vocales surmenées.

— Tous les garçons ont un rêve, a-t-il dit sur un ton qui rappelait une publicité pour une assurance-vie et auquel il ne manquait que l'accompagnement musical au violon. Moi, je voulais devenir un spécialiste de la Bourse. J'étais né dans un pays socialiste, alors je savais que tout le monde dirait que c'était impossible. Mais j'ai vu tous les films possibles et imaginables sur ce métier, j'ai lu tous les livres sur le sujet, et je me suis juré que je réaliserais mon rêve, et que je serais riche. Quand j'ai eu mon diplôme à Pécs en 1982, le gouvernement venait d'initier la libéralisation économique. La première émission de bons d'État de notre histoire moderne ! Je suis entré à la Banque nationale, me disant que le meilleur moyen de changer le système était de le transformer de l'intérieur. Un an après, j'ai convaincu mes chefs de créer une section des actions-obligations au sein de la banque et de m'en confier la direction. Ils ont été très sceptiques, au début : je n'avais que vingt-trois ans et mon salaire atteignait royalement trois mille cinq cents forints, une misère. Le directeur adjoint m'a cependant dit : « Bon, je vais te donner huit cent mille dollars en devises pour monter ton opération, mais n'oublie pas que, si tu perds l'argent de la banque, je te garantis que tu ne retrouveras jamais un emploi dans la branche financière en Hongrie ! » En cinq mois, j'ai triplé le capital qu'ils m'avaient confié. Mais je continuais à percevoir ce salaire ridicule. J'ai décidé qu'il fallait que je monte ma propre société. Sauf qu'on était en 1984, que perestroïka était un mot inconnu et que, malgré l'apparition d'un secteur privé, l'économie restait complètement centralisée. Lancer une boîte de trading, dans ce contexte, était plus que révolutionnaire : ça représentait de vrais dangers, surtout pour quelqu'un comme moi qui n'avait jamais eu sa carte du Parti… J'ai dû attendre 1987, c'est-à-dire la deuxième vague de libéralisation, avant de quitter la banque et de créer « Bonnay & Schiff » avec un ami de la fac. En trois ans, nous sommes devenus « presque » riches. Vous me demandez comment ? Très simple : en bossant quinze heures par jour et en contrôlant maintenant plus d'un tiers de toutes les obligations sur le marché hongrois. Les revenus ont été fantastiques, c'est sûr : notre capital initial de soixante-cinq millions de forints atteint à présent deux cent cinquante ; l'an dernier, nous avons eu quatre-vingt-cinq millions de bénéfices net. Maintenant, je prévois votre question suivante : en quoi ça m'a changé, tout ça ? Franchement, je n'ai pas changé, je crois. D'accord, j'ai acheté ces bureaux pour deux millions de forints ; je me suis payé une BMW 531 à injection et un bel appartement sur les hauteurs de Buda ; il y a un mois, j'ai amené ma femme et mes enfants à Disneyworld… Mais « changé », non, simplement parce que j'ai toujours été persuadé que je finirais par atteindre le succès matériel. En fait, mon associé et moi, nous estimons que notre confiance dans ce pays a été récompensée. En 1984, beaucoup de nos copains d'université ont préféré émigrer, en Autriche ou en Allemagne. Nous, on n'était pas tentés, même si on nous répétait que la reprise d'une activité boursière ici ne se produirait pas de notre vivant. Et regardez, ça y est, ça existe, et en cinq ans nous avons été capables de très bien nous en tirer sans avoir à abandonner notre pays. On se sent hongrois, on pense hongrois, on est hongrois ! Et tant mieux si on est hongrois « et » riches !

Il a marqué une petite pause avant de reprendre son exposé :

— D'un autre côté, nous voyons bien que le succès de notre entreprise éveille les soupçons. Les Hongrois sont très soupçonneux, par nature : quand les gens vous voient passer en BM, ils concluent tout de suite que vous avez dû faire un sale coup à quelqu'un ou mener des affaires louches. Nous avons eu deux audits du ministère des Finances, uniquement à cause de notre succès. Ils n'ont rien trouvé, vu que nous sommes d'une parfaite honnêteté, ici, contrairement à l'ancien système… Tenez, je vais vous raconter un truc qui m'est arrivé pendant que nous étions à Disney. Je suis tombé sur un vieil apparatchik de la direction des Finances, un communiste qui sortait du château de Mickey ! Incroyable, non ? Comment aurait-il pu se payer un voyage pareil avec sa retraite de fonctionnaire ? Où avait-il trouvé les devises ? Pendant vingt ans, à son poste, il s'est rempli les poches et il a dû ouvrir un compte à Zurich ou à Genève, incognito… Inutile de dire qu'il est devenu rouge comme une pivoine en me voyant, et puis il a essayé de faire ami-ami, il nous a suivis sur le monorail, il a offert des hot dogs à mes enfants. Il fallait le voir pour le croire, une vieille crapule stalinienne achetant des hot dogs près de la maison de Blanche-Neige ! Finalement, je n'ai pas pu me retenir et je lui ai balancé : « Je vois que le Parti vous récompense largement pour toutes vos années de bons et loyaux services. » Et ce faux jeton de me répondre : « Ah, la perestroïka est une grande chose, Josef ! » Vous comprenez ce que le passé nous a laissé, ce à quoi nous devons faire face, aujourd'hui ? Pendant quarante ans, on a bourré le crâne aux Hongrois, on leur a répété que le capitalisme était le mal absolu, mais en même temps tout le monde savait pertinemment que les dirigeants du Parti étaient une bande de voleurs. Comment reprocher aux gens de se méfier de tous ceux qu'ils voient avec de l'argent ? On aura besoin de cinq ans, minimum, avant que cette suspicion à l'encontre des riches finisse par s'estomper, que la confiance générale soit établie. Et la Bourse est un outil essentiel, pour ça : si chacun peut devenir actionnaire, la méfiance se dissipe et nous créons ce dont ce pays a tant besoin, une classe moyenne…

J'ai enfin pu en caser une :

— Et quelle place occuperiez-vous, dans cette Hongrie de la nouvelle bourgeoisie ?

— Moi ? Je serais son Rockefeller, évidemment ! – Il a jeté un coup d'œil sur sa montre. – Il nous reste encore trois minutes. Peut-être voulez-vous me photographier dans mon bureau ?

Josef « Rockefeller » Bonnay n'a pas masqué sa déception en apprenant que je n'avais pas d'appareil photo sur moi.

Irene avait eu raison de me prévenir que son patron ne correspondait pas tout à fait à l'image qu'il donnait de lui-même. C'était avant tout un grand enfant, un grand enfant qui avait eu la chance de devenir adulte au bon moment. Dix ans plus tôt, dans la Hongrie du passé, il aurait langui toute sa vie sur une chaise de bureaucrate de la Banque d'État, ou bien il aurait traversé la frontière pour aller en Occident. Mais tout est question de timing, dans l'existence, et Josef Bonnay avait connu les occasions ouvertes par la glasnost, il était monté dans l'express de la Hongrie du marché dérégulé. C'est pourquoi il était à la fois poseur et vulnérable, vaniteux et lucide. Il savait qu'il était destiné à vivre l'une des plus spectaculaires « success stories » de la démocratisation hongroise, que son ambition de bâtisseur d'empire l'amènerait très probablement à établir des avant-postes de Bonnay & Schiff à Londres, Francfort, Paris, Tokyo et, bien entendu, Vienne. Il avait même mis au point un laïus destiné aux reporters de passage, un portrait de lui en tant que jeune triomphateur des pièges de l'Europe de l'Est, issu du monde socialiste mais non produit par lui, quelqu'un qui avait sans doute lu en version « samizdat » *Tout ce qu'on ne vous apprendra jamais à la Harvard Business school*, et se voyait comme le capitaliste devant lequel aucune porte ne resterait fermée.

« Peut-être voulez-vous me photographier dans mon bureau ? » : Josef Bonnay se préparait sans aucun doute à l'autobiographie « inspirationnelle » dont, d'ici huit ou dix ans, un scribouillard de Budapest aux abois serait le nègre. Pourtant, je n'étais pas vraiment agacé par sa vanité, car je percevais les doutes secrets qu'elle dissimulait. Il s'était créé le rôle du petit prodige de Wall Street transplanté à Budapest et tenait à le jouer au mieux, surtout devant un visiteur occidental. Mais, comme il avait été élevé dans les limites doctrinaires d'une société communiste, il n'avait que des données de seconde main sur le personnage qu'il voulait incarner, à travers films et romans, de sorte qu'il devait beaucoup improviser. En fait, ses tentatives désespérées pour paraître plus sûr de lui qu'il ne l'était avaient quelque chose d'émouvant : cela me faisait penser à un immigré parvenu dans un monde nouveau dont il ignore tout et qui essaie cependant d'arriver directement au plus haut de l'échelle sociale. La différence, dans son cas, c'est que cette contrée inconnue était une région de sa propre patrie, un territoire qui restait encore hors d'atteinte pour la majeure partie de ses compatriotes. Josef Bonnay était comme un trappeur qui se serait aventuré très loin, un capitaliste déjà expérimenté qui aurait développé la libre entreprise au sein d'une économie encore définie par la maigre sécurité que le socialisme d'État avait garantie.

— Tu as survécu ? m'a interrogé Irene en me voyant quitter le bureau de son employeur.

— Il y a pire que lui, ai-je répondu.

— Tous les gens que je connais le détestent. À commencer par Zoltan, mon mari, qui le trouve imbuvable, arrogant… J'essaie de lui expliquer que c'est justement de ce volontarisme que le pays a besoin en ce moment, mais Zoltan ne m'écoute jamais. Ni personne, d'ailleurs. – Elle n'a même pas cherché à sourire, cette fois, ajoutant : – Je ne suis pas d'une humeur formidable, ce matin. Hier soir, Laszlo et mon amie Vera sont venus dîner et cela a été… une catastrophe.

— Laszlo et Vera ? Il ne perd pas de temps, décidément !

— Pas une minute. Après ton départ du bar l'autre soir, il l'a embarquée tout de suite. C'était ma première sortie en trois semaines et je me suis retrouvée en carafe.

— Qu'est-ce qui s'est passé, hier ?

— Oh, pas grand-chose, en fait. Zoltan et Laszlo ont tout de suite éprouvé de l'antipathie l'un pour l'autre et il y a eu une engueulade terrible. À propos de politique. Ensuite, Vera, qui avait trop bu, s'est mise à pleurer en répétant que ses deux enfants lui manquaient.

— Vera, deux enfants ? Je croyais qu'elle avait vingt-trois ans ?

— Elle a vingt-trois ans, oui. Et deux gamins avec deux hommes différents, et chacun d'eux a obtenu la garde du gosse dont il est le père.

— Hein ? Pas étonnant que Lazslo ait craqué pour elle : il a dit aimer les filles à problèmes.

— J’ai envie de retourner en Floride, a rétorqué Irene. Les gens ont moins de « problèmes », là-bas.

— Ce n’est pas ce que je connais de la Floride…

— D’accord, d’accord, ils ont les mêmes problèmes, mais ils ont plus d’argent, au moins.

— Il y aura bien un moment où vous tous ici aurez plus d’argent, non ?

— Peut-être, a concédé Irene. Mais même si ça nous arrive, on s’ingéniera à trouver des raisons de déprimer.

Tibor Konrad n’avait qu’un problème, lui, mais c’était un grand. Un problème sémantique.

— Que je vous explique, m’a-t-il dit. Je suis le porte-parole du Parti socialiste, que tout le monde continue à considérer comme « le » Parti alors que nous nous tuons à expliquer que c’est « un » parti parmi d’autres. Résultat : toute notre communication est fondée sur un malentendu, une mauvaise distinction entre l’article indéfini et l’article défini.

Était-ce en raison de cette confusion grammaticale que son parti n’avait obtenu que dix pour cent des voix lors des élections générales ? ai-je voulu savoir.

— Pas dix, onze pour cent. Un résultat très honorable, d’ailleurs, puisque ce scrutin avait pour but de redéfinir de fond en comble le système politique de la Hongrie. Et la performance est encore meilleure quand on se rappelle que tout le monde prédisait l’anéantissement pur et simple du Parti.

— Attendez, vous ne venez pas de dire que ce n’était plus « le » parti ?

— En effet. Il y a des années que nous avons rompu avec l’orthodoxie communiste, lorsque Kádár a été éjecté du poste de secrétaire général en 1988 et que

Károly Grósz l'a remplacé. Politiquement parlant, nous n'avons aucun rapport avec l'ancien Parti socialiste de Kádár, mais comme notre leader actuel a été un membre important de cette formation, et un ancien ministre des Affaires étrangères, il est possible d'affirmer que notre parti actuel comprend beaucoup d'anciens militants du vieux Parti socialiste qui voulaient le changement, et qui précisément pour cette raison avaient adhéré au Parti, qui a toujours approuvé sans réserve la marche de la Hongrie vers la démocratie...

Dans ce discours à la Marx Brothers, je discernais la confirmation qu'en dépit de la présence active des récemment convertis à l'économie de marché une portion non négligeable de la population continuait à se réclamer des principes du socialisme. De par sa position, Tibor Konrad était leur héraut, mais c'était aussi un ancien diplomate aux manières exquises, avec une prédilection affichée pour les Marlboro et les vêtements Ralph Lauren – son gilet, sa chemise et son jean arboraient tous le fameux sigle du joueur de polo –, échoué derrière la table grossièrement vernie d'un bureau qui exsudait l'ennui et le laisser-aller du fonctionnariat collectiviste.

— Quand le Parti a renoncé à ses prérogatives, l'an dernier, m'a-t-il confié, j'étais premier secrétaire de notre ambassade à Canberra. J'ai tout de suite rejoint le nouveau parti. Ma raison, c'est que, tout en pensant que le vieux Parti n'est plus d'actualité, je crois toujours dans la social-démocratie, et comme le nouveau Parti socialiste est par essence social-démocrate, le choix allait de soi.

Quant à moi, je commençais à comprendre que le problème sémantique essentiel de Tibor Konrad était le mot « parti » lui-même, un mot et un concept qui avaient dominé toute sa vie. Pendant la Seconde Guerre mondiale, ses parents, qui étaient juifs, avaient été envoyés en camp de concentration et c'étaient les troupes soviétiques qui les avaient libérés ; après l'invasion de 1948, son père était devenu l'un des rédacteurs en chef du quotidien du Parti.

— Cela a été un aspect fondamental de mon enfance et de ma jeunesse, a-t-il expliqué. J'allais à l'école du Parti, aux colonies de vacances du Parti, et j'y suis entré après avoir fini mes études supérieures. Je savais que ce n'était pas une organisation démocratique, tout comme je me rendais bien compte que la Hongrie n'était que le baraquement le moins triste de toute la caserne soviétique. Pour autant, je croyais sincèrement que le socialisme était l'avenir, d'autant que le Parti chez nous avait renoncé à l'internationalisme prolétarien, mis l'accent sur les questions sociales… Je garde ces convictions, aujourd'hui. Si l'ancien Parti était condamné à disparaître, c'est parce que Kádár, bien qu'il ait essayé de rompre avec son passé, restait hanté par les fantômes du stalinisme. Cela dit, toutes ces histoires de « joug communiste », de la Hongrie piétinée par le Kremlin, c'est une nette exagération…

Mais, ai-je objecté, et 1956 ? Il a convenu que son pays avait été temporairement humilié, certes, mais que les prouesses de Kádár au cours des années suivantes avaient effacé « tous les aspects négatifs de la – oui – répression ». Pourquoi donc M. Kádár avait-il été éjecté du pouvoir sans cérémonie en 1988, alors ? Parce que son temps était révolu, a répondu Tibor en me rappelant que, pour citer un certain Vladimir Illitch Lénine, le socialisme était avant tout un processus évolutif. Au point sans doute que le marxisme-léninisme modéré de Kádár était maintenant supplanté par l'idéal social-démocrate défendu par Tibor et « son » Parti socialiste ?

— En théorie, notre formation approuve la privatisation, a-t-il remarqué, mais nous voudrions être sûrs que nos industries ne sont pas privatisées n'importe comment, que notre souveraineté nationale ne se retrouve pas à la merci d'intérêts étrangers. Nous voulons abandonner la centralisation de l'économie, mais nous pensons aussi que la fuite en avant dans l'économie de marché à tous crins est un excès qui n'apportera que du malheur. Le libéralisme outrancier est une nouvelle religion, c'est une illusion de croire qu'il peut soigner tous nos maux. En réalité, l'immense majorité des Hongrois n'a pas les moyens d'accéder à ce qui se vend dans les magasins, alors imaginez ce qu'ils ressentent quand la privatisation détruit la sécurité de l'emploi à laquelle ils étaient habitués, quand on leur dit que la santé n'est plus gratuite, quand leurs loyers augmentent soudain de trois cents pour cent par la faute des nouveaux propriétaires privés… Je suis certain que, même si nous n'avons plus trop la cote en ce moment, dans deux ou trois ans nous serons vus comme le vrai parti d'opposition en Hongrie. Parce que nous proposerons aux gens la plupart des bénéfices sociaux qu'ils avaient dans l'ancien système – répression et mono-partisme en moins. Les gens qui ont pris les rênes de ce pays ne s'intéressent qu'à l'argent, aux moyens de s'enrichir.

Alors que je lui faisais observer que les Hongrois avaient désormais la possibilité de vivre confortablement, qu'ils soient membres du Parti ou non, un changement somme toute plutôt important apporté par le nouveau régime, Tibor Konrad s'est aussitôt rembruni.

— Ne gobez pas tous les mensonges colportés

par les « nouveaux riches » de Budapest, je vous en conjure ! Presque tous les gens qui ont du pouvoir aujourd'hui sont sortis des meilleures écoles, ont beaucoup voyagé, habitent les plus beaux quartiers de la capitale, ont des voitures étrangères et aucun d'eux, je dis bien aucun, à ma connaissance, n'a été mis derrière les barreaux de notre temps !

— Peut-être, mais c'est un fait que le Parti a mis en prison ceux qui s'opposaient à lui.

— Très, très rarement ! Nous ne sommes pas en Roumanie, bonté divine ! Regardez les anciens cadres du Parti de nos jours, d'ailleurs : ils vivent dans des préfabriqués et conduisent des Lada !

— La Lada, de votre temps, n'était-ce pas l'équivalent de la BMW, en tant que signe de prestige ?

— Non, oui… Au moins, personne n'avait plus qu'une Lada ou une Skoda, à l'époque ! Voyez-vous, si j'ai tant confiance dans l'avenir de notre parti, c'est parce que je sais que le prolétariat n'aime pas voir tous ces richards en BMW dans nos rues… surtout quand les travailleurs parviennent à peine à joindre les deux bouts.

— Je croyais que vous aviez dit que votre parti avait renoncé au concept de prolétariat ?

— Aucun parti socialiste ne renoncera « jamais » au prolétariat, a répliqué Tibor Konrad.

Accoudé au comptoir de son bar favori, Laszlo contemplait le fond de son verre de bière.

— Je suis allé à un entretien de boulot, aujourd'hui, m'a-t-il déclaré. Une boîte de compta américaine. Ils montent une agence à Budapest et ils cherchent des Hongrois capables de… de se servir d'une calculatrice, en gros. Ils m'ont demandé si je voulais être comptable. J'ai l'impression qu'ils voulaient que je réponde que j'en avais toujours rêvé, que c'était le plus beau métier du monde, mais j'ai seulement dit : « Je prendrai n'importe quel travail qui me rapportera un salaire correct. » Ce n'était pas la bonne réponse, faut croire. L'un des Américains chargés du recrutement s'est étonné : « Quoi, il n'y a que l'argent qui vous intéresse ? » J'ai été assez idiot pour ne pas m'écraser et je lui ai répondu : « N'importe qui en Hongrie veut autant d'argent qu'il peut en attraper, pour l'instant. Pourquoi ? Parce que c'est le seul moyen d'échapper à la médiocrité collective des quarante dernières années. Je veux avoir un salaire correct pour avoir une vie correcte. » Qu'est-ce que tu en penses ? Une vie correcte, c'est trop demander ?

Un serveur derrière le comptoir a engagé une autre cassette dans le lecteur. Sans mot dire, nous avons écouté une chanson de blues de Chicago, *La météo prévoit des larmes* :

> Café au petit déj,
> Un coup d'whisky à côté,
> La météo prévoit des larmes.
> Ma chérie rentre tout à l'heure,
> Y a du malheur au bulletin météo.

Le chanteur a continué sa plainte, évoquant de sombres moments à venir, et Laszlo m'a jeté un regard surpris avant de me dire : « C'est sûrement un Hongrois, ce type… »

7

La Nouvelle Jérusalem

« Bienvenue dans mon palais ! » a lancé Stan Gould en ouvrant la porte de son studio, une boîte à chaussures dans une nouvelle résidence près de Wapping. C'était au bord de la Tamise, mais sans vue sur le fleuve : à la place, une énorme fosse creusée dans le sol de la banlieue est de Londres, le début des fondations d'un autre complexe luxueux qu'un promoteur malchanceux avait dû abandonner en catastrophe et qui était devenu une vaste décharge d'ordures. C'était aussi l'image que donnait l'appartement de Stan. Bien que l'équipement soit des plus modernes, de la cuisine intégrée dernier cri au système de vidéosurveillance en passant par les spots encastrés au plafond, le mobilier se résumait à un bric-à-brac récupéré dans des vide-greniers ou chez des amis charitables : un canapé-lit en skaï vert déchiré, une table en aluminium et formica rouge, un bout de moquette Axminster, une télévision vieille d'au moins quinze ans et une pile de journaux qui faisait office de table basse.

D'autres quotidiens et magazines traînaient par terre, ainsi qu'une dizaine de tasses dans lesquelles végétaient des sachets de thé et des mégots noyés. Deux paquets de sucre entamés côtoyaient une bouteille de lait qui commençait à ressembler à une culture de bacilles sur la table de la cuisine. Et au milieu de ce désastre domestique se tenait un type de quarante-trois ans dans un costume Armani qu'il aurait dû porter au pressing depuis longtemps, avec un sourire aux lèvres mais tous les signes d'un état dépressif dans les yeux.

Nous n'étions que des connaissances, des amis d'amis qui s'étaient retrouvés deux ou trois fois en quelques années pour un rapide verre ensemble. Je l'avais perdu de vue et c'est seulement en tombant sur un copain commun à une soirée et en entendant qu'il traversait un moment difficile que je m'étais résolu à l'appeler. Il avait été agréablement surpris par mon coup de fil et m'avait tout de suite proposé de passer chez lui.

— C'est classe, tu ne trouves pas ? m'a-t-il demandé en m'invitant à m'asseoir sur le bout de canapé qui n'était pas couvert de cendres de cigarette. J'ai vraiment gravi un échelon dans la vie…

— Le costard aussi, ai-je constaté. Tu travailles ?

— J'ai des entretiens d'embauche.

— Des pistes ?

— Personne n'embauche des traders sur le déclin, de nos jours.

— Comment tu paies ton loyer ici ?

— Un petit boulot de consultant pour l'un de mes vieux clients. Ça couvre la pension alimentaire et cette piaule, mais pas de quoi assurer des meubles dignes de ce nom, comme tu peux voir.

— Bon, tu as l'air de t'en tirer, en tout cas…

— J'imagine, vu la situation. Mais je continue à me réveiller en sursaut aux aurores, le cœur dans les chaussettes, en me disant que je vais encore merder un deal de folie… Pourtant, je n'ai pas mis les pieds à la Bourse depuis des mois. Enfin, ce qui est bien dans tout ça, c'est que je ne pense plus au désert, quand j'ouvre les yeux le matin.

— Au quoi ?

— Au désert. Cela a été un des trucs annonciateurs de ce qui allait arriver, le désert…

Tous les matins pendant deux ans, de 1988 à 1990, Stan se réveillait à cinq heures du matin en voyant le désert. Sur le grand écran de son esprit se déroulait un film dans lequel il descendait à l'infini un ruban de macadam qui coupait en deux une étendue de sable plate comme la main. Il était quelque part en Afrique du Nord, très smart sur une vénérable Triumph et avec sa tenue d'« homme d'action », vieux blouson en cuir, jean élimé, lunettes d'aviateur, écharpe en soie blanche nouée au cou… Curieusement, il n'y avait pas de scénario, pas d'intrigue. Il n'était pas pourchassé par des commandos libyens, il ne fonçait pas à la rescousse d'une jeune archéologue scandinave enlevée par des Bédouins à l'autre bout de cette route : il n'y avait que cette image de lui propulsé à travers un vide sans fin, le vent du désert lui fouettant le visage tandis qu'il roulait à tombeau ouvert vers nulle part.

Soudain, à cinq heures du matin, la projection s'interrompait, l'écran était envahi de lumière et Stan était brutalement ramené à sa chambre de Little Venice et à sa torpeur groggy. Juste après, une bulle d'acide explosait dans son estomac, son organisme lui rappelant sans pitié la quantité de whisky qu'il avait ingurgitée dans la nuit, alors qu'il tentait de se préparer psychologiquement à une nouvelle journée dans l'arène du trading.

Stan était spécialisé dans les matières premières sur le marché à terme. Un gros joueur, donc. Un battant qui, comme l'un des meilleurs de sa branche, raflait dans les trois cent mille annuels avant les primes. Plus encore, tandis que la plupart des collègues de son âge avaient déjà capoté professionnellement à l'approche de la quarantaine, ou avaient été mis au rebut par leurs employeurs, il s'était débrouillé pour rester sur la file de gauche, avec des rendements qui demeuraient un sujet de conversation dans la City, manœuvrant avec aisance à travers les redoutables écueils de la concurrence.

Il se targuait depuis toujours de connaître la vie comme « un petit gars de la rue », ainsi qu'il s'était décrit à notre première rencontre, « un cas classique de thatchérisme réussi ». De fait, son parcours personnel correspondait assez fidèlement à ce portrait. Né dans le quartier de Stepney, en plein East End, d'un père chauffeur de bus et d'une mère qui travaillait à l'hôpital du coin, il était entré dans la corbeille boursière à dix-huit ans seulement et avait connu depuis une ascension permanente. En 1980, stagiaire à la salle de trading, il gagnait fièrement douze mille cinq cents livres sterling ; huit ans après, il était le principal broker de la société qui l'employait et avait multiplié son salaire par vingt-cinq.

Le secret de son succès ? Une virtuosité sidérante quand il s'agissait de percer les arcanes de la négociation financière internationale, sûrement, et aussi le coup de chance que sa firme ait été rachetée par un grand groupe américain en 1981. Son nouveau manager, un « gars du Colorado » du nom de Jack Jasper, avait tout de suite été charmé par le « gars de Stepney », lui déclarant peu après avoir commencé à travailler avec lui : « Toi, tu n'es pas comme tous ces fils de bonne famille à la con qu'on a dû récupérer à Londres. Tu sais ce que ça signifie s'imposer, se battre… La gagne, quoi ! En deux mots, tu es un British comme je les aime ! »

Ce que Jasper n'avait pas compris, c'est que Stan enviait en secret le genre de Britanniques que lui-même méprisait. Il jalousait leur assurance, leur invraisemblable arrogance, leurs diplômes d'Oxford ou de Cambridge – Stan avait dû arrêter ses études très tôt –, leurs potentats de pères qui, d'un seul appel téléphonique, pouvaient leur ouvrir des portes à la City que lui-même avait mis douze ans à atteindre. Plus que tout, il convoitait cette mentalité de club fermé, ce sentiment d'appartenance à une élite aristocratique hors du commun, et tout en sachant qu'ils le respectaient pour ses aptitudes financières il mesurait toujours la distance qui le séparait d'eux : à leurs yeux il resterait toujours un type de la zone, le fils d'un chauffeur de bus.

Angela, sa femme, lui conseillait fréquemment d'ignorer ces faiseurs, qui pouvaient avoir l'accent le plus gourmé que l'on puisse imaginer mais qui n'arriveraient jamais à gagner autant d'argent. Que lui importait qu'ils le snobent ? Ce qui définissait quelqu'un de nos jours, c'était son salaire, non la manière dont il sirotait son thé… Elle l'épaulait volontiers face aux doutes que son avenir professionnel lui inspirait, l'encourageait par des remarques de bon sens, un pansement verbal sur les plaies de son anxiété. Lorsqu'il se plaignait de la férocité de certains de ses opposants sur le champ de bataille du marché à terme, elle répondait : « Si tu vas dans la jungle, tu dois t'attendre à tomber sur des bêtes sauvages. »

D'après ce qu'il m'a raconté, leur vie conjugale

s'était rapidement dégradée. Angela lui reprochait de se refermer sur lui-même et sur ses problèmes. Leur mariage faisait penser aux paroles éculées d'une lamentation « country », une succession de reproches amers et d'incompréhensions. Presque tous les matins, en pinçant le rouleau de graisse qui était apparu au-dessus de la ceinture de son pantalon de pyjama devant le miroir de la salle de bains, il se demandait quelle logique infernale les avait entraînés tous deux dans une impasse sentimentale et sexuelle à laquelle il ne voyait pas d'issue.

Était-ce… l'argent ? Peut-être. N'avaient-ils pas été plus heureux, au début de leur histoire, quand ils vivaient sur les émoluments encore modestes de Stan et les rentrées irrégulières d'Angela, alors intérimaire, dans leur petit appartement près du parc de Clapham ? Depuis, ils avaient amassé l'argent et « des trucs », comme disait Stan. Des biens matériels, des signes extérieurs de richesse comme une maison de quatre cent trente mille livres sterling, une nouvelle Volvo 480SE – en plus de la Jaguar de fonction que sa firme payait à Stan –, la nounou vénézuélienne qui s'occupait de Jason, leur fils de sept ans, et de Jennifer, leur fille de cinq, le mobilier David Linley, les costumes Paul Smith et Armani pour lui, les robes Jasper Conran pour elle, les vacances à Sainte-Lucie, les leçons d'équitation pour les enfants, le coach de fitness pour Angela…

Des « trucs ». Que l'on accumulait, que l'on convoitait. Mais, une fois qu'on les possédait, une fois par exemple que l'on avait sorti sa carte American Express Gold à l'aéroport de Zurich pour se payer une grosse Rolex dont on n'avait pas besoin, « ces trucs » vous laissaient un étrange arrière-goût de vacuité. Oui, c'était découvrir que l'on avait au poignet la montre convoitée et que cela ne changeait rien, que l'on ne se sentait pas plus fort, ni plus rassuré, ni regonflé. Ou du moins cela se passait ainsi pour Stan chaque fois qu'il dépensait pour le plaisir de dépenser.

Et pourtant, et pourtant, ce n'était pas ce que lui, un trader de première bourre, aurait « dû » ressentir, se disait-il en se regardant toujours dans la glace et en saisissant son rasoir ultra-coupant – acier de Sheffield et manche en ivoire, une petite fortune claquée au magasin Trumpers, un jouet de plus ? – pour attaquer ses joues couvertes de mousse à raser. À quoi bon assurer des journées de travail harassantes, évoluer au milieu des pires requins de Londres, vivre à un rythme qui garantissait l'ulcère si l'on ne jouissait pas des gâteries que l'argent autorisait ? Mais non : la magie ne fonctionnait plus. Elle avait disparu.

Mais pas pour Angela, se corrigeait-il. Elle continuait à apprécier le fait que leur couple soit plein aux as, et elle savait fort bien dépenser ce qu'il gagnait, au point qu'ils étaient arrivés à avoir vingt mille livres de dettes à la banque.

— Quoi, je ramassais plus de trois cent mille par an et j'avais un découvert de vingt mille ? Pourquoi ? Parce que Angela ne cessait d'acheter, acheter, acheter. L'impératrice du shopping, cette fille ! Une nana de la banlieue, elle aussi, de Romford, qui voulait jouer les duchesses. Trois séances d'UV par semaine, institut de beauté tous les vendredis. Elle m'empêchait de la toucher pendant des mois et après elle disait que j'étais « distant », que je ne m'intéressais plus à elle, que je me prenais trop au sérieux... Et pendant ce temps, elle couchait avec un autre mec.

Il avait compris sans qu'elle le lui dise. Peut-être était-ce dû à son embarras de quelques secondes lorsqu'il lui demandait ce qu'elle avait fait dans la journée, ou à une certaine dureté dans le regard qu'elle posait parfois sur lui et qui semblait dire : « J'ai besoin de toi pour l'argent, c'est tout. » À moins que cela ne tienne à la distance qu'elle maintenait entre eux au lit. Quoi qu'il en soit, il « savait » et il ne savait que faire, tout comme il ne trouvait rien à répondre quand Angela exigeait plus de dialogue entre eux, plus d'échange… Quel « échange » ?

À la Bourse de Londres, Stan pratiquait le hurlement permanent. Autour de la corbeille, un tas de courtiers se réunissaient chaque jour afin de beugler des chiffres et des ordres dans un assaut de tapage hystérique. C'était le capitalisme le plus basique, à l'ancienne, et des millions passaient de main en main dans ce jeu potentiellement dangereux, et aucunement enfantin, qui recommençait chaque matin à neuf heures.

Vers cette heure-là, Angela jetait un coup d'œil à l'horloge de la cuisine et imaginait Stan planté au milieu de l'arène en manches de chemise, s'époumonant à acheter et à vendre des tonnes de sucre ; un peu plus tard, il s'échapperait au pub le plus proche afin de s'envoyer deux Glenfiddich derrière la cravate, les premiers de la dizaine de « remontants » qu'il avalerait durant la journée. Car Stan était alcoolique, même s'il refusait de le reconnaître.

Elle aimait cette idée de gagner (très bien) sa vie en hurlant, Angela. Elle enviait le fait que Stan puisse s'adonner à la « criée », qu'il puisse vociférer pour la bonne cause du commerce international et ainsi se libérer de ses frustrations étouffées, du bruit et de la fureur intérieurs. Elle aurait adoré hurler un peu, elle aussi !

Pour faire comprendre à Stan qu'elle ne supportait plus de le voir rentrer tous les soirs après dix heures abruti par le whisky ; qu'elle en avait assez qu'ils passent à peine deux heures chaque jour ensemble, pendant lesquelles elle ne cessait de se demander s'il devinait quelque chose ; qu'elle était révulsée par ses piètres tentatives de manifestations d'affection au lit, qui se limitaient à un Stan complètement imbibé essayant de lui faire ouvrir les jambes avec son genou.

Était-il étonnant qu'elle ait fini par le trouver à peu près aussi attirant qu'une décharge municipale ? Au début de leur relation, Stan s'était pourtant montré très attentionné. Jamais très doué pour exprimer ses émotions, certes, mais quel homme l'était, à part ces nombrilistes de Yankees ? En tout cas, il était présent à la maison. Du temps où il n'avait pas encore été réduit en esclavage par ses revenus mirobolants, avant qu'il immole douze heures par jour les derniers vestiges d'un semblant de vie conjugale sur l'autel du travail. Et en cet âge d'or, il buvait sec, déjà, mais il ne semblait pas aussi dépendant de la bouteille qu'il l'était maintenant. Angela se demandait combien de temps il arriverait encore à dissimuler son alcoolisme galopant à son manager. Stan répétait qu'il tenait très bien la boisson, que ça n'affectait pas ses facultés mentales, qu'il était capable de descendre dans la corbeille après avoir sifflé une demi-bouteille de whisky et de continuer à jongler avec des cargaisons de café qui valaient des millions. Mais pour elle ce n'était plus que de la vantardise macho, la proclamation qu'il pouvait toujours bander et ramasser de la thune malgré une monstrueuse gueule de bois.

Elle se rendait compte que c'était elle qui l'avait poussé à voir plus loin sur le plan professionnel, au début de leur vie commune, à tout faire pour passer dans la division supérieure, la salle de trading. Stan, qui n'avait jamais brillé par l'ambition, qui était plutôt quelqu'un de réservé, avait réagi aux encouragements de sa femme : sa carrière avait pris son envol. Trois cent mille annuels… Comme elle aimait mentionner cette somme coquette dans les conversations, lorsqu'elle retournait à Romford ! Mais l'argent avait fini par devenir tout ce qui définissait leur couple, les enfermant dans son cercle. C'est pour cette raison qu'elle s'était mise à dépenser sans compter : l'argent s'était mué en l'unique vecteur de communication entre eux. Elle pouvait demander n'importe quoi à Stan, elle l'obtenait, ce qui la rendait furieuse et la poussait à dilapider encore plus. Où étaient passées les tripes de ce type ? Lui qui ne connaissait que l'affrontement quotidien avec d'autres traders semblait incapable de lutter afin de conserver l'amour de sa femme. C'était en boxeur épuisé qu'il rentrait à la maison, trop exténué pour prêter attention au monde autour de lui.

Il sait que je jette l'argent par les fenêtres pour le faire réagir, sortir de sa coquille, se disait Angela. Il sait que chaque matin, une fois que la nounou est allée accompagner les enfants à l'école, je me demande ce que je vais pouvoir faire de ma journée. Trouver un travail ? Dans quoi ? Je n'ai jamais eu de vrai métier. Une année de remplacements par-ci, par-là avant la naissance de Jason, c'est tout. Vraiment impressionnant sur un CV, non ? En plus, Stan se serait mis dans tous ses états si j'avais accepté du boulot de secrétariat, il aurait eu l'impression de ne pas assurer, de ne pas ramener suffisamment d'argent à la maison. C'est peut-être pour ça que je devrais le faire, justement. Pour lui arracher enfin une réaction. Cela dit, je m'attends toujours à ce qu'il finisse par réagir à… l'autre chose. Il a deviné, j'en suis sûre, mais il ne dira jamais rien là-dessus. Jamais.

L'autre « chose », c'était Martin. Originaire de Dagenham, âgé de vingt-trois ans et videur dans une boîte de nuit de West Wend. Angela avait fait sa connaissance au cours de l'une de ses nombreuses sorties avec deux filles de Romford dont elle voulait encore croire qu'elles étaient amies. Moitié apollon, moitié catcheur professionnel, c'était le jouet sexuel par excellence : un pois chiche dans le cerveau mais assez beau gosse et plutôt satisfaisant au lit, ce qui était loin de ce qu'elle pouvait dire de Stan. Pas très distingué, certes, mais de quoi la distraire. Comme le shopping.

Le shopping, voilà ce qui avait tout fait craquer, en fin de compte. Le collier en diamants qu'elle avait tant désiré pour son trente-cinquième anniversaire et que Stan avait accepté de lui payer à contrecœur, sans daigner mettre les pieds à la bijouterie pour l'aider à le choisir, bien entendu, parce que ça, c'était le « boulot » d'Angela, c'était à elle de puiser dans leurs fonds afin de financer un caprice aussi coûteux. Et elle, elle avait pensé : C'est comme ça qu'il me voit, alors. Une accro du shopping. C'est le seul rôle qu'il me concède : être celle qui prouve qu'il est quelque chose en claquant son argent. Cela justifie à ses yeux le fait qu'il se tue au travail. C'est triste, franchement. D'une telle tristesse et d'une telle connerie que je vais m'acheter ce collier juste pour me remonter le moral.

Lagavulin, Laphroaig, Glenmorangie, Cardhu… Lagavulin, Laphroaig, Glenmorangie, Cardhu… Le jour du trente-cinquième anniversaire d'Angela, assis à son bureau, Stan a entonné dans sa tête la litanie de ses whiskys préférés, un chant liturgique en l'honneur des vertus curatives de l'orge et de l'eau de source des montagnes écossaises. Lagavulin, Laphroaig, Glenmorangie, Cardhu… Ses amis les plus chers, ses compagnons, fidèles jusque dans les moments les plus noirs de l'existence. Et Dieu sait si la journée qui s'achevait avait été noire pour lui, avec les positions sur le cacao qu'il avait prises la semaine précédente, devenues soudain précaires, et Jack Jasper, son boss, excessivement inquiet à propos de toutes les initiatives qu'il avait prises ces derniers temps. Inquiet au point de l'avoir invité à déjeuner ce jour-là dans le seul but de le sonder quant à sa « stratégie d'achat », un repas pendant lequel Jasper s'était contenté de Perrier tandis que Stan avait commandé trois petits whiskys, puis une demie de bordeaux et enfin un double cognac en guise de digestif. Mauvaise idée, se disait maintenant Stan en repensant au regard glacial que son manager lui avait lancé lorsque sa langue avait brièvement fourché sur deux ou trois mots. Non, une très mauvaise idée, en fait.

Son téléphone a sonné. Stan savait qui c'était et il a décidé de ne pas répondre. Il avait fait de même des heures plus tôt lorsque Fiona, sa secrétaire, était entrée dans son bureau, peu après qu'il était revenu de déjeuner sur des jambes flageolantes, et lui avait annoncé que sa femme attendait en ligne, désireuse d'obtenir son approbation avant d'acheter un collier qui lui plaisait. « Aucun appel », avait-il répondu d'une voix pâteuse, mais trente minutes plus tard Fiona était de retour : son épouse voulait lui parler sans tarder. « Aucun appel », avait-il répété en se versant un doigt de la bouteille de malt qu'il gardait sur son bureau, vaguement conscient du ton suppliant que son assistante adoptait en insistant :

— Mais elle dit que le prix du collier va encore monter si elle ne donne pas une réponse tout de…

— Dites-lui que je suis en réunion, l'avait coupée Stan en levant son verre à sa santé. En réunion avec ma pomme.

Un entretien personnel qui avait duré trois heures, jusqu'à ce qu'il s'aperçoive que tout le monde avait quitté les lieux, y compris Fiona, laquelle avait finalement renoncé à le convaincre de répondre à sa femme. Les pieds sur la table, fasciné par les lueurs ambrées qui tournaient dans son verre, il s'est abandonné à la béatitude que lui inspirait l'inactivité : pour la première fois depuis des semaines, non, des mois, il s'autorisait à ne penser à rien. Absolument à rien. Plus trace des inquiétudes quant au cours du cacao, ni des plans spéculatifs sur le sucre, ni du souvenir de la mine désapprobatrice de Jack Jasper, ni de la froideur d'Angela dans la chambre à coucher, ni de…

À nouveau la sonnerie du téléphone. Cinq, huit, douze sonneries. Tandis qu'il contemplait le combiné, Stan repensait à une fameuse chanson de Frank Sinatra, « Let's face the Music and Dance ». Faire face à l'orchestre et continuer à danser. Qu'y avait-il au bout du mariage, sinon ce moment inévitable où, quel que soit son désir de ne pas le faire, on sait qu'il faut décrocher le fichu combiné ? Se doutait-il de ce qui l'attendait, Stan ?

C'était Angela, bien sûr, mais malgré tout le ton de sa voix l'a pris de court. Précis, détaché, presque celui d'une présentatrice des infos à la télé. Froidement, elle lui a annoncé qu'elle venait d'acheter un collier, pour la somme de six mille livres sterling. Au départ, elle aurait pu l'avoir pour trois fois moins mais, chaque fois qu'elle avait téléphoné afin d'avoir son avis, sa secrétaire lui avait répondu qu'il ne pouvait pas être dérangé, oui, même son épouse n'avait pas été autorisée à le joindre. Elle avait prié Fiona de dire à son mari qu'elle resterait à la bijouterie jusqu'à ce qu'il la rappelle ; et qu'elle avait décidé, elle, que le prix du collier augmenterait de cinq cents livres à chaque demi-heure qui passerait.

C'était il y a quatre heures, donc ça va te coûter quatre mille de plus que ce que tu aurais payé si tu avais daigné me parler, lui a-t-elle annoncé avant d'ajouter : Qu'est-ce que tu penses de ça ?

Un silence profond comme le Grand Canyon s'est installé entre eux, et Stan s'est creusé la tête, sans doute, mais tout ce qu'il a pu répondre a été :

— Rien.

Elle a raccroché. Faire face à l'orchestre et continuer à danser ? Il n'en était même plus là, Stan, et donc il est revenu à une autre chanson, qui était : Lagavulin, Laphroaig, Glenmorangie, Cardhu…

Était-ce sa trentième cigarette de la journée, sa trente-cinquième ? Angela avait perdu le compte, aussi bien des clopes que des carats du collier qui reposait maintenant devant elle. Elle en était venue à la détester, cette breloque. Elle ne la porterait jamais, elle le savait, mais cela n'allait pas l'empêcher de remplir un chèque de six mille livres à l'instant. Que cela lui serve de leçon, à ce salaud ! Il devait comprendre qu'il ne pouvait pas l'ignorer de cette façon.

Mais quel mélodrame idiot, aussi… En vérité, ce

chèque ne ferait ni chaud ni froid à Stan, et à cette idée sa main a un peu tremblé lorsqu'elle a commencé à écrire « six mi… ». Elle a senti que le bijoutier avait perçu son émoi, et qu'il détournait le regard par discrétion.

— Merci d'être resté ouvert aussi tard pour moi, a-t-elle dit afin de se donner une contenance.

— C'est un plaisir, madame, a répondu l'homme d'un ton froidement poli.

Quel poseur ! s'est-elle dit. L'Angleterre, pays de l'arrogance laconique. Une nation de maîtres d'hôtel chinois. Mais je sais ce qu'il pense ! Que je suis une pétasse d'épouse de nouveau riche en train de plumer son mari crédule. Évidemment, il n'exprimera jamais rien de tout ça. Ce sera « Oui, madame », « Bien sûr, madame ». Tout le monde me traite comme ça. À commencer par Stan. Non mais regarde ce fichu collier ! Pourquoi ai-je voulu acheter un machin pareil ? Pourquoi Stan ne m'a même pas répondu au téléphone ? Qu'est-ce qu'il faut faire pour le tirer de sa torpeur ?

Une idée lui est venue, soudain, qu'elle a envisagée avec une joie sombre.

Pas un ni deux, mais trois chauffeurs de taxi ont refusé de le laisser monter à bord dès qu'ils ont reniflé son haleine.

— Très humiliant, m'a raconté Stan le jour de ma visite chez lui. Surtout quand ils ont déclaré qu'ils ne tenaient pas à ce que je repeigne leur banquette arrière en technicolor. Aucun risque, d'ailleurs, puisque j'avais déjà gerbé dans la cour derrière l'immeuble. Finalement, il a fallu que je graisse la patte d'un minibus pour que le gars consente à me ramener à la maison. Tout juste débarqué de la Sierra Leone, avec des notions très relatives de la géographie londonienne… Cela a pris deux plombes, dont je ne me rappelle pas grand-chose parce que j'ai pioncé pendant presque tout le trajet. Et quand ce primitif a enfin trouvé ma piaule, il m'a extorqué vingt livres pour m'avoir offert le privilège de ronfler dans sa caisse pourrie ! J'étais trop pété pour protester. Plus aucune combativité…

À son retour, la maison était vide, plongée dans l'obscurité. Stan avait négocié sa route à travers la pénombre des couloirs, gagnant la chambre conjugale sur pilote automatique. Pas d'Angela, mais un mot, laissé sur l'oreiller. Attends que je devine ce qu'elle a écrit, s'est-il dit en envoyant valdinguer ses chaussures de l'autre côté de la pièce. J'ai amené les enfants chez ma sœur pour le week-end parce que tu ne m'aimes plus, bouh, bouh ! ou une connerie de ce style. La putain de martyre. Tellement prévisible, tellement…

À l'instant où sa tête a touché le matelas, il est tombé dans les pommes. En reprenant conscience quelques heures plus tard, il a eu la nette impression que son crâne avait servi de terrain d'essai nucléaire durant la nuit… Son état de confusion mentale s'est encore aggravé lorsque ses yeux se sont arrêtés sur l'enveloppe intacte à côté de lui. Ah ! faire face à l'orchestre et continuer à danser, hein ? Et ouvrir cette foutue lettre ! Stan en a sorti une carte blanche sur laquelle avait été rédigé non les plaintes gémissantes auxquelles il s'était attendu mais le plus sec des communiqués : « Les enfants sont chez ma sœur. Je suis au Grand Hotel, à Eastbourne. Si tu ne me retrouves pas sur la plage en bas de l'hôtel à neuf heures précises demain matin, notre mariage est terminé. »

« Demain », c'était aujourd'hui. Et il était onze heures et demie.

Surmontant des bouffées de nausée et de colère, Stan a conduit à tombeau ouvert. La salope ! Vraiment typique : toujours à faire des scènes, toujours à essayer de se rendre intéressante avec des manigances de ce genre… Pourtant, il y avait dans cet ultimatum une sorte de distance qui le tarabustait, le même ton définitif que celui sur lequel elle lui avait parlé au téléphone, la veille.

La route vers la mer a été prise de congestion, devenant une artère bouchée qui annonçait l'infarctus imminent. Bientôt, Stan s'est traîné avec une lenteur désespérante dans les embouteillages tandis que son estomac faisait des bonds. Il a aussitôt regretté le coup d'œil qu'il s'est jeté dans le rétroviseur : des yeux rouges surplombant deux demi-lunes noires, une mosaïque irrégulière de début de barbe sur les joues et le menton, les cheveux en pétard… Et, pour couronner le tout, il portait toujours le costume fripé dans lequel il avait dormi. Une vraie catastrophe…

Une heure s'est écoulée, puis une autre. L'après-midi était bien entamé quand il a finalement aperçu le front de mer d'Eastbourne. Garant la Jag en stationnement interdit, il s'est rué dans l'hôtel. Après l'avoir toisé d'un air dégoûté, le réceptionniste a daigné l'informer qu'il venait de manquer la dame qu'il cherchait : sortie un peu avant neuf heures, elle était revenue à onze, avait demandé s'il y avait des messages pour elle et était sortie à nouveau, environ dix minutes auparavant.

Stan s'est précipité dehors, a évité de justesse les voitures sur la chaussée qu'il a traversée en trombe, et a bientôt senti les galets de la plage rouler sous ses chaussures de ville. Il a observé la longue étendue grisâtre à droite, puis à gauche. Pas d'Angela en vue. Il s'est mis à trotter sur le rivage, à peine conscient des regards étonnés que lui jetaient les promeneurs. Il savait ce qu'il devrait faire, lorsqu'il la retrouverait enfin : la supplier, demander pardon de s'être aussi mal conduit, débiter les promesses absurdes que les hommes sont parfois obligés de formuler, jurer qu'il passerait désormais plus de temps avec elle et les enfants, proclamer qu'elle était tout ce qui comptait vraiment dans sa vie…

Bingo ! Il l'a aperçue à une cinquantaine de mètres devant lui. Il a crié son prénom, elle s'est retournée et a aussitôt levé une main dans sa direction. Ce qu'il avait d'abord pris pour un geste de bienvenue s'est révélé être celui d'un agent de la circulation intimant l'ordre de s'arrêter à un véhicule.

— Tu veux me parler, adresse-toi à mon avocat ! lui a-t-elle hurlé.

— Tu es folle, ou quoi ? a beuglé Stan en se jetant de plus belle en avant, sans remarquer la chaise longue inoccupée qui barrait son chemin et dans laquelle il s'est pris les pieds, s'affalant sur le sable mouillé.

Une petite foule s'est amassée autour de ce vagabond hirsute dans un costume à huit cents livres sterling, voulant prendre de ses nouvelles. « Ça va, ça va », a grommelé Stan en scrutant ces visages penchés sur lui dans l'espoir d'y découvrir celui d'Angela. Elle n'était pas là. On l'a aidé à se remettre debout. Il n'a même pas regardé autour de lui. Il savait qu'elle était partie pour de bon. Il n'y avait que du sable à perte de vue, du sable qu'il a continué à voir après avoir fermé les yeux. Le sable du désert, cette toile immaculée et sans limite… Il était à nouveau sur sa belle moto, fonçant droit devant lui, mais cette fois l'impression de désolation complète du paysage l'a fait se crisper. Cette immensité solitaire était tout à coup effrayante. Il avançait sur une route qui ne menait nulle part.

Une semaine après leur rencontre frustrée sur la plage, Stan et Angela ont décidé de se séparer. Un mois plus tard, il se retrouvait sans travail. On lui a dit qu'il était victime d'une baisse inexorable des profits, de la morosité économique grandissante, mais on lui a fait aussi entendre qu'il aurait intérêt à mettre fin à son histoire d'amour avec le whisky pur malt, s'il voulait un jour retrouver un poste de trader.

Encore cinq mois ont passé et Stan, toujours sans emploi, a dû abandonner l'appartement qu'il avait loué à Butler's Wharf. Il est allé vivre chez sa mère, à Stepney.

Neuf mois après la scène sur la plage, Stan et Angela se sont donné rendez-vous pour une véritable explication, le premier semblant de conversation digne de ce nom depuis leur séparation. Ils sont parvenus à deux points d'accord : un, Stan ne s'opposerait plus à la demande de divorce engagée par Angela ; deux, leur maison de Little Venice serait mise en vente dès que possible, car les lettres réclamant le paiement de huit mois d'hypothèque non perçus se faisaient de plus en plus menaçantes et la perspective de la saisie devenait réelle.

Il y avait un an qu'il l'avait manquée au bord de la mer quand la maison a été vendue trois cent quatre-vingt-sept mille livres, soit quarante-trois mille de moins qu'ils ne l'avaient achetée au plus fort du boom immobilier de 1987. Après avoir épongé leurs diverses dettes, ils ont englouti presque tout le reste dans l'achat d'un pavillon à Walthamstow pour Angela et les enfants.

Quinze mois après la scène de la plage, Angela s'était transformée en l'une de ces femmes extrêmement maquillées qui arpentent les rayons cosmétiques au rez-de-chaussée des grands magasins et s'efforcent de conserver un sourire permanent au milieu des parfums et des masques exfoliants.

— C'est un boulot comme un autre, déclarait-elle quand on lui demandait si elle se plaisait dans sa nouvelle vie. Ça paie une partie des factures et ça occupe.

Et pendant ce temps, Stan, juché sur une pile de vieux journaux dans son studio proche de Wapping, me racontait qu'il n'avait pas encore opéré son come-back sur le marché à terme mais qu'il avait été sauvé de la soupe populaire par l'emploi de consultant que lui avait offert un ancien client.

— Il me paie deux mille par mois, moins du dixième de ce que je gagnais avant, mais c'est quand même de la thune, de quoi payer la pension alimentaire des gosses et les cent vingt livres hebdomadaires que me coûte cette piaule. Tu sais, j'ai beau adorer ma mère, neuf mois à Stepney avec elle, cela a failli me faire replonger dans le whisky…

— Tu as arrêté de boire ?

— Depuis près d'un an, oui.

— Ça te manque ?

— Seulement quand je suis réveillé… Mais enfin, pas de picole, pas d'argent, un studio grand comme un mouchoir de poche, il faut croire que je suis devenu un vrai type des années 1990 : la vie simple, la modération, tout ce baratin… En tout cas, je vais te confier une chose : quand je repense à la décennie 1980, j'ai l'impression que c'était il y a un siècle. Ou que cela a été une sorte de rêve.

— Un bon rêve, ou un mauvais ?

Stan Gould a réfléchi un moment.

— Un rêve coûteux, a-t-il fini par répondre.

Dans le Londres d'aujourd'hui, quand les gens évoquent les années 1980 et leur éthique ultra-consumériste, ils adoptent presque un ton d'historien, comme s'il s'agissait d'une ère depuis longtemps révolue, d'un souvenir lointain.

Certes, le découpage en décennies est une simplification qui nous plaît mais qui ne rend pas toujours compte des véritables phases de l'histoire. Ainsi, la décennie 1960 reste à jamais un symbole de contestation libertaire alors que ses cinq premières années ont été fortement marquées par le conformisme antérieur. De même, les années 1980 sont perçues comme l'ère de l'argent roi, même si la course au gain n'a atteint toute son intensité qu'à partir de 1985. Et maintenant que nous entamons la décennie 1990, on nous en parle comme de l'aube d'un nouvel âge, celui de la prise de conscience collective, un temps où nous allons rejeter toutes les vanités produites par une prospérité en trompe-l'œil pour nous concentrer sur le développement durable, l'alimentation macrobiotique et le respect de l'environnement. Puisque des préoccupations existentielles domineront notre vie quotidienne, nous oublierons les ambitions corporatistes effrénées, les combats au couteau dans la corbeille boursière, les voitures à la consommation monstrueuse. La volonté de s'enrichir sera désormais atténuée par le souci de ménager la planète et les autres. Être plein aux as ne sera tolérable que si cela s'accompagne de responsabilité sociale…

Je dois dire qu'après douze mois passés à visiter différentes places financières du monde ce discours omniprésent sur la « nouvelle morale des années 1990 » m'a paru des plus spécieux, notamment parce que, après mon périple, je suis revenu dans une capitale britannique en plein désarroi économique. La récession battait son plein, à la City les licenciements étaient devenus monnaie courante et nombre d'acteurs du miracle financier d'hier se disaient qu'il devait faire froid sur le trottoir… Bien sûr, les principaux brasseurs d'affaires continuaient à gagner des sommes plus que respectables mais pour les autres, ceux qui étaient entrés sur le marché du travail à une époque où à peu près n'importe qui semblait pouvoir s'improviser trader et en vivre superbement, l'ambiance était celle d'un lendemain de fête trop tapageuse. D'où la question : qui pouvait se payer le luxe de faire son métier d'une manière « humaniste et responsable » à un moment où sa propre survie professionnelle semblait désormais incertaine ?

Louise Yew le pouvait, visiblement.

Au début de l'année 1985, elle avait pensé acheter des dollars et avait donc consulté les astres. Ce que le ciel lui avait indiqué n'était pas rassurant : Mercure était en mouvement rétrograde à la mi-mars, un phénomène annonciateur de sérieux changements. Ainsi mise en garde, Louise Yew avait aussitôt changé d'avis, achetant à la place des livres sterling. Un excellent coup, puisque le 17 mars la caisse de crédit de l'Ohio allait s'effondrer, soulevant une vague de panique à travers tout le système financier mondial et provoquant la dégringolade de la devise américaine, alors presque à parité avec la livre. Au cours de ce seul mois, Louise Yew avait réalisé un joli bénéfice simplement en supposant que le mouvement rétrograde de Mercure signifiait que le moment était venu de spéculer sur la progression de la monnaie britannique.

Dans sa stratégie à long terme de trader indépendante en devises et matières premières, Louise Yew étudiait toujours les cieux avant de prendre une décision. Début 1989, par exemple, le fait que Saturne soit dans le Capricorne l'avait poussée à acheter de l'or, la présence de cette planète dans un signe aussi terrestre indiquant qu'il fallait se fier aux minerais extraits des entrailles de notre bon vieux globe. De même, l'arrivée de Saturne dans le Verseau après le 6 février 1991 avait convaincu Louise que la fin de la guerre du Golfe approchait à grands pas, puisque le Verseau, ainsi que tout rescapé des années 1960 s'en souvient, est le signe de la paix. La dimension à la fois pacifique et terrestre du phénomène laissait entendre également que des investissements dans des opérations à vocation sociale seraient fructueux : résultat, elle avait misé gros sur des titres liés à l'industrie médicale et biotechnologique, des choix qui se sont tous révélés, selon ses termes, « des générateurs de profit exceptionnels ». *A posteriori*, elle a calculé qu'elle avait récolté cent cinquante pour cent de ses placements d'alors, ce qui montre qu'il y a beaucoup d'argent à ratisser lorsque Saturne rencontre le Sagittaire au-dessus de nos têtes.

— Investir en Bourse revient à faire un pari, m'a-t-elle expliqué. C'est pour cette raison que tous ceux qui jouent sur les marchés sont toujours à la recherche d'indications qui augmenteront leurs chances. Moi, les planètes, c'est devenu mon journal de pronostic aux courses, ma liste de favoris.

Louise Yew n'était pas du tout une évaporée, encore moins une diseuse de bonne aventure penchée sur ses feuilles de thé dans une arrière-boutique lui servant de cabinet de consultation. C'était une quadragénaire dans une forme physique quasi olympique qui rayonnait d'énergie et d'efficacité. Lorsqu'elle m'a reçu chez elle à Belgravia, elle m'a annoncé qu'elle n'aurait que trois quarts d'heure pour notre entretien car elle voulait être de retour à temps devant ses écrans d'ordinateur afin de suivre le principal « jeu » de l'après-midi, à savoir l'ouverture des cotations à la Bourse de New York.

Sa demeure dans ce quartier chic de Londres était somptueuse. En arrivant devant la maison blanche de style Regency qui s'élevait tout près d'Eaton Square, l'un de ces imposants bâtiments qui abritent souvent des consulats étrangers ou des missions commerciales de pays du golfe Persique, j'ai pensé que son mari et elle devaient occuper l'un de ses étages. Mais non, Louise Yew était l'heureuse propriétaire de « toute » la superbe bâtisse et de ses cinq étages. Après m'avoir accueilli à la porte, elle m'a précédé dans un immense escalier en marbre, puis un salon de réception digne d'un palais. Louise Yew semblait non seulement riche mais même « très » riche. Riche au point que sa fortune personnelle, ainsi que j'allais l'apprendre par la suite, était supérieure au PNB du Burundi. Elle avait des résidences dans cinq villes des deux hémisphères et prenait le Concorde comme moi le métro. Elle employait aussi volontiers des tournures de phrase comme « La dernière fois que je parlais avec Henry… », ou « Sans doute grâce au charme irrésistible de François... », et il me fallait une ou deux minutes pour m'apercevoir qu'elle venait de mentionner Henry Kissinger ou François Mitterrand. Bref, elle appartenait à la sphère où les hommes d'État les plus éminents et les maîtres de l'économie globale se croisent pour prendre des décisions qui, le plus souvent, affectent le cours de ce monde.

Et c'était cette femme d'exception qui avait recours à l'astrologie pour définir ses positions financières... Quand je lui ai demandé comment elle en était venue à cette pratique, elle a répondu que les astres avaient toujours fait partie de sa vie et que son père, un important entrepreneur de Singapour, avait en son temps consulté les cartes célestes afin de prévoir les grandes tendances économiques à venir et d'adapter ses priorités d'investissement.

— Mon père se servait des planètes comme d'indicateurs de profit, a-t-elle poursuivi, mais il croyait aussi beaucoup à l'influence du « karma » dans le monde des affaires, à cette idée que vos actes et vos choix d'hier modèleront ce que vous serez demain. Pour lui, un marché qui n'était pas juste pour les différentes parties concernées était impensable. Sinon, vous créez une mauvaise énergie qui reviendra inévitablement vous affaiblir, puisque l'énergie est une force cyclique...

Elle m'a dévisagé durant quelques secondes avant de reprendre :

— Je n'ignore pas que toutes ces histoires de karma et business peuvent paraître stupides à certains. Un constat, cependant : regardez l'Amérique, où l'éthique commerciale dominante est en gros « Pas de prisonnier ! ». Eh bien, la plupart des cadres supérieurs ou des hommes d'affaires ont des parcours professionnels extrêmement instables et chaotiques. Pourquoi ? À cause de toute l'énergie négative qu'ils créent avec leur compétitivité impitoyable. Prenez ensuite la Chine ou l'Inde, des sociétés et des cultures qui sont entièrement définies par l'idée de karma, ou de tao : là, les grands acteurs de l'économie ont des trajectoires beaucoup plus stables, loin des carrières en dents de scie des Donald Trump ou des Michael Milken. Pour une raison très simple : qui dit bon karma dit bonnes affaires.

« Bon karma » ? Aux yeux de tous ceux qui avaient percé en plein triomphe de « la raison du plus fort » caractéristique des années 1980, écraser son adversaire pour aussitôt s'inquiéter des effets cycliques de cette « mauvaise énergie » alors générée pouvait en effet paraître « stupide ». Tout comme l'attitude consistant à prendre des actions dans le secteur de la biotechnologie simplement parce que Saturne rencontrait le Sagittaire leur aurait sans doute paru d'une bêtise sans bornes.

C'est que le vocabulaire des projections astrologiques et des faisceaux d'énergie sonne terriblement new age, et que l'idéologie new age s'est transformée en une sorte de contre-culture pour une nouvelle génération, réduite mais en constante expansion, de professionnels ambitieux. Voici un petit univers où un courtier gardera précieusement des cristaux magiques dans ses poches tout en bramant devant le panneau des obligations, où des chefs de pub diront à leur secrétaire : « Ne me passez pas d'appel dans la demi-heure qui suit, je serai en méditation » et où un comptable assermenté vous coincera dans une soirée afin de vous vanter les miracles produits sur son « équilibre interne » par les cours de « Vie consciente » qu'il s'est mis à suivre assidûment…

Hormis le fait d'évoquer sa relation personnelle avec Jésus-Christ, le plus sûr moyen de jeter un froid dans un dîner est de commencer à discourir sur sa découverte des vertus thérapeutiques de l'énergie taoïste, ou de la « chirurgie psychique ». De telles proclamations sont souvent justement condamnées à être tournées en ridicule. Grâce à Shirley MacLaine et à sa conviction d'être habitée par l'esprit d'un guerrier préhistorique, ou à David Icke et à ses théories du complot impliquant des extraterrestres, la nébuleuse new age s'est acquis une réputation de grand cirque mysticonaïf. Et comme les néochrétiens, les adeptes de ce bric-à-brac conceptuel ont plutôt tendance à manifester tous les signes de la bigoterie la plus douteuse. Les tenants du fondamentalisme chrétien et du new age partagent en effet la conviction absolue que leurs doctrines respectives permettent à un individu de refaire sa vie de A à Z, d'éliminer radicalement son passif spirituel pour se réinventer. Et cette idée d'une panacée aux vicissitudes de la vie est tellement séduisante que les nouveaux convertis se comportent comme s'ils détenaient enfin la vérité capable de dissiper tous leurs maux, voire ceux des autres.

Alors, était-ce plus qu'une mode du moment, une pose spiritualiste ? Apparemment oui, puisqu'un nombre grandissant de poids lourds de la finance londonienne semblaient décidés à se servir des techniques new age comme d'outils de travail fiables, comme un moyen légitime de gagner de l'argent.

— Le marché a sans conteste une dimension cosmique, m'a assuré Louise Yew, en ce sens qu'il est entièrement régi par des forces qui nous dépassent. Je suis persuadée que nous pouvons nous servir de l'horoscope dans le but d'utiliser ces forces à notre avantage. Et je crois tout aussi fermement que l'une des principales causes des retombées négatives des années 1980 sur l'économie mondiale est que la plupart des transactions menées à cette époque étaient pétries de mauvaise foi. Or, comme toute autre énergie, la mauvaise foi est une force cyclique : une fois que vous l'infligez à autrui, elle vous revient obligatoirement un jour au visage…

— Donc, le principe des années 1990 sera : rien que de la bonne foi en affaires ? ai-je risqué.

— Le principe des années 1990, ce sera encore de gagner de l'argent, a rétorqué mon interlocutrice. La différence, c'est que les gens essaieront de le faire d'une façon beaucoup moins agressive, beaucoup plus en harmonie avec la terre.

Shelley von Strunckel était l'astrologue attitrée de Louise Yew.

— Beaucoup de gens comme Louise viennent me voir pour connaître mes prédictions à partir des astres, m'a-t-elle assuré. Cela dit, la prédiction, pour moi, c'est avant tout se faire une idée du monde auquel on va faire face. Un astrologue fiable, qui accomplit sa tâche correctement, dira à son client ou sa cliente : « Bon, je pense que le contexte dans lequel nous sommes actuellement va se maintenir six mois encore mais là, cette planète qui apparaît à l'horizon, ça représente un changement certain. » En d'autres termes, il faut utiliser un horoscope comme un outil d'analyse. Moi, je suis consultée par des gens qui me demandent de m'en servir pour examiner les forces et les faiblesses de leurs investissements.

Shelley von Strunckel était américaine, native de

Los Angeles et donc éblouie depuis le berceau par les vives lumières d'Hollywood. Pourtant, là, dans son cabinet de Chelsea, cette femme sûre d'elle et de sa remarquable intelligence, à peu près du même âge que Louise Yew, m'a semblé avoir depuis longtemps coupé les ponts avec les mirages de Beverly Hills. Son mari était avocat au barreau de Londres, son mobilier edwardien et sa clientèle plus qu'aisée.

— En plus de ceux qui me consultent pour avoir une meilleure vision de l'avenir, m'a-t-elle expliqué, je reçois une catégorie d'individus très différente, même si eux aussi sont généralement très favorisés. Ceux-là veulent appliquer l'astrologie et les techniques new age à la résolution de certains problèmes personnels, ou de certaines interrogations. Dans ce cas, ma fonction se rapproche beaucoup de celle d'un psychanalyste. Alors qu'un psy en vient à connaître son client ou sa cliente par l'écoute professionnelle, j'utilise pour ma part l'horoscope afin d'entrer dans la construction psychologique de l'individu, de la disséquer. Un peu comme si je prenais sa tension, mais de façon interne.

En établissant une carte des cieux d'après la date, l'heure et le lieu de naissance de ceux qui la consultaient, Shelley von Strunckel traçait un portrait psychologique de l'intéressé qui lui permettait, selon elle, de repérer les conflits à l'œuvre dans son psychisme.

— Les gens viennent me demander un bilan général. S'il s'agit d'un problème de nervosité excessive, par exemple, je peux proposer certaines techniques comme la méditation transcendantale, qui non seulement réduit le stress mais apprend aussi à tirer le meilleur parti des ressources psychologiques. Contrairement à bien des charlatans new age qui promettent à leurs clients de les débarrasser de tous leurs maux, j'insiste sur le fait que ces techniques ne sont qu'un moyen pouvant aider quelqu'un à assumer sa destinée. Vous savez ce que dit la Bible ? Il y a « un temps pour chaque chose sous les cieux ». En ce qui me concerne, le caractère, c'est le destin de chacun. J'essaie seulement d'aider un individu à évaluer quel moment est le plus favorable pour tenter telle ou telle chose. Voyez-vous, l'essence de la pensée new age, c'est l'idée d'autodétermination. Dans ses meilleures applications, cette pensée propose un mélange équilibré de rationnel et de magique, un dosage qui permet de mieux se comprendre soi-même, de dépasser ou, au contraire, d'assumer certains aspects de l'existence.

Elle n'était pas du tout surprise qu'un nombre croissant de financiers vienne la consulter, convaincue que nous assistions à la naissance du « businessman inspiré », une formule qu'elle m'a précisée en ces termes :

— Par là, je n'entends pas un homme ou une femme d'affaires qui donne des leçons de morale à tout le monde, assiste à des petits déjeuners de prière ou se promène en affectant un air mystique. Un businessman inspiré, pour moi, c'est quelqu'un qui est capable de saisir les relations de cause à effet dans ce qu'il entreprend, de prendre en considération l'influence complémentaire ou conflictuelle des facteurs extérieurs et des motivations intérieures, et qui est prêt à examiner ce qu'il a en lui afin d'améliorer ses chances de succès. C'est de l'initiation à la spiritualité pour des personnes qui, par définition, sont immergées dans la matérialité.

Quand j'ai rencontré Anthony Cummings à son club de Pall Mall et que je l'ai entendu commander d'un ton sec au serveur un double whisky pour chacun de nous, je me suis dit qu'il ne pouvait en aucune manière entrer dans la catégorie des « businessmen inspirés ». Très loin de la dégaine new age spiritualiste, ce patricien à la voix de stentor et à l'air ultra-compétent manifestait un goût prononcé pour les cigares Davidoff et les costumes d'un célèbre tailleur de Jermyn Street, attributs du solide financier de la vieille école. Et pourtant…

— Pour moi, c'est soit blanc, soit noir, m'a-t-il annoncé tout de go en allumant un gros havane. En affaires, ma devise est : sens pratique. C'est vous dire si j'étais sceptique quand Shelley m'a lu mon horoscope, la première fois ! Je l'étais tout autant lorsque je l'ai chargée de préparer celui de certaines personnes que j'envisageais d'engager. Elle a littéralement mis dans le mille, en termes d'analyse de leur caractère. À ce moment, j'étais en pleines négociations plutôt complexes autour du rachat d'une entreprise, alors je l'ai priée de me faire une évaluation de la personnalité des gens avec qui j'étais en compétition et là encore elle a vu juste, au point de m'éviter de me faire rouler dans la farine par eux ! Depuis ce jour, je suis un adepte convaincu de la prédiction astrologique… même si je ne sais toujours pas comment ça marche !

Anthony Cummings, un nom important à la City, directeur de cinq sociétés, mécène de comédies musicales du West End, membre généreusement rétribué de plusieurs conseils d'administration… et tenant du « bon karma » en affaires ? Pas exactement. Pourtant, à l'instar de nombreux magnats auxquels on avait conseillé une consultation avec Shelley (ou d'autres astrologues), il avait découvert que garder l'œil sur les mouvements célestes pouvait être très rentable.

— Je le répète, je me méfiais énormément de l'astrologie avant de rencontrer Shelley, et d'ailleurs je dois dire que je ne serai sans doute jamais entièrement convaincu de sa fiabilité. Cela étant précisé, elle m'a donné des conseils pour étendre mon spectre d'activité qui ont largement payé. Pour être clair, je dirais qu'une visite à mon astrologue fait désormais partie de ma vie professionnelle au même titre que mes réunions avec mon conseiller fiscal ou mon avocat, bien que, bon, ce ne soit pas une chose que je reconnaîtrais facilement en public.

Andrew Merchant, lui, admettait sans la moindre réticence qu'il consultait régulièrement un astrologue. Il reconnaissait avec la même franchise qu'il avait longtemps pensé être en mesure de mener sa vie privée comme on mène des affaires, mais qu'à la suite d'une crise personnelle assez grave il avait recours depuis un an et demi à des techniques new age afin de reprendre le dessus. Ce qui expliquait en partie pourquoi il était maintenant capable d'une totale sincérité quand il s'agissait d'assumer ses défauts.

Je l'ai rencontré dans un café à l'aéroport de Heathrow, à sa demande car il n'aurait pas eu le temps de me recevoir à son bureau. Il avait pensé que nous pourrions prendre un verre et disposer d'« un créneau de trente minutes » avant qu'il saute dans le dernier avion de la journée pour New York.

Les termes de « créneau », de « fonds alternatifs » ou de « langage phatique » revenaient souvent dans sa conversation, de sorte qu'il était un lexique vivant du dialecte technico-psychologique à la dernière mode. On voyait également qu'il avait organisé son existence avec la précision d'un exigeant analyste du rendement. La recherche de la perfection, c'était l'ambition que proclamait l'apparence de cet homme de quarante ans sans un pouce de graisse, avec l'un de ces visages virilement taillés à la serpe qu'affectionnent les créateurs de campagnes publicitaires pour after-shave, habillé en Cerruti de pied en cap, un bagage de la toute dernière ligne de Coach à côté de son fauteuil. Son attention aux détails et à son image révélait quelqu'un qui vivait à cent à l'heure, de toute évidence, et cependant, sur ce parcours de formule 1, il avait récemment subi une série de carambolages spectaculaires.

— Ces derniers dix-huit mois ont été un cauchemar, m'a-t-il expliqué. J'ai rompu avec ma femme, mon frère est mort, mon cabinet d'investissements s'est mis à battre de l'aile et une relation que j'avais commencée après la séparation conjugale s'est effondrée, elle aussi. Un vrai Beyrouth affectif. Toutefois, ce pire moment de ma vie, justement parce qu'il était à ce point atroce, m'a amené à reconsidérer plein de choses et à faire le bilan.

« Faire le bilan », pour Andrew, cela avait été quelques séances chez un psy. Néanmoins, un tel fanatique des résultats immédiats aurait difficilement pu se satisfaire de passer trois ans sur le divan d'un disciple de Freud qui ne desserrait jamais les dents. Ayant tenté une consultation astrologique, il avait constaté que les résultats de son horoscope reflétaient avec précision la tempête émotionnelle qu'il était en train de traverser. Quand l'astrologue lui avait fait remarquer que la méditation transcendantale pourrait l'aider à se reprendre en main, il avait mis de côté ses doutes et s'était inscrit à un cours d'initiation.

— Ce que j'ai appris de la MT, c'est que ça consiste essentiellement à rester assis tout seul dans une pièce pendant vingt minutes, deux fois par jour, et à laisser son corps et son esprit se détendre. Totalement passif, le machin, et pour quelqu'un comme moi qui n'a jamais eu de patience, pas facile à accepter, au départ. La MT m'a appris à ralentir un peu et aussi, peut-être, à écouter plus attentivement ce que disent les autres. Bon, même si mon affaire a beaucoup souffert en 1990, j'ai gagné assez d'argent ces dernières années pour ne plus avoir à travailler, ce dont je ne me plains pas ! La MT et maintenant le yoga que je pratique en plus m'ont fait comprendre que je ne devais plus essayer de « maintenir le score » en permanence. Ça m'a aussi conduit à la grande question : vais-je enfin contrôler ma vie ou est-ce ma vie qui va continuer à me contrôler ?

Je n'ai pu m'empêcher de penser à la béatitude exaltée qu'affichent les convertis de fraîche date au néochristianisme quand ils décrivent leur soudaine illumination spirituelle. Comme je lui en faisais la remarque, il n'a pas cherché à esquiver la comparaison.

— Laissez-moi vous dire qu'il existe une énorme différence entre un chrétien « revenu à la foi » et un adepte du new age. La voici : le premier dit « Je suis à Son service », le second « Je suis à "mon" service ». C'est pour cette raison que beaucoup d'hommes d'affaires que je connais en viennent au new age : ils découvrent que c'est tout bénef, que c'est le succès sans le stress.

Andrew Merchant personnifiait-il le financier de demain, expert en gestion du stress et en management du psychisme ? Ou n'était-il que l'un des rares chanceux à avoir survécu à la brutalité des années 1980 et à pouvoir désormais s'offrir le luxe de la recherche de « voies alternatives » dans la course à l'argent ? Je n'étais pas loin de penser qu'il représentait sans doute cet idéal du « businessman inspiré » lorsqu'il m'a raconté une petite fable qui prouvait à elle seule que, même si la décennie de la cupidité était derrière nous, les affaires restaient les affaires. Que le jeu de la finance avait maintenant des règles plus humaines, peut-être, mais qu'il n'en continuait pas moins à battre son plein.

— Tout le monde connaît l'histoire des deux taureaux, un jeune et un vieux, qui sont sur une colline et qui regardent un champ avec plein de vaches en bas. Le jeune taureau tourne la tête vers le vieux et lui dit : « Allez, on court là-bas et on s'en tape quelques-unes. » À quoi le taureau qui a de la bouteille répond : « Non, on marche jusque là-bas et on se les tape toutes. » Voilà résumé l'esprit années 1990 du business, mon cher.

Sur ce, il a pris congé et s'est dirigé vers le comptoir d'enregistrement de la classe affaires. En marchant, non en courant.

Stephen White croyait lui aussi au vieil adage selon lequel il vaut mieux marcher que courir.

— Ma philosophie professionnelle, vous voulez la connaître ? m'a-t-il dit. « Lentement mais sûrement. » Ne pas essayer d'aller plus vite que la musique, ne pas chercher à être le premier du peloton quand il s'agit de gagner de l'argent. Maintenir sa marge de profit et ne pas se faire remarquer. C'est la base pour survivre à la City, de nos jours.

Il incarnait bien ses idées, Stephen White. Trente-cinq ans et presque chauve, costume gris passe-partout, une paire de lunettes des plus discrètes, chemise blanche amidonnée et cravate noire pompes funèbres.

Sa voix était mesurée, uniforme. La personnification de la retenue et de la prudence. En le rencontrant, on se demandait comment on pouvait façonner aussi méticuleusement une apparence aussi ordinaire. Tout cela était une armure, comme je l'ai découvert en parlant avec lui. Une façon d'échapper aux ennuis que l'on s'attire à coup sûr en se faisant remarquer.

Il était vendeur de titres dans l'agence londonienne d'une grande banque européenne. Quand je suis entré dans la salle de trading, j'ai retrouvé le désordre et le vacarme auxquels je m'étais habitué durant ma dérive à travers des locaux similaires. Autour du poste de travail de White, toutefois, c'était comme si un cercle invisible de calme ordonné s'était établi, un îlot de bon sens au milieu de l'hystérie générale. Tandis que ses collègues s'époumonaient dans plusieurs combinés téléphoniques à la fois, il appelait ses clients un par un, s'adressant à eux avec le volume sonore d'une conversation normale. Quand nous sommes descendus boire un verre pour bavarder et que je lui ai demandé comment il résistait au tourbillon de folie qui l'entourait au bureau, il a répété avec calme sa devise professionnelle :

— Lentement mais sûrement…

Si vous gardez votre sang-froid alors que tout le monde est en train de le perdre autour de vous, vous êtes sans doute de l'étoffe des survivants de la City dans la tourmente de la récession, tout comme Stephen White.

— Les plus jeunes de la salle m'ont surnommé le « Fossile », a-t-il déclaré avec le plus grand détachement. Pour eux, je suis dans cette banque depuis l'âge du paléozoïque.

— Vous travaillez là depuis combien de temps, au juste ?

— Cinq ans.

— Cinq ans, ça fait de vous un fossile ? me suis-je étonné.

— Les choses sont telles à la City en ce moment que survivre cinq ans dans n'importe quelle salle de trading vous donne une place attitrée au musée d'Histoire naturelle, je dirais…

Il a jeté un regard circulaire dans le bar à vin où nous nous trouvions pour s'assurer qu'aucun confrère n'avait pu surprendre une remarque aussi risquée. Il n'avait pas à s'inquiéter, l'établissement était presque vide.

— Vous n'avez qu'à prendre ce bar pour mesurer à quel point la situation a changé ici depuis le krach, a-t-il poursuivi. Il y a deux ans, c'était plein tous les soirs après la sortie du travail, on devait rester debout. Toute ma section venait boire du champagne payé avec une carte de crédit de la boîte. Maintenant, c'est le plus souvent comme maintenant, parce que toutes les sociétés que je connais ont réduit considérablement les notes de frais. De toute façon, les gens qui bossent ici préfèrent garder profil bas. Même chose pour les restaurants : hier, j'ai amené deux clients japonais déjeuner dans un endroit plutôt chic où il fallait réserver une table dix jours à l'avance, dans le temps, et là nous nous sommes retrouvés les seuls de la salle. Plutôt gênant, comme vous imaginez. Surtout que les Japonais aiment bien qu'il y ait de l'action autour d'eux, quand ils parlent affaires. En fin de compte, ce que je peux dire du contexte actuel, c'est que je m'estime heureux d'avoir un emploi. Plein de types qui se croyaient des princes de la finance se sont cassé la figure en beauté. La semaine dernière, j'ai pris un pot avec un ancien collègue qui se faisait facilement dans les deux cent cinquante mille annuels, à l'apogée des années 1980. D'autres boîtes ont essayé plein de fois de le débaucher de chez nous en lui proposant des rétributions mirobolantes. Eh bien, il se moquait toujours de moi, avant, il disait que j'étais un tâcheron du trading, que je ne risquais pas assez mes positions, etc. Mais avec la récession on a gardé ceux qui garantissent des bénéfices réguliers, même modestes, et on a viré les as de la voltige comme lui. Pourquoi ? Parce qu'ils n'arrivaient plus à rapporter les énormes profits qui justifiaient leurs salaires astronomiques. Ça fait deux ans qu'il n'a plus de boulot. Il est presque au bout du rouleau, maintenant.

N'avait-il jamais été tenté de jouer gros pour gagner gros ? À une époque, m'a-t-il répondu laconiquement avant de me résumer sa carrière. Vendre quelque chose à quelqu'un, telle avait été la constante de sa trajectoire professionnelle. Diplômé de l'université du Sussex, il avait commencé en sillonnant les routes pendant quatre ans, en tant que représentant de commerce pour un important laboratoire pharmaceutique. Fatigué de cette errance permanente – « et des repas sur le pouce dans des stations-service », a-t-il glissé au passage –, il avait décidé de mettre ses talents commerciaux au service de la City. Décrocher un poste de courtier à l'antenne londonienne de l'une des principales banques américaines l'avait transporté de joie. Selon lui, il y avait une dimension artistique à vendre des actions : séduire l'imagination du client potentiel en lui décrivant le potentiel fabuleux de telle ou telle société, inventer un avenir glorieux à tel ou tel titre…

— Je me suis défoncé au travail. Pendant les sept

années où j'ai bossé pour eux, j'ai dû leur rapporter près de un million de livres annuel en ventes. Et puis, un matin de janvier 1986… le jour de mon retour des vacances de Noël, en fait, ma secrétaire m'a dit que j'étais attendu au Bureau 104. Là, un sous-fifre m'a tendu une lettre m'informant que la banque n'avait plus besoin de mes services. Devinez pourquoi c'est sur moi ou d'autres comme moi que c'est tombé ? La direction à New York voulait réduire ses dépenses à Londres, donc la DRH a décidé que ce seraient les vendeurs les mieux payés (parce que les plus performants !) qui seraient remerciés…

Il a bu une gorgée de vin.

— Comme vous vous en doutez, j'ai été assez affecté par la nouvelle. Surtout que ma femme avait accouché de notre deuxième enfant, quinze jours avant. Ce qui m'a le plus scié, et qui me scie encore aujourd'hui, c'est la logique de l'employeur : on leur avait fait gagner plein d'argent mais tout à coup ce n'était plus important, l'important était ce qu'on leur coûtait… Enfin, il restait encore plein d'occasions à la City, en 1987, et j'ai pu retrouver un travail en seulement un mois. N'empêche, ça m'a donné une leçon, dure et simplissime : si vous voulez rester en vie sur le marché financier, baissez la tête. Rapportez-leur juste assez pour que les patrons trouvent que le « coût-profit » que vous représentez est acceptable, et n'attirez jamais les regards sur vous. Soyez sans intérêt.

— Vous vous voyez vraiment comme ça, sans intérêt ?

— Oui. Je suis le type de la City standard, le même que celui qui bossait ici il y a cinquante ans, le même que celui qui bossera ici dans cinquante ans. J'ai un salaire raisonnable, des horaires raisonnables, des satisfactions raisonnables dans mon travail, j'ai une femme et deux gosses, j'ai une maison dans le Surrey et j'ai le choix entre le 18 h 20 et le 18 h 50 à Waterloo Station pour rentrer chez moi. Une vie ordinaire, comme on dit.

Quelques mois plus tôt, dans un club de Wall Street, un autre spécialiste de la finance à l'allure passe-partout avait lui aussi évoqué le caractère prévisible, « ordinaire » de son existence. Ces deux parcours, l'un à New York, l'autre à Londres, m'amenaient à me poser la question suivante : étaient-ce eux, les vrais survivants des excès de la décennie 1980, ces hommes en gris des marchés internationaux, ces agents discrets et tenaces qui, contre vents et marées, constituaient les rouages infatigables de toutes les Bourses du monde ? Et n'avaient-ils pas compris depuis longtemps quelque chose qu'un Andrew Merchant et ses semblables new age ne faisaient qu'entrevoir, que l'ambition débridée est dangereuse pour la santé ?

Le « succès sans le stress » : et si c'était là le désir secret de tous les hommes et les femmes qui font œuvre de commerce ? Mais cette tension permanente n'est-elle pas aussi un dispositif de survie indispensable, quand on opère sur les marchés financiers ? Si ma visite au pays des traders m'a fait parvenir à une conclusion, c'est que la poursuite de l'argent, en soi, est une expérience traumatisante. Pourtant, ce n'est pas de la dureté et de la complexité de la bataille financière que proviennent les blessures les plus graves. Non, le plus traumatisant demeure la façon dont l'argent est devenu notre principal moyen de donner une validité à notre passage sur terre, et de répondre aux demandes que nous impose notre environnement social. Comme je l'ai découvert à Casablanca, le marché financier moderne n'est rien de plus qu'un souk informatisé. Et dès que l'on s'engage dans n'importe quelle transaction, ainsi que tout commerçant avisé l'a bien compris, on prend le risque de s'exposer, de se révéler tel qu'on est au plus profond de soi-même.

— C'est tout ce que vous avez appris après une année dans tous ces centres financiers ? m'a demandé Stephen White alors que je lui avais résumé ces quelques idées.

— Non, il y a encore autre chose que j'ai appris.

— Quoi donc ?

— Tout le monde a un 18 h 50 à prendre.

— Très juste, a-t-il approuvé.

Puis il s'est hâté de partir pour ne pas rater son train.

Quelques remerciements, maintenant.

Plusieurs compagnies et institutions se sont montrées plus que généreuses quand il s'est agi d'aider à mes déplacements et à mes séjours ici et là. Parmi elles, Virgin Atlantic, Qantas, Royal Air Maroc, Malev Airlines (Hongrie), le secrétariat au Tourisme australien et l'hôtel Royal Mansour à Casablanca. Je voudrais également remercier le personnel de l'agence londonienne Scott Gold-Blyth, et en particulier Bronwyn Gold-Blyth, pour l'organisation de mon voyage à Sydney.

Une fois sur la route, j'ai bénéficié de l'hospitalité et/ou des précieux conseils de John Iremonger, Jane Addams, Leo Guen, Iren Kiss, Laszlo Tabori, Gwen Trimble et John Hoffman. Edna Carew, cette journaliste économique hors pair, m'a non seulement autorisé à reprendre l'une de ses formules comme titre de mon chapitre consacré à l'Australie mais m'a aussi ouvert tout l'univers financier de Sydney. Je lui dois une bouteille de Laphroaig, à tout le moins, et plusieurs verres à Susan Steele qui a pris la peine de relire mon manuscrit et de s'assurer, grâce à sa grande expérience en tant qu'experte financière à la City, que je ne commettais pas de bévues quand il s'agissait d'employer la terminologie des spécialistes.

Alors que j'étais cloué à ma table de travail, mon voyage m'a inspiré une série de contributions à des journaux et des revues, et je dois ici saluer Christine Walker du *Sunday Times*, Dylan Jones à *Arena*, Will Ellsworth-Jones au magazine de l'*Independent* et Susan Jeffrey à *Listener*, publication hélas disparue. Des extraits du chapitre 7 ont été initialement publiés, sous une forme différente, dans les pages de *GQ*.

Alexandra Shulman et le regretté Michael VerMeulen m'ont autorisé à lire en public deux parties de ce manuscrit avant qu'il sorte en librairie. Michael, un grand éditeur et un grand ami qui en avait examiné plusieurs passages avant qu'il soit terminé, m'a réconforté avec d'innombrables bouteilles de vin chaque fois que je passais par un mauvais moment devant mon clavier et, surtout, m'a aidé par ses critiques astucieuses à « dégraisser » le texte, ainsi qu'il le disait avec son meilleur accent de Chicago. Sa mort soudaine en août 1995 demeure l'une des plus grandes peines que j'ai connues, ces dernières années. Si la nouvelle publication de ce livre l'aurait certainement réjoui, elle me rappelle aussi qu'il n'est plus là, un constat qui quatre ans après sa disparition ne cesse de m'affliger.

D. K., Londres, novembre 1999

Table des matières

Composé par Nord Compo
à Villeneuve-d'Ascq (Nord)

Imprimé en France par

MAURY IMPRIMEUR
à Malesherbes (Loiret)
en septembre 2013

POCKET – 12, avenue d'Italie – 75627 Paris Cedex 13

N° d'impression : 184876
Dépôt légal : octobre 2013
Suite du premier tirage : septembre 2013
S23678/02